西北政法大学社会政策与社会舆情评价协同创新研究中心
陕西省"三秦学者"创新团队支持计划 "西北政法大学基层社会法律治理研究创新团队"
西北政法大学法治学院法理学科
中华法系与法治文明研究院
枫桥经验与社会治理研究院

| 光明社科文库 |

智能信息社会法治创新探索

董青梅 著

光明日报出版社

图书在版编目（CIP）数据

智能信息社会法治创新探索 / 董青梅著．－－北京：光明日报出版社，2022.6
ISBN 978－7－5194－6673－2

Ⅰ.①智… Ⅱ.①董… Ⅲ.①社会主义法制—研究—中国 Ⅳ.①D920.0

中国版本图书馆 CIP 数据核字（2022）第 107482 号

智能信息社会法治创新探索
ZHINENG XINXI SHEHUI FAZHI CHUANGXIN TANSUO

著　　者：董青梅	
责任编辑：杨　茹	责任校对：杨　娜　赵海霞
封面设计：中联华文	责任印制：曹　净

出版发行：光明日报出版社
地　　址：北京市西城区永安路 106 号，100050
电　　话：010-63169890（咨询），010-63131930（邮购）
传　　真：010-63131930
网　　址：http：//book.gmw.cn
E － mail：gmrbcbs@gmw.cn
法律顾问：北京市兰台律师事务所龚柳方律师
印　　刷：三河市华东印刷有限公司
装　　订：三河市华东印刷有限公司
本书如有破损、缺页、装订错误，请与本社联系调换，电话：010-63131930

开　　本：170mm×240mm	
字　　数：332 千字	印　　张：16
版　　次：2023 年 8 月第 1 版	印　　次：2023 年 8 月第 1 次印刷
书　　号：ISBN 978－7－5194－6673－2	
定　　价：98.00 元	

版权所有　　翻印必究

目 录
CONTENTS

绪 论 …………………………………………………………… 1

第一章　智能信息社会中的法律推理 …………………………… 3
　一、迈向智慧司法中的类案推理 ………………………………… 4
　二、法治治理中不同主体的法律推理 …………………………… 17
　三、司法行为中的干扰与推理纠偏 ……………………………… 28

第二章　多元法律文化中的共通与对话 ………………………… 39
　一、忧郁中的欢乐：治愈伤害与重建幸福 ……………………… 39
　二、真诚的交往行动和对话理论 ………………………………… 49

第三章　多元法律文化中的差异与竞争 ………………………… 64
　一、格劳秀斯的强国法律命题证路 ……………………………… 65
　二、走向对话与交往的法律共识 ………………………………… 75
　三、智能信息时代保护中国经济的法律转型 …………………… 84

第四章　智能信息时代的科技向善 ……………………………… 94
　一、智能信息时代对法律方法的影响 …………………………… 94
　二、人权视角的 e-knowledge 获取权 …………………………… 103
　三、社交网络对于个人隐私的挑战 ……………………………… 112
　四、智能信息时代新兴法律问题 ………………………………… 124

第五章　智能司法的辅助创新与不足 …………………………… 140
　一、预防性法律制度何以为宜 …………………………………… 140

二、注重关怀与沟通的在线调解 …………………………………… 160
三、步入互联网时代的在线法院 …………………………………… 166
四、马锡五审判方式对智能司法的价值 …………………………… 171

第六章 游学在云时代的法律花园 ……………………………… **188**
一、法学知识与职业的跨领域整合 ………………………………… 189
二、法学教育中分析推理能力的培养 ……………………………… 197
三、智能信息时代法学专业的混合式学习 ………………………… 206
四、智能教育与智慧育人 …………………………………………… 217

参考文献 ………………………………………………………… **223**
后　记 …………………………………………………………… **244**

绪 论

智能信息时代还需要法治理论吗？法律最终会消亡吗？法律理论还重要吗？优秀的传统文化、中华法治文化还有价值吗？随着信息科技的发展，各行各业都被嵌入信息应用，超级链接，让"不在线"成为一种奢望。产生的数据成为智能算法的生命营养，智能化的算法可以直接控制各类平台企业，包括智慧家居、智慧交通、智慧医疗、智慧工厂、智慧农业、智慧城市等诸多领域，为我们带来很大的益处，同时我们又被技术所控制和操纵。当大多数人失去思考能力时，也就是被任意控制、主宰与摆布的开端了；无法认识和控制智能信息本身存在的风险，离危机就不远了。因此，智能信息时代，作为控制技术的法学很重要，富有多元智慧的法学理论尤为重要。

智能信息技术为法律成为社会活动的免疫系统提供了技术支持，使得预防性法律制度成为现实，但同时带来了新的信息安全问题。中国的智慧司法创造，形成的智慧和移动司法文化景观，在中国法治进程中具有领先意义也伴有局限性；法治借助信息技术的力量，生产出了新的法治文化和法治技术资本，使得法治问题更蕴含智慧。智能信息时代的法治，有些是将现实中的问题搬到网络，在注入技术的元素和力量后，更加复杂、多元、隐秘，但一些网络阵地背后的控制力量与理论本质却也更加清晰地显现出来。人类世界应该是一个由多元法治文化组成的社会，多种法治文化的存在、交流、沟通，构成了这个丰富多彩的世界。如何使具有稳定性的法律充满活力，以应对智能信息时代虚实并存的社会变化呢？法律的职能应不再主要是为了保证统一，而是为了保证差异。现代化的社会治理体系在法律的稳定性、静止性与科技的飞速发展、跨界性之间，寻求使多元主体平衡、和谐、舒适的治理体系。治理模型将法律制度视为制度和实践的相互作用，而不仅仅是一系列静止的规则。寻求法律多元，是既有大都市又有农耕田园的大国，在法治上的必然之选，是法律界"积极参与全球治理"的新法律范式；法律一体，是大国的历史传统与选择，是防止以多元之名而致使国家步入无序、失去稳定。本书既是法学专业的法律文化理论读本，也是大众读者了解智能信息时代法治文化和法律教育的入门读本。

书中通过对西方法治方法理论的溯源与梳理,从法律方法的视角解读西方历史上法学家眼中深奥的法治含义,观察中西多元文化中的共通与对话、差异与竞争,找寻我们的文化定力位置,同时吸收其他法治文化中有益的营养,从而使全球多元法治文化得以各安其位,实现不同文化间真正的对话、互补和提升。

本书主要是笔者在多年所发表的研究与教学文章基础上的梳理、融通,只是一个微型园艺的几抹绿色小作。现在将这些小文章分成主题编撰成书,并对书名和目录做简要介绍。

本书分为六个部分——智能信息社会中的法律推理、多元法律文化中的共通与对话、多元法律文化中的差异与竞争、智能信息时代的科技向善、智能司法的辅助创新与不足、游学在云时代的法律花园。第一部分从等腰三角形的诉讼结构设计的沟通、对话、论辩、对称、平稳等法理出发,论述法律上化解矛盾和争议的和平、理性的方式和途径。智能信息社会提供了类案检索技术,法律推理走向类案推理、可辩驳推理。第二部分讲到哲学的最高追求是幸福、理性生活,法哲学还承担着治愈伤害与重建幸福的使命,中国的中医哲学能够给法哲学些许启示,西方理论中真诚的交往行动和对话理论,均是通往法哲学的理想之途。第三部分直面文化和法律中的有形与无形的冲突与竞争、识别、拒绝、应对,从而消解冲突趋向合作。第四部分是理性看待智能科技对法律的影响,既是天使也暗藏风险,智能科技与法律应该共同向善,使社会整体得以良善进步。第五部分是智能信息技术为预防性法律制度提供了技术条件,为具有东方智慧的柔韧调解牵线搭桥,科技助力诉讼、执行,以高效的方式实现正义,在实践中取得的社会效益以及存在的问题、改进等。第六部分是智能教育与智慧育人,法学教育和法学学生在云时代的学习课程、学习能力、学习方法等的新要求与提升方式。法律人,就是协助他人防止纠纷、解决争议。作为电子商务第一大国、数字经济第二大国,智慧法院、移动微法院、在线调解等多元解纷方式已经开始尝试全面推广普惠大众,我国在数字贸易、司法领域获得规则话语权,是司法的新课题;智能信息时代的科技力量为司法与教学改革带来了前所未有的机遇和挑战。

整理书稿的过程中,曾经那些带给笔者业道与知识启迪的老师、讲座、课堂,都一一浮现于眼前;学界前辈、同人、友人给予的鼓励、建议和批评,以及生命中邂逅的种种磨难、机遇,都化为宁静、安详、凝思与厚赐;出版本书,赋予它生命与阅读的连接。

第一章

智能信息社会中的法律推理

放眼世界,除了军事战争外,还有文化战争、货币战争、贸易战争、专利战争、选举战争、粮食战争、性别战争、信息战争、石油天然气战争等,由于利益冲突、文化冲突等产生的生产、生活中的矛盾,其解决方式从暴力到文明的演进,是人类社会文明进步的表现。竞优可以为社会带来活力,而不正义的战争在给人类带来灾难的同时,也会受到正义的审判并承担责任。司法以文明、理性、和平的解决方式生成了繁荣的司法文化,用司法途径解决矛盾、纠纷、冲突,就是按照诉讼程序,双方当事人用文明论辩的方式和途径,通过沟通、对话、论辩,依照规则解决矛盾和争议。

从生活语言、生活事实到法律语言、法律事实,是解纷过程中法律思维的转换过程。这个过程,从消除法律语言中的模糊到走向法律推理,找到解决问题的正确方式和答案。不同主体因角色、义务不同,具有不同的法律推理,经过公开的法律论辩、理性推理取得基本共识,以理性的法律程序保障结果的正义,是法律解决问题的框架结构。

法律语言的使用主体主要有立法者、研究者、执法者和司法者、律师以及其他法律行为的参与者。英国哲学家大卫·休谟对法律和语言之间的关系做了描述,认为法与法律制度是纯粹用语言表现出来的形式:"法与法律制度是一种纯粹的'语言形式'。法的世界肇始于语言,法律是通过词语订立和公布的。法律行为和法律规定也都涉及言辞思考和公开的表述与辩论。法律语言与概念的运用,法律文本与事相关系的描述与诠释,立法者与司法者基于法律文本的相互沟通,法律语境的判断等等,都离不开语言的分析。"① 可见,语言是法律及其实践的纽带,通过语言,人们理解和学习法律,进而在法律实践中运用法律来捍卫自己的权利。法律语言具有法言法语的专业用法,有些专业的语言具有深厚的历史演进过程,有些具有复杂的哲学内涵,还有些包括一些时代政治背景的运用,以及特定时代经济、文化背景下的理解,因此,理解法律语言并不是望文生义就可以做出正确的理解的,也不是简单地运用网络搜索的解释和答案,

---

① 舒国滢. 战后德国法哲学的发展路向[J]. 比较法研究,1995(04):348.

这也是经常出现对同一个案件表现出很多争议性理解、解读、处理甚至同案不同判的原因。

一、迈向智慧司法中的类案推理

语义分析哲学重视语言对哲学的影响，把哲学问题归结于语言问题，认为哲学上的混乱、争论、错误产生于语言的含糊不清或者对语言的误用、滥用，因而哲学的任务是对语言进行语义分析，揭示语言的确切含义和意义，指明语言的正确用法和规则，以消除哲学上的混乱。这种哲学思想对凯尔森、哈特、考夫曼和德沃金等法理学家产生了不同的影响。语言的重要性对于法学与哲学一样，都是重要的智识资源支持，是一种法律的语言学或法律语义学方法论。语义分析哲学的发展对于法哲学的发展和研究同样产生了革命性的影响，对法律推理的影响尤其巨大。法官在法律规范和案件事实基础上，基于自由裁量、价值衡量、综合判断后得出相对合理的裁判结论，因而得出的裁判结果未必就一定相同。对于超出合理限度和范畴的"类案不同判"，应该通过理论分析、类案检索机制构建和技术规范予以排除。

（一）凯尔森的"语言明确性"和纯粹法学的形式推理

哲学家维特根斯坦在其早期著作《逻辑哲学论》中写道"命题以确定的可以清楚陈述的方式表达它所表达的东西：命题是可以有节奏地说出的。"① 他认为语言是清楚的，哲学是纯粹描述性的，真理是简单的。"逻辑问题的解决必定是简单的，因为它们设立了简单性的标准。人们一直猜想，必定有一个领域，其中对问题的回答对称地——先天地——结合着而构成一个自足的系统。这个领域遵从如下规则：简单性是真理的标志。"② 他还认为真理是不可侵犯的，所有的解释必须被抛弃。"所以，当代人们站在自然律面前，就像古代人们站在神和命运面前一样，把它视为某种神圣不可侵犯的东西。"③ 如果这样来理解语义分析哲学的话，语义分析只是去试图澄清不同语境下的词语的用法。这种思想影响了美国法学家汉斯·凯尔森（Hans. Kelsen）的纯粹法学。"纯粹法学是规

---

① 维特根斯坦. 逻辑哲学论 [M]. 郭英，译. 北京：商务印书馆，1962：34.
② 维特根斯坦. 逻辑哲学论 [M]. 郭英，译. 北京：商务印书馆，1962：72.
③ 维特根斯坦. 逻辑哲学论 [M]. 郭英，译. 北京：商务印书馆，1962：100.

范主义的或规范逻辑主义的法实证主义,探究的是实然,即'纯粹的'法律是实然。旨在从结构上分析实在法,而不是从心理上或经济上解释它的条件,或从道德上对它的目的进行评价。"① 凯尔森还区别了"应当如何行为"和"实际上如何行为",用来和社会学法学相区别。"纯粹法理论乃是彻底的现实主义法律理论。其对实在法不做评价,其要务仅限于研究实在法之本质并分析其结构——此即作为认知科学的纯粹法理论之使命。"② 这样,凯尔森的纯粹法学研究对象是实在法的结构,分析法律规范的等级体系,该规范没有任何政治、道德的内涵,摆脱了所有主观的价值判断。"是一个手段,一个工具"③,认为恶法亦法。

(二)哈特的"开放结构"(open texture)与规则推理论

维特根斯坦晚年认识到其早期学说中的"严重失误"。这些错误促使他放弃了对语言进行科学的精确解释之要求,在他的晚期著作《哲学研究》中,宣称"语词的意义就是其在语言中的使用"④,并使用了一个关于游戏概念的例子论述语言的模糊性⑤:到底哪些可以算作游戏,哪些又不是呢?你能给出这个定义的范围和界限吗?不能,你只能从游戏中抽出一个词用,可是这并没有在你使用"游戏"这个词时给你带来麻烦。维特根斯坦用这个词举例说明了"模糊性"和"家族相似性"的含义,这两者是相联系的。在此,他给出了模糊性的定义:如果在一种情况下,我们对一个词是否可以使用或不能使用是不清楚的,即使我们知道这个词的含义和具体的事实情形,这个词也是模糊的。甚至当我们知道一个人的年龄,但对于称他或她是一个孩子是否正确,我们仍不是很清楚。游戏这个词是模糊的,部分是因为活动或多或少地在多种方式上像游戏——这些活动是不是游戏的问题是和许多因素相联系的(这正如称一个人是不是孩子也和许多因素有关一样),作为边缘地带的模糊性更令人迷惑⑥。维

---

① KELSEN H. General Theory of Law and State [M]. Cambridge: Harvard University Press, 1945: 14.
② 凯尔森. 纯粹法理论 [M]. 张书友, 译. 北京: 中国法制出版社, 2008: 49.
③ KELSEN H. General Theory of Law and State [M]. Cambridge: Harvard University Press, 1945: 14.
④ 语词的意义就是其在语言中的使用"转引自(荷)丁达·格雷著. 符号学与翻译问题研究 [M]. 2019: 112.
⑤ COLEMAN J SHAPIRO S. The Oxford Handbook of Jurisprudence Philosophic of Law [M]. New York: Oxford University Press, 2002: 955.
⑥ 维特根斯坦. 哲学研究 [M]. 楼巍, 译. 上海: 上海人民出版社, 2019: 41.

特根斯坦用"家族相似性"表达盘根错节的相似性,如同一个大家族的各个成员,虽然家族成员没有一个共有的特点,但实际存在一些部分而又交叉的相似性。"如果某个人划了一条清晰的界线,那么我不会承认这就是我以前想要划或者心里已经划出的那条界线。因为我根本不想划出任何界线。因此可以说:他的概念不同于我的概念,尽管两者有亲缘关系。这种亲缘关系就像这样两幅图画的亲缘关系,其中的一幅画由边界模糊的色块构成,另一幅画有着类似的形状和布局,但由边界清晰的色块构成。这亲缘关系就像差别一样有目共睹。"①

维特根斯坦后期对语言的模糊性认识直接影响了哈特的法理学思想。哈特在1953年接替古德哈特就任牛津大学法理学教授时,选择了《法学中的定义和理论》作为就职演说的题目。在这篇演说中,哈特强调要把语义分析哲学引入法学研究,以改善法理学的研究方法,解决法理学的难题。② 哈特的就职演说标志着语义分析哲学正式进入法学领域,成为实证主义法学的方法论。

哈特认为,法律的词语、概念没有确定的、一成不变的意义,而是依其被使用的环境、条件和方式,有着多种的意义。只有在弄清这些词语、概念被使用的环境和具体条件后,方能确定它们的意义。哈特承认所有的规则都是不确定的,这就留下了模糊地带,在模糊地带里,任何创造性的解释都是必然和可取的。不确定性赋予所有法律一种"开放结构",这使得法学家拥有制定新规则的自由裁量权,哪怕他们宣称自己只是运用了现有规则。然而,哈特对"规则怀疑主义"保存着隐忧。哈特还主张,规则怀疑主义夸大了处在法律边缘的不确定性,未能看到它仍旧保持着对"核心问题足够的确定性"。哈特指出,在许多社会中,法学家在两种极端之间摇摆,时而将法律规则描述为铁律,时而认为实际上并不存在规则。

"每当我们把特定的具体情况涵摄于抽象的规则时,总是会同时出现确定性的核心以及值得怀疑的边缘。这使得所有的规则都有着模糊的边缘,或者说'开放性结构'(open texture)。"③ 关于"开放结构"的观点是他对法律理论的最主要贡献,至少在法理学上理解语言的重要性的重大意义是认真的。他认为法律对一系列行为提供了一个指导框架,但仍有很多空缺之处。

哈特认为,法律语言和大众语言的关系是两个相交的集合,法律语言和大众语言具有共享共用的部分。在这部分,大众语言和法律语言的边界处在不断

---

① 维特根斯坦. 哲学研究[M]. 楼巍,译. 上海:上海人民出版社,2019:46.
② 张文显. 二十世纪西方法哲学思潮研究[M]. 北京:法律出版社,1996:94.
③ 王洪. 制定法推理与判例法推理,中国政法大学出版社,2016(08):176.

变化中，产生出一些新的法律词语，反映出科技的发展、进步以及社会的变化。因此，哈特得出了"在各种法的体系中，大量的重要的领域是开放的，需要通过法庭或官员的明辨或谨慎裁量，包括先使模糊的标准确定化，使成文法的不确定性明确化，或通过使用权威性的先例发展并限制规则"①的结论。

为了解决法律语言中的模糊性问题，哈特引进"承认规则"，通过设置一定的判定标准，以区别法律与非法律，在区别的同时，解决规则的模糊性问题，从而为法律制度打下基础。哈特的次要规则是针对主要规则的缺陷包括规则中语言的模糊性而提出的，可以说次要规则是"规则的规则"。"承认规则只是作为法院、官员和私人依据一定标准确认法律这种复杂而通常又协调的实践而存在。它的存在是一个事实问题。"②承认规则，本质上是一个选择法律渊源、解释方法和重新确立宪法权威的诸多规则的混合规则，这些规则达成共识的程度是增强和接受国家或国际法律的关键环节，但新的规范的承认和认可同样很艰难，涉及对文化、宪法、法律、政治、利益等的诸多分歧。

哈特的理论：法律分为一般性和描述性。"一般性"是指这种法律不与任何特定法律制度或法律文化相联系，但对有规则治理的社会与政治机制作说明。"描述性"是指它在道德上是中立的，并不试图以道德或其他基础为法律做论证或对法律下命令。"一个为法律制度是一个'封闭的逻辑体系'，在这个体系中，正确的判决可以仅用逻辑方法从预定的法律规则中推断出来"③，因此，分析法学的法律推理就是在法律适用过程中，根据确认的案件事实，直接援用相关的法律条款，并严格按照确定的法律条款的形式进行的推理。主要表现为根据一般性法律规范判断、推导出具体案件裁决、判决结论的思维活动过程，是一种形式推理，因此，在哈特的观点中，"恶法亦法"（在后期，哈特为了应对德沃金的指责，也引入了"最低限度的道德"）。④

（三）考夫曼的"语言的两维性"及其法律推理

维特根斯坦后期对语言的模糊性认识，在影响普通法系的哈特的同时影响了大陆法系的考夫曼。考夫曼认为"不可能数学般精确地对它们进行探讨和陈

---

① COLEMAN J, SHAPIRO S. The Oxford Handbook of Jurisprudence and Philosophy of Law [M]. New York: Oxford University Press, 2002: 214.
② 哈特. 法律的概念 [M]. 张文显，等译. 北京：中国大百科全书出版社，1996：111.
③ 阿图尔·考夫曼，温弗里德·哈斯默尔. 当代法哲学和法律理论导论 [M]. 郑永流，译. 北京：法律出版社，2002：269.
④ 张文显. 当代西方法学思潮 [M]. 1988：430.

述，在那里，'真理'只是在互补陈述的变化性适应中有效"①，在考夫曼看来，模糊性是用"语言的两维性"来描述的。第一维，似乎是水平的，是理性——类别的；第二维，似乎是垂直的，是意图性——隐喻的。在第一维，即水平层面上，涉及语言的形式——逻辑清晰性。在这里，人们关心的是语言的形式和结构，因为语言是清晰的。而在第二维，存在着语言的模糊性。

考夫曼不接受哈特的规范推论，在他看来，"法之适用也是法律创造工作"②。法律只是可能之法，只有在具体案件的应用中，才可见实际的法。在运用法的概念中，创造的因素也在其中。那么，法律判决的正确性，只有通过参与人的论证和合意才能被创立出来。因此，需要澄清前理解结构。合意，具体说，合意的机会，是法律判决最终的正确性标准。如果一切是合适的，那么，自然立即就提出了把这种见解转化到法律实践中去。对此，考夫曼也站在与德沃金相同的立场，对法实证主义试图通过一种纯粹的形式来获取法的内容进行了尖锐的批判。③

为了解决法律语言中"意图性——隐喻的"、不是一眼能从条文中看出来的明确含义，考夫曼从解释学的视角出发，认为"法律发现实质上表现为一种互动的复杂结构。这种结构包括着创造性的、辩证的，或许还有动议性的因素，任何情况下都不会仅仅只有形式逻辑的因素，法官从来都不是'仅仅依据法律'引出其裁判，而是始终以一种确定的先入之见，即由传统和情境确定的成见来形成其判断"④。在这种推理中，法官的首要职责是对法律的发现，法官在实践中对法律漏洞的弥补，正是司法艺术的最高体现。"法律只是可能之法，只有在具体案件的应用中，才可见实际的法。法是历史的，在方法论的法之发现过程之外，不可能存在法的客观正确性。"⑤ 显然，考夫曼将法的发现作为法律推理的前提。在法律推理之前，法官应该先用一种法律思维（考夫曼称为"多—少思维"）去理解法律。"同样，法官（或其他适用法律之人）作为法律发现者

---

① 阿图尔·考夫曼，温弗里德·哈斯默尔．当代法哲学和法律理论导论 [M]．郑永流，译．北京：法律出版社，2002：301.
② 阿图尔·考夫曼．后现代法哲学——告别演讲 [M]．米健，译．北京：法律出版社，2000：304.
③ 阿图尔·考夫曼．后现代法哲学——告别演讲 [M]．米健，译．北京：法律出版社，2000：21-22.
④ 阿图尔·考夫曼．类推与"事物本质"——兼论类型理论 [M]．吴从周，译．台北：学林文化事业有限公司，1999：21-22.
⑤ 阿图尔·考夫曼．后现代法哲学——告别演讲 [M]．米健，译．北京：法律出版社，2000：303.

本身也是法律发现过程的一部分。他使制定法开口说话，说出其具体的、与个案关联的意义，他引导出制定法革新的力量，他从制定法抽象僵硬的历史存在中唤醒制定法。"①

法律发现是法律推理的前提，在实际的推理中，"法律判决的正确性，只有通过参与人的论证和合意才能被创立出来"②。考氏将合意的过程看作法律判决的正确标准，如果合意的结果达成了，就会体现在判决中。考氏对法的发现的重视，使得法具有了实践理性的含义，法绝不仅仅是一种形式理性，它更是一种实践理性。实践理性不是以僵死的法律规范为基础，而是以推理主体对法律条文与法律价值的内在联系的深刻领悟为基础，它不是以刻板的形式逻辑为手段，而是以灵活的辩证逻辑为手段。实践理性的能量之源是经验智慧，是体现在法律的选择、法庭的辩论中的。

（四）德沃金的"隐含法律"及法律推理论

德沃金从他的老师哈特停下的地方开始了，德沃金也论述了法律语言中的模糊性③。德沃金认为"哈特新分析法学的'日常语言的正常用法'方法不能解释官员实践中的某些重要争论，因为，这些争论与语言用法问题毫无关系"④。德沃金将法律分为"明确法律"和"隐含法律"，只有隐含法律产生的模糊和争论，才具有"理论争论"的性质。"隐含法律"最为重要的特点在于其内容必须通过推论才能获得，因为，其具体内容的产生，依赖对特定的原则、政策、学说及政治道德观念等一般内容的推论。而且，这种推论通常是在法律实践中发生的。德沃金提出："在任何案件中，是否存在一个确定的答案，不是语言问题，而是实质性的问题。"⑤ 因此，他使用内在的、解释的观点来支持法官做出选择——没有一般的理由，而是必须通过一个个案件的相竞。在案件中，被告有辩解的权利。

德沃金认为"哈特在回头性地、不民主地以一种法律不许可的方式使用国

---

① 阿图尔·考夫曼. 类推与"事物本质"——兼论类型理论 [M]. 吴从周，译. 台北：学林文化事业有限公司，1999：183.
② 刘星. 法律是什么 [M]. 北京：中国政法大学出版社，1998：158.
③ 德沃金. 法律帝国 [M]. 李常青，译. 北京：中国大百科全书出版社，1996：956.
④ 刘星. 法律是什么 [M]. 北京：中国政法大学出版社，1998：158.
⑤ COLEMAN J, SHAPIRO S. The Oxford Handbook of Jurisprudence Philosophic of law [M]. New York：Oxford University Press，2002：957.

家的强制力或者使用一种威胁"①。他一方面认为原则仅用于疑难案件,另一方面又认为原则本身也是法体系内的元素。德沃金认为,在具体案件面前,一条规则面临两种命运:有效或无效。一般而言,法官在判案时最常用到的是规则。但在疑难案件中,如果缺乏指导审判的严格限定的规则,原则就要发挥一定作用,并被用来对某一意义并不明确的规则进行证立以应用于个案。当原则之间发生冲突时,哪一原则能被使用,以及这些原则在个案中的强度问题,由法官做出正确鉴别。但即使这样的法官,他也不享有根据个人所持的良好政策的观点去创制新法律的自由裁量权,因为无论如何,这些原则本身都是法官在现有法秩序内通过个案对法律的发现,因而并不存在法官造法问题。在德沃金看来,原则是法律推理的根据。换言之,法律自身并无漏洞,所有案件都有一个"唯一正确的确定答案"。

法官欲做出一个确定的判决,这是一个解释问题,他把法的发现理解成一个解释过程。德沃金指出,法院是法律帝国的首都,法官是帝国的王侯,但不是它的先知和预言家。法律是一个阐释性概念,法官通过其司法实践活动来确定法律是什么。

德沃金指出:"法律哲学家对任何法律推论必须具有的一般性问题,对任何法律推论必须具有的解释基础,具有不同的意见。我们可以将硬币翻过来。任何实践的法律推论无论怎样具体或局限,都预设了法理学提供的那类抽象基础。当对立的抽象理论基础相互对抗时,一种法律推论总是接受一个而拒绝其他。所以,任何法官的意见本身就是一篇法律哲学,即使这种哲学隐而不露,即使显而易见的推论充满了条文引证和事实罗列。法理学是审判的一般部分,是任何法律判决的无声序言。"②

"在德沃金看来,法律体系不仅仅体现一种社会秩序的形式,而且这种秩序的价值控制着法律执行和法律判决过程,或者,至少是一种在参加这个司法过程中的各种群体所主张的相竞的价值的拼凑。"③ 法官有义务进行审判并说明其判决理由,同时又不能专横地进行判决,法官必须运用法律推理以他所选择的法律来论证其判决的合理性,实现不同价值判断的平衡和综合。在德沃金看来,美国法治是一种法律多元主义环境,在专业而垄断的法律"帝国"内,如何协

---

① COLEMAN J, SHAPIRO S. The Oxford Handbook of Jurisprudence Philosophic of Law [M]. New York: Oxford University Press, 2002: 956.
② 德沃金. 法律帝国[M]. 李常青, 译. 北京: 中国大百科全书出版社, 1996: 96.
③ MAccormick N Legal Reasoning and Legal Theory [M]. New York: Oxford University Press, 1978: 52.

调多元利益冲突，呈现在法律帝国内，就是多元的可能冲突的"原则"问题，并非法律一元主义仅仅聚焦的单一"规则"问题，他的洞见、论证具有深奥而丰富的智识活性。

在德沃金的融贯性、整体性理论基础上，美国学者里斯等人在国际私法中运用"最密切联系原则"，主张在法律推理和论证中应采取"建构性解释"，消弭、沟通不同主体以及法律体系内的价值冲突，探寻唯一正确的确定答案。最密切联系原则的哲学理论，既是法律向往的目标，又是一种合法化证成方法。体现在法庭三角形结构的不同法律主体的推理、论证的论辩以及法官自我证成的过程，是立足于法律传统、沟通多元、追求唯一正解的法律职业追求，实现法律选择的最优化理论。

（五）卢埃林的"建构性学理现实主义"及其治理推理

19世纪的美国，诞生了被认为最具美国精神的哲学意义上的实用主义概念。实用主义的核心信念是"一个学说的意义就是采用它所产生的实践结果"[①]，或者是"我们思考事物时，如果要把它完全弄明白，只需考虑它含有什么样可能的实际效果，即我们从它那里会得到什么感觉，我们必须准备做什么样的反应"[②]。在实用主义概念中，知识只有"有用""有效"才是"真的"。在实用主义视野中，行动就是实践上成功与否的最好真理标准：从这个意义上，成功的实践就是知识。在20世纪早期，美国哲学家威廉·詹姆斯和约翰·杜威推动了实用主义哲学的发展，并很快将其与法律观念和行动关联起来。

威廉·詹姆斯认为真理是行动的工具，能引导人达到目的，被视为实用主义哲学的真正奠基人和美国哲学的创始人。杜威进一步推进该理论为"工具主义"，他认为思想起源于现实中的疑难问题，最终也是为了解决疑难和问题。杜威把实用主义理论广泛并成功运用到政治、教育、社会学等领域，并积极投身于社会改革，他因此成为名气最大的一位实用主义大师。在法律领域，从20世纪至今，社会法理学一直是美国最高法院的致用理论，认为基于经验而制定的法律目的是实用，法律应根据具体目的而被理解，应依据是否满足社会需要来判断其优劣。在世界法理学界有着巨大影响的法学大师庞德，倾其一生都在努力将实用主义原则彻底应用于美国的法哲学思想中，极大地推动着美国的法律

[①] BLACKBURN S. The Oxford Dictionary of Philosophy [M]. New York: Oxford University Press, 2016: 297.
[②] 陈亚军. 实用主义 [M]. 南京：江苏人民出版社，2019：64.

扩张，并带动了美国经济、政治、文化等合法化扩张的历史进程。为什么法律语言会以模糊的政策选择形式表达？为什么法律解释是复杂的技术？这是很有意义的问题。如果法律语言是对事实的一种通货支付，就意味着法律学与政治学二者的隐与明关系。以戏剧性方式呈现的是，法院作为政治委托的机构，对政治受托人负有责任，同时政治为法院给美国社会带来有意义、有影响的决策提供合理、有智识的政治基础。

美国现实主义法学的另一主要代表卢埃林认为，对法院的判决、法官合法化其行为的方式保持敏感，可以使法律学者对学理保持警惕和批判。"在这种观念中，法律是关于人们治理、解决或维持争议、分配利益或损害以及疏通国家权力来实现特定目标这些工作的问题。"① 在法律现实主义看来，立法和行政机关是政治权威，是法律规则的最主要制定者，司法通过创造性阐释法律行使实践中的剩余权力。卢埃林在 1930 年出版的影响力较大的《买卖法案例与资料》中，在对"纸面"规则的研究中引进了行为研究，认为契约是为了平等有效地解决问题，而不仅仅是理论上的概念。这个认识超越了哈特从法律语言和语境中来理解概念，卢埃林对概念的解释，不只是从法官或律师的特定语言和表述，而是与概念可能支持或反对的后果即论证的目的、目标、任务有关。学术理论未必是中立的理论，因为学理对实践和现实的目的、目标会造成重大影响，而且绝不亚于官员解决问题的决策方案。卢埃林确信，学理应当在恰当的位置指导而非控制法官，法官作为制度阶层的一部分在制度约束范围内，具有创造性的自由。"法律结论反映的是政治权力的结构，而非超然（Overarching）的社会和政治价值。但是，这种方法也可以称为现实主义，认为采纳这种观点的唯一起点，是使得完全尊重分析法学家最初所激发的假设成为可能，也就是假设：法律是人类的创造，要理解为它是什么，而非可能或应当是什么。在这种观念中，法律是关于人们治理、解决或维持争议、分配利益或损害以及疏通国家权力来实现特定目标这些工作的问题。它不是平白无故产生而又无处不在的。"② 建构性现实主义法学流派，服务于国家行动实践中的职业需要。"法律体现出一种工具性，它不是来源于作为一个抽象观念体系的完整或规范性载体的这种学

---

① 科特瑞尔. 法理学的政治分析——法律哲学批判导论［M］. 张笑宇，译. 北京：北京大学出版社，2013：187.
② 科特瑞尔. 法理学的政治分析——法律哲学批判导论［M］. 张笑宇，译. 北京：北京大学出版社，2013：188.

理，而是作为一个达到实践目标的手段，一个与治理目标相适应的工具。"①

现实主义法学认为，法律就是一个在特定情境中，运用法律学术和法律理论普遍承认的方法，富有效率地最终解释和改进规则性法律的规制技术。②卢埃林在1931年反对罗斯科·庞德等其他批评者，为现实主义法学做出辩护，包括：(1) 法律是流动性的，由司法创造；(2) 法律是达到目标的手段；(3) 社会是流动性的，法律是为了跟上社会需求而转变的；(4) 认为法律学理和规则"只是在制作法庭判决时某个极为有效的要素"；(5) 法律效果很重要。③由此，政策必然会嵌入社会、经济和政治的所有现实主义分析的视野中，成为法律必不可少的组成部分。卢埃林对比了"纸面"规则（司法判决、成文法和法律书籍中表述出来的）和"实际"规则（法院做出判决的实际因素：法官将什么作为规制实践的因素），他认为至少在上诉法院的高级司法体系中的法官，有许多机会可以对判决先例以及已有的规则进行狭义或广义的理解、适用和重述。所以法律现实主义的故事，是罗斯福"新政"的政治要求在法律思想中的体现，从政策上整合所有治理机构，来应对自1929年华尔街股市溃败引发的大萧条时期的社会和经济危机，同时也遭到了批评，批评者认为这是对法制的轻视，具有集权主义和法西斯主义的倾向。法律现实主义流派认为，法律语言大部分都表达在抽象模糊的工具性的形式当中，只有在具体实践中才有意义，法律推理是社会现实的一部分④。

（六）西方语言哲学中承载的政治、文化和价值及其启示

哈特的纯粹的语言分析虽然并没能解决法理学问题，但是，他指出了法律语言中存在的模糊性，正如我们所观察到的，想要寻找一个准确的解决问题的法律规则，然而几乎没有如此清楚的规则，可以像即开即关的开关一样简单操作，选用规则的人并不能明确而肯定地说"它能适用在这里"或"它不能适用在这里"，这就意味着法官必须运用自己的判断来决定是否应用规则。形式规则仅仅是指导法官谨慎使用法律的一个范围限制，法律规则确实能施加重大的、有意义的限制。

---

① 科特瑞尔.法理学的政治分析——法律哲学批判导论[M].张笑宇，译.北京：北京大学出版社，2013：187.
② 张文显.当代西方法学思潮[M].1988：332.
③ 科特瑞尔.法理学的政治分析——法律哲学批判导论[M].张笑宇，译.北京：北京大学出版社，2013：187.
④ 张文显.当代西方法学思潮[M].1988：137.

模糊性在德沃金那里表现在"隐含法律"中，德沃金认为哈特的承认规则同样存在语言的模糊性，因而，法律本身并不能决定其所规定的结果，法官必须解决法律本身所不能解决的问题。德沃金在哈特研究成果的基础上，提出法律解释的方法；而考夫曼对语言分析的进路，提出法律发现的概念等，从而使得法律推理具有实践理性的特性；卢埃林认为法律推理是一种社会现实。

　　用西方法律推理理论来观察国际法律问题，比如，在涉外民事法律选择上，有以逻辑涵摄模式进行推理的客观主义推理模式，还有隐含着价值考量对逻辑推理进行超越并形成实质性推理的推理模式。而美国现实主义法学派，在法律运用过程中关注价值判断和利益衡量，是一种不断调适的具有灵动实用性的相对主义法律真理。在具体案件的审理中，既包容多元又追寻唯一正解的法律答案，此时呈现出追求绝对主义法律真理观的整体融贯性。法律是实现社会目的和公众福利、幸福的方式，法律不是经久不变耐用的阻碍社会发展的藩篱，法律选择的过程有多元的经济考量、文化博弈、利益权衡等，贯穿法律规则建构与适用的各个环节。通过一些国际案例，能看到语言哲学诠释学、实用主义哲学理论、美国司法实践三者相互呼应、观照的图景。

　　我们只有全面深刻地理解西方法哲学，才能更好地理解域外的法律、判例以及背后的理论内涵，才能在国际交往中互相遵守共同约定的规则，防范法律风险[1]，也才能理解法律字面背后的深意，甚至才能在具体案件中看到法律背后的政治用意，或以隐喻、法律术语表现出的政治意图，理解法律话语权的争夺，并有利于提升中国司法文化竞争力。

（七）智慧司法中法律推理和论证的走向

　　在司法实践中，不同法律推理主体由于利益、角色、责任不同，会呈现不同的法律推理结果。即使是员额法官这个专业化群体，对法律的解读、理解和

---

[1] 贝克1988年在《解毒剂》一书中指出，公司、政策制定者和专家结成的联盟制造了当代社会中的危险，然后又建立一套话语来推卸责任，这样一来，他们把自己制造的危险转化为某种"风险"。现代技术的风险不是来源于个别利益主体的鲁莽行动或者权宜之策，而是来自多个利益主体之间通过成本与利益博弈而做出的"集体决策"。当风险来临时，难以通过精密的制度体系来确定责任主体各自应该担当的责任；同时，风险责任团体和部门都在利用制度为自己辩护，想方设法为自己开脱，他们把自己说成整个过程中一个微乎其微的参与者，借此逃避责任，这就造成了事实上"有组织地不承担真正责任"的局面。对于某种社会风险，人们可以向一个又一个主管机构求助并要求它们来负责，而这些机构则总能从风险的不确定性中，找到为自己开脱的理由。于是，专家系统的风险话语优势成为各利益团体争夺和利用的对象。

认识也存在不一致，由于自由裁量权适用标准和尺度的差异，即便按照法律的基本原则和立法的基本精神来判决案件，也会由于员额法官个人的法律理解能力、业务素养、裁判习惯等差异导致判决结果的不同。每个案件的当事人，案件发生的时间、地点、区域、社会的影响程度不同，法官综合判断后得出的裁判结果必然不同；当事人举证能力和个人认知差异的不同，提交法庭的证据能力也不同等。即使案件事实相同，也存在着不同的法官、不同的审判部门或不同的法院做出的判决结果差异很大，导致当事人及其家属倾向于怀疑判决有"暗箱操作"，逐步滋生不满情绪，判决书成为新的矛盾和争议焦点，特别是败诉方愤怒而持续的申诉，反过来会进一步质疑并影响司法权威。

我国科技发展的不平衡，浙江等一些科技发达地区已经进入智能时代，而西部落后地区由于经济、文化、科技发展的滞后仍然在信息时代，甚至一些老人根本不会用智能手机和电脑。因此，本书把我国目前定位在智能信息时代。当前，智慧司法也并未全部普及，其应用也相当有限。但智慧司法以不可阻挡的步伐迎面而来，在成本与效益、司法中立与技术控制等方面都需要进一步追问。

实践中法官办案，首先需要确定案件的法律关系，包括法律关系的性质、权利义务内容、要素及变动情况，在此基础上进一步适用法律，然后运用形式逻辑的三段论先确定小前提——事实的认定，再有目的地寻找大前提——法律规范。在确定了小前提后，按照形式逻辑的三段论方式推理，将小前提嵌入大前提，最后得出结论——判决结果。结论的正确需要小前提、大前提都正确，还需要联结二者的法律方法和技术的统一，三者缺一不可，否则便容易产生"类案不同判"的结果。2020年6月1日，最高人民法院审判委员会通过了《关于统一法律适用加强类案检索的指导意见（试行）》（以下简称《意见》），自2020年7月31日起实施。《意见》在坚持我国现行法律制度体系框架的前提下，将我国的类案检索定位为成文法体系下的具体制度。《意见》围绕类案的界定、类案强制检索的适用情形、检索平台、检索范围和顺序、结果运用、法律适用分歧解决等问题，进一步完善了类案检索机制，提出明确的指导意见。"一是基于指导性案例的现实地位，规定检索到的类案为指导性案例的，人民法院应当参照做出裁判，但与新的法律、行政法规、司法解释相冲突或者为新的指导性案例所取代的除外。二是考虑到其他类案的参考借鉴价值，明确检索到其他类案的，人民法院可以作为做出裁判的参考。当然，检索出的类案是否可以作为裁判的参考，还需要合议庭或者独任法官斟酌类案的案情、审级、裁判要点、裁判时间等因素，做出综合判断。"① 因此，我国法官需要在实践中不断积累案例识别经验、不断提高类比推理能力，认真学习借鉴判例法国家的判例区别和援引技术，为类案的识别判断及参考借鉴奠定坚实基础。

对类案检索可能存在的问题，学术界认为："当前司法智能信息化建设中有一种倾向，即过分地强调人工智能信息在案件审理中的运用及其功效，假定类案智能信息检索系统检索的结果更加客观、公正。其实，这种假定忽略了将法官在案件审理中的个体经验和形而上学认识加以遮蔽的事实，也忽略了将案件解决过程中形成的交往、劝说、对话过程予以掩盖的事实，此时纠纷解决逐渐演化为算法问题，而纠纷中的人文关怀、法官与当事人等主体的主体性则会逐渐被吞噬。"② 除此之外，也涉及不同区域由于教育、经济、网络等形成的数字鸿沟③和数字能力公平问题。智能信息社会中，掌控智能信息技术即掌控了智能信息权力。智能信息时代的权力深深附着在互联网的技术结构和管理结构中，在赋予个人新的发展机会的同时，又带来新的社会权力分化。掌握强大的信息技术和检索能力，只是实现司法公平的一种辅助助力，而非主角。

一方面是通过不变（案件中"相同"的事实、条件等因素）来实现法律的安定性；另一方面，则是通过改变（案件中"不同"的环境或时代）来实现法律的适应性，通过"调适"后的再度稳定化，实现新的安定性："法者，天下之公器也；变者，天下之公理也。"因此，"同案同判"同时包含着"不同者不同对待"的新发展趋势，即通过改变实现法律系统稳定性的规律。

---

① 刘树德，胡继先. 关于类案检索制度相关问题的若干思考［J］. 法律适用，2020 (18)：3-12.

② 高可. 司法智能信息化的功能、风险与完善［J］. 西安交通大学学报（社会科学版），2020，40（06）：145-152；魏新璋，方帅. 类案检索机制的检视与完善［J］. 中国应用法学，2018（05）：73-82；郑通斌. 类案检索运行现状及完善路径［J］. 人民司法（应用），2018（31）：99-104；左卫民. 如何通过人工智能信息实现类案类判［J］. 中国法律评论，2018（02）：26-32.

③ 英国BBC在线新闻中把数字鸿沟解释为"信息富有者和信息贫困者之间的鸿沟"，也就是指在全球信息化进程中，不同国家以及国家内部群体在对包括计算机和互联网在内的信息技术的掌握和应用上存在着差异，并因此造成发展机遇、掌控权力和环境的巨大差异。数字鸿沟实质上就是存在于那些拥有信息工具的人以及那些未曾拥有者之间的鸿沟，是一种因信息落差所引起的知识分隔、贫富分化和权力等级差异。参见：常亚青. 信息资源与包容性发展［M］. 上海：华东理工大学出版社，2018：23-25.

二、法治治理中不同主体的法律推理

法院的判决为什么应当被遵守？外在的原因在于法官具有宪法所赋予的司法裁判权，其判决具有制度权威，内在的理由在于司法裁判的正当性。"法律和法律推理能使法官得到终局性的、和平的和可证明为正当的纠纷解决结果。"① 法官做出裁判时，要反复思考、平衡各方面利益、衡量多种利弊、依靠各种权威根据，最终做出合理合法的裁判。

2000年，西北政法大学客座教授於兴中先生在校研究生院开设的讲座，他在讲座中说道："法律推理的研究从最初的形式推理到辩证推理、实质推理、可辩驳推理。"那是笔者第一次接触信息法学、可辩驳推理这个知识领域。对大部分研究者而言，似乎法学学者和法官、律师在法律推理中遵循着相同的推理标准。目前，对推理本身的研究，大多"致力于回答如何推理"的问题，这固然也是非常重要的，但忽略了"谁在推理"的问题，仿佛律师、法官以及法学教师的法律推理在推理赖以调用的理论资源上、推理者所追求的目的上以及所选择的推理方法上是一致的。学界的研究更多地关注在一种无身份差别的司法场域中客观地讨论法律推理应遵循的思维法则。似乎每一个参与法律推理这一活动的主体，都具有共同的职业身份，都追求共同的推理结论，他们所关注的通过推理所欲达到的目的也是一致的，而对职业主体在推理上的差别揭示不够。法律推理本质上是一种思维活动，在实际的法律推理过程中，法官与双方当事人及其代理人在法律所规定的空间和结构中共同构成法律推理的主体。法官、律师和法学院教师的思维、角色、立场、目的、愿望各有不同。法律职业角色不同，决定了不同主体扮演自己的职业角色时，为角色的目的而调用不同的合法性资源、选择不同的推理方法得出推理结论。不同角色主体的参与、争辩、对话，是法律正义的生命活水和智慧支流。

学界对法理推理的概念有两种观点：一种观点认为法律推理就是审判推理，是根据法律规定与案件事实得出裁决结论的推理；另一种观点认为法律推理是泛指法律活动中所运用的推理，即在法律活动中，通过一个或一些判断得到另一个判断的思维过程，它是在确定案件事实的过程中或者在适用法律的过程中所

---

① 史蒂文·J. 伯顿. 法律和法律推理导论 [M]. 张志铭，解兴权，译. 北京：中国政法大学出版社，1998：173.

进行的思维活动。本章选取第二种观点，审判虽然是法律活动的核心，但是审判活动并不是法律活动的全部，如怎样认定案件事实、如何确定刑事案件的作案人、如何查明案件真相等，这些不是仅仅依靠审判推理就能完成的，它还需要侦查活动、辩护活动中的推理等，因参与法律活动的主体不同形成了各自的推理目的、特点、方法、利弊。

在侦查、审判、法庭辩论等环节中，不同的推理主体扮演着自己的职业角色。在刑事案件侦查工作中，侦查人员为了查明案件真相，要进行现场勘查、调查访问等活动，在掌握已有材料的基础上，运用推理确定犯罪嫌疑人，推测作案时间、作案手段、作案过程，排除不相干的因素，层层深入，直到查明案件真相为止，这是侦查推理；在审判活动中，如何把概括性的、具有普遍性的法律规定与充满个性的案件事实结合起来，得到一个合法合理的裁决，是法官的推理；在法庭辩论中，控辩双方为了证明自己的观点，或者希望法庭采纳自己的观点，反驳对方，要引用法律规定，结合自己所掌握的证据材料，做出有利于自己观点的辩护，这一过程的推理因控辩角色、原被告角色不同从而有时富有针尖对麦芒的戏剧性。

法庭的审判结构模式在设计形式上是等腰三角形：刑事案件是由法官、检察官和被告及其律师组成的等腰三角形，民商事案件是由法官、双方当事人及其律师组成的等腰三角形。法官代表公正进行中立审判，其他两方进行辩论、质证、启迪、博弈并互相制约，这种庭审设计是法律上或法庭上的推理和论证对争议双方的利益分歧，运用法律语言进行理性和文明的沟通，实现维护自己权利的一种现代解决纠纷的微型法治方式。随着诉讼结构模式理论被普遍认同，法官与其他诉讼主体之间的等腰三角关系奠定了基本的司法稳定和权威，中立的法官依据严密而完整的证据链条科学地做出裁决，但在证据存疑时应当做出有利于被告人的裁决，不能因为其行使国家司法权而与控方成一家，与辩方对立。我国学者在稳定的三角形诉讼结构的基础上，提出了菱形构造[1]、三棱锥诉讼结构[2]、钻石构造[3]、动态四方构造[4]等模型建构，将检察机关、被害人的监督权嵌入等腰三角形基本模型中，使得诉讼活动的模型更加符合我国司法实际，发展并变形为符合我国司法实践、具有本土特色的结构模型，参与诉讼的各方

---

[1] 汤维建. 论诉中监督的菱形结构 [J]. 政治与法律，2009（06）：2-8.
[2] 王鸿翼. 关于对民事诉讼三角形结构的质疑与思考 [J]. 河南社会科学，2011，19（01）：6-12.
[3] 王鸿翼. 试论构建科学的诉讼构造模型 [J]. 河南社会科学，2013（08）：1-10.
[4] 王鸿翼. 试论构建科学的诉讼构造模型 [J]. 河南社会科学，2013（08）：1-10.

诉讼主体力量合理地从点、线、面到立体结构，构建分工不同、相互配合、相互制约的司法平台。可以将法院看作观念相反的对立双方进行概念辩论的场所，对至关重要的法律语言展开结构性辩论，其结果不仅对具体案件的最终判决结果具有很大作用，而且有助于构建社会政治生活。

学者俞可平认为"善治"应该包括："（1）合法性：指社会秩序和权威被认可和服从的状态；（2）法治；（3）透明性：指政治信息透明性、公开性；（4）管理者责任性；（5）回应：管理机构和人员对公民要求做出反应；（6）有效：指管理的效率；（7）参与；（8）稳定；（9）廉洁；（10）公正。"① 在司法实践中，"善治"体现为公权力与私权利在制度内的良性合作与互动。在这样的思路下，本章选取三个法律主体的角色，揭示其角色的职能、意义以及现实中的问题与改进。

（一）律师的法律推理：私权捍卫与沟通代言

根据《中华人民共和国律师法》第二条对律师的介绍："本法所称律师，是指依法取得律师执业证书，接受委托或者指定，为当事人提供法律服务的执业人员。律师应当维护当事人合法权益，维护法律正确实施，维护社会公平和正义。"其法律服务包括诉讼、担任法律顾问、参加调解和仲裁、申诉和非诉讼等方面业务。

称职的律师，其努力的目标是通过法律推理最大可能地得出一个充分维护当事人利益的推理结论。聪明的律师可以做到："唤起对特定事实、部分法律经验，以及原则和政策的注意；把这些信息整合成一个协调的法律论证，以支撑有利于当事人的判决。"② 作为代理人，律师的职业伦理中最根本的要求是忠诚，因此，如果律师发现他的委托人的利益（或愿望）已经改变，他有责任为另外一个已经被委托人修改过的立场论证，而且应当怀着同样的热情。律师的职责是捍卫委托人的利益，法律也不能要求他们做出理论上客观正确的法律推理结论。法律职业的有关实践表明，律师需要以一种合理的修辞形式，认真地对待法律，坚持他们拥护的立场在客观上本来就具有正当性。

由于职业身份的不同，律师对于法律规范的解读和执法者不一样，律师为了帮助委托人会极力从法律规范中解释出对其有利的新意义。但是，律师又不

---

① 俞可平. 增量民主与善治 [M]. 北京：社会科学文献出版社，2005：146-147.
② 史蒂文·J. 伯顿. 法律和法律推理导论 [M]. 张志铭，解兴权，译. 北京：中国政法大学出版社，1998：173.

同于委托人，他不会像委托人那样为了自己的利益不择手段，作为专业的法律从业者，律师会尽量在不触碰法律刚性限制的前提下，选择合适的推理理由。律师无权制造新的规范，为了其职业的声誉以及最终其论辩结论能被法官所采纳，他只能从已有规范中解释出新的法律含义，但律师维护当事人合法权益的职责也同时使他们时刻警惕避免陷入委托人设置的陷阱，避免把委托人不法利益制造成合法的。

律师的法律服务包括诉讼、担任法律顾问、参加调解和仲裁、申诉和非诉代理、辩护、提供法律咨询，律师的思维或推理活动具有独立性和中间性。律师既要了解委托人的诉求，又要了解法官的职责和法律规范，当事人往往由于某些原因并不能直接或有效进行程序参与，不能正确表达自己的意见和为自己的利益做出正确的辩护，这时律师要为当事人和法官的交流充当"翻译"，消除他们因身份的不同和知识结构的差异以及其他沟通障碍，充当了没有专业法律知识的当事人与具有专业法律知识的法官之间法律信息沟通的代言人。

律师以代理人的身份参与委托人的诉讼活动，使其作为思维主体的角色发生了一种置换，即替别人思考，为了别人的利益。这产生了既招人爱又招人恨的两种效果：一方面，律师的职责在于竭尽全力地维护委托人的合法权益，所以，委托人把律师视为最可信赖的人；另一方面，律师有时要为保护委托人的合法权益与法官作对而令其厌烦，有时又要为保护被告的合法权益而引起受害人及其亲属的愤怒，有时还因为不能实现被代理人的诉愿而遭其责难，但律师是法治社会中公正判决的必要的参与者。

律师选择一定的手段或方法是为了最有效地服务于其委托人。"律师论辩，是指律师接受当事人的委托，依据事实和法律，确立己方对事物或案件的见解，反驳对方观点和看法，以得到正确的认识或者共同的意见，维护委托人合法权益的语言交锋活动。"[1] 因此，律师不仅要为己方的控诉或抗辩做出最好的论证，而且要预测对方的论证，甚至要预测法官、陪审人员对每个证据的反应。这种推理方式在律师作为原告代理和被告代理时，其表现又有所不同，并且在不同性质的案件包括民事案件和刑事案件中，律师代理活动的重点也有不同，这里以刑事案件为例，加以说明。律师在刑事案件中的推理可以分为以下两种类型：一是自诉案件中自诉人的代理律师具有指控被告人犯罪或违法并进行举证的责任；二是作为刑事公诉案件或刑事附带民事诉讼中受害人的代理律师具有论证被告人犯罪，以及由此造成的社会危害性、对受害人造成的人身权益或

---

[1] 秦甫. 律师论辩的策略与技巧 [M]. 北京：法律出版社，2001：1.

经济权益的损失之责任，其中还包括犯罪、违法行为与侵害结果直接的因果关系的讨论。而如果律师担任刑事被告的辩护人，律师往往会寻找法律的某些漏洞或模糊的法律表达，为被告人的行为进行辩解，其目标当然在于减轻甚至免除被告人的法律责任。律师在法律推理过程中可以利用法律的这种可塑性，为委托人的利益搜寻可利用的合法性资源，做出不承担法律责任或只承担较轻法律责任的辩护。

律师代表委托人，属于公民的私权利，通过律师代理制度形成一种以权利制约权力的制度平衡。如果没有这种制衡，由于法官拥有无限的裁量权，会使得处于弱者地位的当事人没有任何保护自己合法权益的手段。律师的存在有效地抵制了法官在法律推理活动中的恣意，限制了法官的权力。律师在诉讼活动中与法官所处的地位不同，使法庭能兼听则明。律师制度是法治社会司法制度的重要组成部分，律师的出现改变了司法审判中法官"一言堂"的局面，使法官从法律推理的唯一主体变成主体之一。

（二）法官的推理：制度权威与正当裁判

任何法律裁判都是出自法官之口。在诉讼中，控辩双方和法官构成现实的法律推理主体系统。在这个系统中，法官以超然的第三者出现，但这个第三者却决定着控辩双方胜负。因此，法官是司法审判机关的代表，其判决具有制度权威。"司法裁判是一项制度性规范。作为一项法律制度，司法裁判不仅表现为其组织形式的法定化，还表现为其运作过程的法定化，并具体表现为它在裁判案件时，所认定的事实是'制度事实'，所依据的规范是'作为制度事实的法律'，所做出的裁判结果是'制度事实与法律制度'相结合的产物，所运用的一些方法和技术也都是一些制度性规范。"[①] 制度权威指因为制度强加的、必须接受的，而其理由却未必包含智慧、合理性，制度权威指因制度的规定而必须接受的，虽然其理由未必包含合理性，制度权威体现着对制度的服从。作为裁判方，法官的地位是中立的，他不能偏袒任何一方，应对控、辩双方的主张、证据和意见给予同等的关注，为控、辩双方创造同等的诉讼机遇，以保证控、辩双方享有同等的诉讼权利。

法官是法律的执行者，这一制度角色要求法官不断地把占统治地位的法律文化内化为自己的价值观念，即把制度确定的法律概念变成自己头脑中的法律概念。犯罪和民事纠纷被视为一种"失衡"，他要千方百计地运用法律使失衡的

---

① 沈宗灵. 现代西方法理学［M］. 北京：北京大学出版社，1997：225.

社会关系恢复到常态平衡状态。法官的职责要求法官必须给出一个裁判结论,而律师和检察官则无此义务。为此法官时常需要对自己为什么选择这个规则而不是那个规则做出判断,时常需要对为什么这样解释而不是那样解释规则和自己所采取的立场进行论证,为判决的结论寻找正当的理由。当事人及其律师对于己方主张的合法性论证主要体现在法庭辩论阶段,而法官对判决的合法性论证则集中体现在判决书之中。

从社会学的角度看,法官作为社会人,是多种社会角色的复合体,在审理案件的过程中,法官角色内部也会发生冲突,作为理性人,他将权衡利弊,选择收益最大的行为方案。另外,法官为了应对来自各方面的压力,往往综合考虑各种因素来做出裁判,其中的某些因素可能对其司法行为产生变异性影响。在裁判形成过程中,法官理应处于中立者的地位,但法官是"社会人"而不是生活在世外桃源。能否在当事人之间进行公正裁判,在很大程度上有赖于多方面的因素,包括在特定体制下,法官的超然中立的地位能否保持独立,法官的职业素养以及对法官司法裁量权的监督和制约。转型社会中格外剧烈的社会冲突,法官的裁判应达到规则之治与纠纷解决的平衡、不同诉讼主体的良性互动、伦理道德和网络民意的沟通,从而使具有制度权威的裁判有正当性的基石。

公正是法律及行为正当的一个重要理由,是正当性证明得以成立的充分必要条件。严格的、合乎逻辑的法律推理过程表明法官的判决带有很强的技术性,正是经过这种技术性的处理过程,使判决具有较强的透明度。它说明法官的判决是有充分的法律根据和理由的,而不是法官主观意志的产物;证明法官是依法行使权利,而不是滥用权利;表明判决的公正原则。合理的、有根据的制度权威是建立在听取原、被告以及代理人论证观点基础上根据法律以及法律精神形成合意的结果,从更大的范围看,这种论证包含了学术界的论证智慧和民意的参与等各方面的博弈和智慧,是在具有最优的理由和论证的基础上做出的可以被各方接受的裁判,代表着制度权威性。

司法权威是一种法理(Rational-Legal)型权威。[①] 司法权威是一种特殊的公权力,以国家强制力保障实现。同时,司法除了有权力威严之品质外,其本身还应当具有社会公信力,是指社会公众(含当事人)从道义上、思想上对司法的认同程度与信服程度。司法公信力是社会公众内心深处对司法的感触和体

---

① 马克斯·韦伯.经济与社会[M].林荣远,译.北京:商务印书馆,1998:241.法理型权威是德国著名社会学家和哲学家马克斯·韦伯根据权威来源的不同所划分的三种类型之一,他把权威分为传统型权威、卡里斯马型权威以及法理型权威三种。

验，它涉及人的心灵，是一种心理状态。公信力意味着社会公众相信司法的过程及最后结论的公正性并且接受这种裁判，进而自觉执行或协助执行裁判。制度权威需要社会各界的维护和支持，包括社会公众对司法的信任、新闻媒介对司法报道的理性、国家公职人员（尤其是官员）对司法的尊重和法律界对司法的支持等。司法权威的大小和树立"也取决于法官群体自身。因为司法权威的真正树立，在一定程度上取决于法官群体的司法能力和职业形象"[①]。权威一方面意味着某种支配关系的存在，另一方面是这种支配关系的合法性来源于承认和服从，体现了外在强制力与民众的内在认同在法律权威树立过程中的交互作用和交融存在。法律是否具有权威性的直接判断标准在于法律的产生和运行是否得到人们的服从，法律的合法性或正当性构成了法律权威性的基础和前提，没有法律的合法性或正当性就不可能真正产生人们对法律的认同和尊重，从而就不可能产生法律的权威性，法律权威就是建立在国家意志力基础上的公民对法律的服从，尊重法律是因为法律给人们的社会生活和社会关系以及人的行为做出的界定、规制和指引。法官与个人演说者不一样，他们总是小心翼翼地应对法律与现实生活的不一致以及民众公然的反抗，设法寻求政府的利益。无论出自日常生活的经验或是法律的教诲，隐喻拓宽了法律职业者法律解释的特权和法律机构解决法律问题的视野。

我国《中华人民共和国法官法》第三条到第七条："法官必须忠实执行宪法和法律，维护社会公平正义，全心全意为人民服务；法官应当公正对待当事人和其他诉讼参与人，对一切个人和组织在适用法律上一律平等；法官应当勤勉尽责，清正廉明，恪守职业道德；法官审判案件，应当以事实为根据，以法律为准绳，秉持客观公正的立场；法官依法履行职责，受法律保护，不受行政机关、社会团体和个人的干涉。"

（三）教师的法律推理：智慧启发与真理追求

教学和科研是大学教师的天职。法学院的学生将走向不同的职业岗位，教师并不知道他们的学生未来将充任法官还是律师，因此，教师必须教给学生不同身份的法律推理，教授不同的推理技巧。法学教师必须教他们的学生怎样做出各种论证，包括在面对委托人时有用的各种理论。一个法学院教师即使不赞成一种学术理论，他也必须承认多元化法律理论的存在和重要性，将各种理论作为常规的法律课程传授给学生，以便学生能在未来的职业过程中有选择地筛

[①] 王纳新. 法官的思维——司法认知的基本规律 [M]. 北京：法律出版社，2005：37.

选数据以推理法律理论资源。由此可见，法学教师之所以要将各种不同的学术观点传授给学生，模拟不同的身份对学生进行法律推理的职业训练，其主要目的有两个：一是使学生能通过学习和思考，掌握不同的法律推理理论，丰富和提高学生的法学思维能力；二是针对不同身份的法律从业者而进行有针对性的法律推理技能训练，进而保证学生在未来从事法律职业时，能寻找到自己职业所要求的思维定位。严密的、合乎法的、精神的法律推理，不但使学生能学到法学知识的真谛，而且对于培养学生的法律信仰也具有不可低估的作用。

"法治型的社会管理模式是全球绝大多数国家的选择，用法治来弘扬'善治'，实现社会管理模式变革，是全球的趋势。"① 法治型"善治"作为社会管理的理想状态，表现为国家与社会、政府与公民之间在社会生活中的合作管理。而"善治"是"政府与公民对公共生活的合作管理，是政治国家与公民社会的最佳关系"②，是实现公共利益最大化的过程。"卡拉布雷西（Calabresi）教授像个哲人一样，在教室里慢慢地踱步。'汽车，已经成为当今社会死亡的重要原因之一。要汽车，就要承受汽车事故的风险。汽车是一个魔鬼礼物，可爱又可恨，你们自己决定是否要这个魔鬼礼物。我不知道答案，你们自己去找答案。'"③ 幽默又风趣、富含哲理的语言出自法学教授，与外行人对法律的呆板、枯燥的印象恰恰相反，法律是化解风险、避免陷阱的智慧之知识体系，法学院的教授不仅在教学生职业技能，还在引导学生思考灾难的因果关系。在法治型的社会管理创新中，重视分析纠纷、灾难的原因，让法学院的学生走上工作岗位后积极参与合同的谈判与签订、企业的管理与决策，将矛盾扼杀在摇篮中，以预防纠纷为主，从而达到法律的最高境界——无诉。法学院学生的就业应该主要向这个方向发展，参与非诉讼业务，开展法律管理。

在学术研究意义上，法学教师的推理是一种纯粹的学术意义上的法律思辨。"大学的知识活动和学术研究的目标是传播真理、追求真理。""大学知识分子把追寻真理当作毕生的目标，他们只承认真理，只相信真理，具有批判和怀疑精神，因此常常发表与权威相抵的议论，习惯将任何既定结论都当作问题进行反思。"④ 学术的使命在于批判、增加智慧，发现真理、得出科学研究结论，而不

---

① 付子堂. 论建构法治型社会管理模式［J］. 法学论坛，2011，（02）：40-41.
② 俞可平. 权利政治与公益政治—当代西方政治哲学评析［M］. 北京：社会科学文献出版社，2000：117.
③ 冯建妹. 耶鲁精神：感受耶鲁大学及其法学院［M］. 北京：法律出版社，2007：77.
④ 赵馥洁. 敬畏大学——关于大学理念的思考［J］. 法学教育研究，2009，1（01）：3-11，358.

受意识形态、偏见、谬误的束缚与控制，科学的就是尽可能地求真。"学术研究的过程实际上是一个理论形成、扬弃与发展的过程。客观事物的复杂多变性难免会造成人们认知上的错误和假象，学术研究就是要打破这种假象，达到去伪存真、认识事物本质的目的。学术发展的主流形成了科学，同时也可能产生反科学和伪科学，所以，要通过学术活动和学术争辩对反科学、伪科学予以否定与批判。"① 学术在怀疑、批判的碰撞、对话中实现进步和发展，实现创新，为法治建设提供智力支持，学术人应具有真人格、真精神、真性情，学术在于知识的增量和扩充，具有批判性、创新性和前瞻性，社会应该给予其更多的学术空间。

法律推理中存在不同的主体，从不同的角度推理、论证，有助于司法的公正：任何人的意见和主张都可能由于主体认识上的偏差和立场上的偏私而含有缺陷。任何人都不能以自己独特的身份或地位而声称自己的意见或主张具有免于质疑的真理性。任何人的意见或主张，要想得到他人的认可，就必须通过论证来说服他人，并应该审慎地对待他人的意见从而弥补己方意见或主张中的缺陷。多样的不同主体的参与，实质上是"善治"的必要组成部分，"善治"体现的是公权力与私权利之间的良好合作与互动。在这种对话、沟通中同时促成公民自愿的合作和对制度权威的自觉认同。

最高人民法院印发《关于加强和规范裁判文书释法说理的指导意见》的通知（法发〔2018〕10号）中特别强调了判决的形成过程即论证过程、选择以及正当化的理由，要求全国法院通过法律推理、论证来提高裁判的正当性、可接受性、价值引领性。法官在司法过程中可供选择的是法律多元主义所呈现的各种法律渊源，包括制定法、判例或指导案例、党和政府的政策、本土道德、地方习惯和惯例甚至法学院教授的学说等。该指导意见试图把法律论证建立在法律推理的基础之上，寻求能兼顾合法性与社会共识的重叠通约部分。这个意见提出了三项价值目标——实现个案公平、维护法定权利、促进社会和谐，也是传统的"情、理、法"本土结构得以用现代法律推理和论证的技术和方式维持与环境相适应，并与国际法律技术和话语接轨。

2021年3月1日，最高人民法院印发的《关于深入推进社会主义核心价值观融入裁判文书释法说理的指导意见》正式施行，《意见》全面指导法官运用社会主义核心价值观释法说理，规范了将社会主义核心价值观融入司法释法说理的基本原则、基本要求、主要方法等，寓核心价值于案，以核心价值观弘道，

---

① 郑东.学术概念的特质与学术发展的动能［J］.河北学刊，2005，(02)：27-30.

通过"裁判文书"为载体全面释放德法共治的叠加社会效应。社会主义核心价值观可以通过司法解释转化为法律规范、融入审判，法官运用专业的法律方法将社会主义核心价值观融入裁判的论证理由，形成了裁判的充分说理依据。在底线的基础之上，法律多元主义就是鼓励在社会主义核心价值观的引领下，公民遵守更高的伦理道德的规范，鼓励、引导更多的人去追求更有德性而美好的生活，通过自治、德治等具有仁义礼智信等传统美德，从而在国家法的基底上，培育出具有民间智慧的民间规范。2020年5月13日，最高人民法院发布弘扬社会主义核心价值观十大典型民事案例，以案例的形式确立司法的社会主义核心价值导向，从案例中析淀出优秀的传统文化基因。宗教戒律、职业伦理和职业纪律都表现出对道德、荣誉的追寻等，比对常人的要求更高，比法律的规制更苛刻。

从西方法学家对法律语言的论述中可以看出，由于法律语言的复杂性，对法律语言的不同理解也导致了不同的解决方案。对于律师来讲，最终采取何种博弈策略，取决于如何为其当事人争取最大的合法权利；对于法官来讲，采用何种博弈策略，这取决于对司法公正的维护。当事人双方各自叙述的法律故事往往是从自身利益出发，这就导致不同故事之间的说服和论证竞争，竞争导致的结果必然不是确定的，具有一定的盖然性。让法官的主动性、创造性与静止的、不能开口说话的法律规定"牵手"，在合意、辩论、程序中决定案件，才能明辨是非，从而接近不同主体追求的正义共识。

算法对司法实践的作用包括支持、取代和颠覆。① "如今已可以利用人工智能（Artificial Intelligence，AI）就部分领域的法律议题，如未来的法律人，将不可避免持续地关注、理解AI发展的程度、了解自己所处之地位，在利用AI强化自己处理法律问题能力的同时，还应针对AI发展所产生的新型法律问题，以开阔的胸襟、和煦共存的态度，借助法律的解释与运用构思妥善的解决方法，让法律人驾驭AI而不要让AI成为法律中无法驾驭的存在。"② AI在法律领域的发展，为法律人提供了很多辅助性帮助和服务，但同时也大有取代法官、律师的趋势。这一看法或许过度夸大了AI的能力，因为AI需要依赖已有的数据和信息，大量搜集信息，并将所取得的信息进行解析、分类，在此基础上做出判断。然而，智能信息时代科技日新月异，每天都会有新鲜的事情发生，遇到前

---

① 张凌寒，梁语函. 算法在域外司法实践中的应用、困境及启示 [J]. 中国审判，2020（6）：4.
② 黄铭杰. 人工智慧发展对法律及法律人的影响 [J]. 月旦法学教室，2019（06）：200.

所未有的事以及不同的情境，AI 的处理能力就会因为数据不足而大为缩减，而法官、律师专业的法律推理、思维能力，就会显示其专业性，这是 AI 所无法取代的。人工智能信息在法庭审判环节，可以提供检索、在线诉讼、调解等工具性辅助功能，在裁判环节，通过法律专家系统，模拟人的大脑和神经系统进行法律推理；机器人法官系统，通过司法大数据的喂养，将法学与统计学、信息科学、计算机科学和脑科学等学科紧密、深度地联系在一起，逐渐开始模仿法律推理与思维模式［Computational Models of Legal Reasoning（Argument）］对司法大数据进行分析，为法官决策提供选项。但由于法律要素难以数据化、算法难以取代法律思维、算法结论适用的正当性存在争议[1]，现有的人工智能信息法官系统或许无法保证算法决策系统的正确结论，因此，需要发挥法官的智慧来尽量避免人工智能信息法官系统可能带来的危害。法官应注重裁判文书说理，注重阐明事理和法理，对不同当事人之间的利益冲突，以三段论式的演绎推理为基础，以利益衡量为核心的辩证推理来平衡，加强裁判文书说理的逻辑性、规范性和哲学性，让当事人明白裁判的推理逻辑和结论的事实依据。同时以裁判文书上网、庭审直播与公众沟通，利用新媒体发布与群众生产生活密切相关的法律知识和典型案例，运用巡回审判，强化普法力度和广度。发挥中国特色的人大代表作用，主动接受人民监督，与人民密切联系，对涉民生案件邀请其到庭旁听或见证执行。如何与 AI 共存，理解 AI 对于现今法律体系所带来的冲击，了解法律人与 AI 之间的优势与弱势，实质也是司法权与技术权之间的张力问题，是未来法律人必须应对的挑战。人工智能可以通过数据喂养来进行训练，更先进的人工智能程序可以通过试错自学，与人工智能时代的法律推理相一致的是"可辩驳法律推理"。

於兴中教授把人工智能信息时代的法律推理，看作可以模拟可辩驳的多元推理，"法律论证不同于法律推理，前者为司法决定提供理由，而后者则是得出司法决定必经的逻辑推导过程。虽然法律论证旨在为司法决定提供理由，而法律的话语理论正好支持法律论证的过程，法的话语理论也为法律推理提供了一种理论，正如麦考密克所指出的法律推理需要一种法学理论。法律的话语理论开创了新的法律推理模式的可能性。这种可能性就在于把法律推理看作一种可辩驳的多元推理，而非单一的演绎推理或类比推理。对人工智能信息和法律推

---

[1] 张凌寒，梁语函. 算法在域外司法实践中的应用、困境及启示［J］. 中国审判，2020（06）：4.

理的研究者而言，模拟可辩驳推理的过程已经变成中心任务"[1]。

人工智能目前的发展程度虽然只是辅助法律分析和推理的工具，但是人工智能技术替代法律职业一些初级工作已经成为现实。人工智能强大的数据解析能力，给法律职业带来了很大的助力。而要获得这种助力，法律人就必须具备数据学习能力，为"人机协作"做准备，方能与人工智能共生共处。如何在职业的独立性与职业边界的开放性之间保持合理的度，也是法律职业遭遇人工智能所面临的职业伦理问题。

三、司法行为中的干扰与推理纠偏

法律语言的使用主体主要有立法者、研究者、执法者、司法者、律师及其他法律行为的参加者。司法行为的最大特点是过程性，在司法行为中，许多符合法律程序并具有法律效力的行为必须以书面形式完成，包括起诉状、辩护词、代理词、判决书，原被告双方的起诉状、上诉状和答辩状。英国哲学家大卫·休谟对法律和语言之间的关系做了描述："法与法律制度是一种纯粹的'语言形式'。法的世界肇始于语言，法律是通过词语订立和公布的。法律行为和法律规定也都涉及言辞思考和公开的表述与辩论。法律语言与概念的运用，法律条文与事相关系的描述与诠释，立法者与司法者基于法律条文相互沟通，法律语境的判断等，都离不开语言的分析。"[2] 可见，语言是法律及其实践的纽带，通过语言，人们理解和学习法律，进而在法律实践中运用法律来捍卫自己的权利。然而司法行为中用来交流的法律语言也会碰到所有人类交流中碰到的同样的问题：信息的多义、失真和误解。包括不全面的记录、难以理解或模棱两可的法律语言、法律语言在交流和传递过程中的法律解释。

（一）复杂的法律专业术语

任何一门学科，其外观标志，往往就是具有一整套系统的、不为外人所理解的专业术语，法学作为一门具有悠久历史的专业学科，自然也不例外。很多法律术语，都具有特定的含义，专业之外的人，往往难以理解。例如，正义这

---

[1] 於兴中. 人工智能信息、话语理论与可辩驳推理 [J]. 法律方法与法律思维，2005 (00)：115–129.
[2] 舒国滢. 战后德国法哲学的发展路向 [J]. 比较法研究，1994 (04)：337–355.

个词。何为正义？正义有着一张普洛透斯似的脸（a Protean face）。①人们经常从不同的角度来定义"正义"，从而形成了不同类型的正义观念。"程序性的"（procedural）正义和"实质性的"（substantive）正义是常见的划分。前者指的是形式的正义，即产生结果的方式和支配人们行为及相互作用的规则的公正性。例如，一场公平的体育比赛，它要求比赛规则公平，并有独立的裁判做出裁定。它为不同的参赛者提供了一样的场地、一样的规则和一样的裁判。在同样程序下，结果肯定是不同的。后者指的是结果的（或内容的）正义，即它关注结果本身（要求结果相同或相等），通常在"定罪量刑"的思想中得到体现。犯什么样的罪，就该给什么样的惩罚，同样的罪行，给同样的惩罚。程序规则、证据规则和举证责任分配原则，属于形式正义。具体案件裁判的妥当性，即最终在具体案件的当事人之间实现的正义属于实质正义。"正义"一词本身在不同语境中的含义不同。"在伦理上，我们可以把正义看成一种个人美德或是对人类的需要或者要求的一种合理、公平的满足。在经济和政治上，我们可以把社会正义说成一种与社会理想相符合，足以保证人们的利益与愿望的制度。在法学上，我们所讲的执行正义（执行法律）是指在政治上有组织的社会中，通过这一社会的法院来调整人与人之间关系及安排人们的行为。现代法哲学的著作家也一直把它解释为人与人之间理想关系。"②

柏拉图认为，正义首先是一种社会生活秩序，它基于城邦公民（所谓"自由民"，不包括奴隶）各自不同的社会身份和地位，使得他们遵循一种符合自身社会身份之内在美德要求而生活和行动，具体地说，智者追求智慧，武士追求勇敢，普通的自由民遵循节制和谨慎，各安其位，各得其所，如此城邦便可达到正义。所以，在柏拉图这里，正义又是一种全德之名或首要美德。柏拉图的学生亚里士多德一方面秉承了老师的正义理论，仍然将正义或公正看作"美德的总体"，但同时又越出了老师的正义理论框架，对正义或公正做出了较为具体的梳理和论证。亚里士多德指出，公正是具有"多种意义"的美德概念，既可指人们刚直不阿的品质，又可以指人们行为的合法有度和公道；既有性质和范围的不同，又有具体含义的区别，因此有多种"具体的公正"可言。比如说，对于社会"善物"或价值的分配，应当遵循"分配的公正"；对于社会分配中所出现的不公正结果，应该遵循"矫正的正义"来矫正实际的不公正的分配结

---

① E. 博登海默. 法理学、法律哲学与法学方法 [M]. 邓正来，译. 北京：中国政法大学出版社，1999：252.
② 庞德. 通过法律的社会控制 [M]. 沈宗灵，译. 北京：商务印书馆，1984：73.

果，以实现社会公正；对于那些行为公正或者不公正的人来说，还有所谓"回报的公正"，用中国的俗语来说，就是所谓的"善有善报，恶有恶报"；从公正的类型上说，还有所谓"政治的公正"和其他的公正（如"法律公正""交易公正"等），而"政治的公正"又可划分为"自然的公正"与"约定的公正"，前者基于自然法则，后者基于社会契约。

除了上述两种正义观之外，尚有亚里士多德将正义分为交换正义、分配正义、矫正正义三种，霍布斯的安全正义，康德的自由正义，蒲鲁东的平等正义，波斯纳的效率正义，罗尔斯的自由、平等和公平正义，等等。自然法学派主张法的二元论，认为法应分为实在法和自然法，在不完善的实在法之上，存在着完善的、绝对正义的自然法。分析法学派则赋予法律规则本身的正义效力，习惯上，正义被用来维护或重建平衡或均衡，其重要的格言常常被格式化为"同样情况同样对待"。当然，我们需要对之补上"不同情况不同对待"①。而社会学法学，更多地从规则的效果方面来衡量其正义性，并且对于特定民族和国家的习惯和文化的意义格外关注。被列奥·施特劳斯称为"现代性第一次浪潮"的政治哲学代表人物、意大利现实主义政治思想家马基雅维利宣告：政治权力和君王的权威必须超越于社会正义之外，恪守信义不属于君主的美德；相反，君主必须学会像雄狮一样强悍残忍，像狐狸一样狡猾奸诈，非如此不足以确保其政治权威和统治地位的稳定。因此，马基雅维利将政治权力和权威的现实需求置于普遍正义的规则之上，并为君王的政治不义或非正义行径提出政治合理性的辩护。

在社会生活中，我们也经常使用"法律的正义"（legal justice）和"社会的正义"（social justice）的概念。这也可以说是正义概念的又一种划分。法律正义，简单而言，就是按照正义原则，以法律的形式在人们之间分配权利和义务。我国学者卓泽渊教授对于西方学者众多的法律正义理论做了如下归纳：传统的主要有客观正义论、主观正义论、理性正义论、神学正义论、法规正义论五大类；现代的主要有相对正义论、社会正义论、形式正义论、程序正义论四大类。② 不管这种归纳与表述是否完善、准确，我们至少从中可以看出，不同法律正义观来源于其背后不同的论证理路。正如卓泽渊教授所指出的，客观正义论从"数"论证，主观正义论从"价值"论证，理性正义论从"理性"论证，神学正义论从"神法"论证，法规正义论从"法律规范"论证，相对正义论从

---

① 哈特. 法律的概念［M］. 张文显，等译. 北京：中国大百科全书出版社，1996：158.
② 卓泽渊. 法的价值论［M］. 北京：法律出版社，2006：423-433.

"合法性"论证，社会正义论从"分配"论证，形式正义论从"规则的适用"论证，程序正义论从"司法过程"论证。① 如此繁多的论证理路自然决定了法律正义观"具有着令人迷惑的多相性"②。而社会正义则是指在社会的不同群体之间，其所得和付出是公平的。

通过上述对于正义观念的分析可见，法律概念，由于每个人的理解角度不同，以及问题本身的复杂性，使得人们在同一概念的界定上很难取得一致的认同，法律概念具有复杂性。

也许正因为古今中外的正义或公正内涵的不同，且随时随地发生着意义的变化，因而人们对于何谓正义常常为多种歧义和解释而深感困惑。孔孟先贤和贾谊先生的"公""正"之说固然不错，但显然没有表达其公共制度、公共规则和公共秩序的现代意味。看来，我们所习惯的许多传统概念还需要重新梳理定夺。若从最一般也是最基本的意义上讲，我们可以把"正义"或"公正"（在中西政治哲学和伦理学的语境中，这两个概念，甚至还包括"公平""公道"等，似乎是可以通用的）定义为权利与义务的对等。这种对等既体现在人际的交往之中，又表现为人们的权利—义务对等意识，还表现为社会公共制度的安排和行为规则制定中的公平安排和平等约束。

当然，在一种宽泛的意义上说，社会的制度本身就是一种公共规则，反过来说，任何确定的公共规则体系也是社会公共制度的基本表达。

（二）模糊的法律语言

法律中存在一些模糊概念，这些模糊概念是对客观世界模糊现象不确定性的反映。它的内涵和外延都具有不确定性。例如，"数额较大""情节严重""正当防卫"等，这些概念所反映的程度是模糊的，即使再详细的司法解释也难以包含各种情形，这是和人类有限的认识能力相关的。产生这一现象的原因在于，一是人类认识的有限性和客观现实的无限丰富性之间永恒的矛盾；二是语言表达本身的局限——作为一种表达工具，语言的精确性是有限的。

"法律在很大程度上曾经是、现在是，而且将永远是含混和有变化的。"③这些法律概念本身就是一个集合，但是集合的边界是模糊的、不明确的。每一

---

① 卓泽渊. 法的价值论 [M]. 北京：法律出版社，2006：423-433.
② E. 博登海默. 法理学：法律哲学与法律方法 [M]. 邓正来，译. 北京：中国政法大学出版社，2004：227-228.
③ 沈宗灵. 现代西方法理学 [M]. 北京：北京大学出版社，1992：330.

种概念到底涵盖多少种具体的行为和现象,这是不确定的。在现实语境中,要想明确、唯一地使用语言符号是不可能的,因为语言是用有限的符号体系去描摹具有无限可能性的现实世界。[1]

语言的模糊性源于客观实体边界的不明晰性和语言的概括性、抽象性。法律要做到普遍适用,就必须使法律语言具有概括性,这种概括性一旦运用到具体案件,就是不确定的、不分明的。这也就使得一个相同或类似的案件,往往在不同的时期或不同的法官手中,采取截然不同的认定标准,出现针锋相对的判决结果的原因。法的概括性是法的技术特征,实质上也就意味着法的模糊性同样是法的一个基本特征,是与概括性伴生的特征。人们对客观实体缺乏清楚的认识。[2]

法律中的合理性原则在民法、行政法和经济法部门中均有体现,比如,《中华人民共和国民法典》(以下简称《民法典》)第七条:"民事主体从事民事活动,应当遵循诚信原则,秉持诚实,恪守承诺",行政法中的行政合理性原则,经济法中的证券法、价格法、消费者权益保护法等均有公平、公正原则的体现和要求,刑法中的罪责刑相适应原则,也是合理原则的体现。但是,对合理性的界定却有很多种观点,西方学者F.兰科在其《合理性的类型和语义》一文中,列举的"合理性"这一术语有21个。有人甚至认为,有多少个人就有多少种"合理性",这种观点虽然过于绝对,但也不无道理。合理性还存在着程度方面的差异,这是人文科学中合理性的相对性的一种具体表现。

法律的规定有时是有意地模糊以应变社会,因为人类对复杂的、正在产生的事物不可能产生全面的认识和做出正确的表达。法律原则是抽象的,法律规定是具体的,原则与规则同存于一部法律之中,具体与抽象互渗、整体与部分圆融、相对与绝对转换。法律的原则就像骨骼,它决定了一部立法的整体方向和精神,而具体规定则是血肉,它使得整部法典变得丰满,且受制于骨骼这个大的框架的限制。

《民法典》中基本规定的第一条到第十条的规定中,包含了公平、诚信、公序良俗等社会主义核心价值观。中国的快速崛起,也需要在文化软实力上具有竞争力,《民法典》体现的社会主义核心价值观,以法律方式维护和推进,也是"四个自信"在法律、司法方面的体现,彰显着家国一体的担当。

---

[1] 许江,罗勇.论法的不确定性与判例法之引进[J].江苏行政学院学报,2004(03):102-106.
[2] 王红旗.论模糊语义产生的原因[J].山东师范大学学报(社会科学版),1993(01):69-72.

(三) 法律语言交流中的变异

法律语言虽然与日常用语不同，但是一些法律语言并非法律专用术语，这样，必要时就需要对其进行解释。语言是中性的，人们在运用它时会不自觉地掺杂自己的主观感情，这样在对法律做出解释时难免会对其产生一定的影响，造成法律语言和信息交流中的变异。证人的证言有可能记录不全或错误，保存与再现不可靠。证据是由历史事实中产生的与历史事实相关的信息。这种信息传递到事实判断主体有一个或长或短的过程。在判断主体知悉前，证据信息必须被保存起来。对言词性证据的保存依靠记忆（有时也可以靠记录），但记忆的衰减与变化或慢或快都会发生。证人是以自己的亲身经历向法庭陈述案件事实，而证人证言的形成过程是证人在某一时间点的亲身经历的意识通过记忆而形成的。柏格森在对意识的分析时提出："记忆可分两种：机械的记忆和纯粹的记忆。纯粹的记忆存在于印象之中，印象虽然不能离开大脑而存在，但大脑不是记忆的贮存器而是起着电话交换机、过滤器的作用，它只保留与将来有关的印象。"① 因此，随着时间的推移，某一事件的记忆会慢慢淡化。而书证、物证的保存也可能因时间的推延而发生变化甚至毁损灭失。当证据信息通过时间管道最终到达事实判断主体处时，可能因主观与客观的原因，出现证据内容的非还原性再现，尤其是人的证据。当事人因利益所系扭曲事实，做出对己方有利的陈述是一种普遍的情况。

证据是历史遗留的碎片。要将碎片还原为一幅完整的拼图十分艰难，有时甚至是不可能的。通常情况下，人们只能获得十分有限的证据资料。可能获得的证据资源，会因为时间的推移而消失，会因人为的隐匿和破坏而不能获得，会因证据获取手段的有限而无法取得，或者无法从证据材料中获取有用而有效的信息。有时，人们为了其他价值，还可能牺牲一部分证据资料。例如，为了法治与人权保障的利益，而将某些非法获取的证据资料排除于证明过程之外，即使这些证据资料仍然具有证明价值。在资源有限的情况下完成证明任务，人们往往是勉为其难，因此不能指望某种绝对客观的事实恢复。

法律事实从某种程度上可以说是在法律程序当中，遵照一定的法律价值权衡和选择的结果。法律事实不仅具有客观性、法律性，还应具有一定意义上的主观性，因为，任何案件事实都离不开法律职业主体的认定，而任一主体对事实的认定都要受制于主体的经验、偏好、学识等认识能力，受制于主体的价值

---

① 王蒙蒙. 知觉的皱褶：论柏格森《物质与记忆》中身体间的差异［J］. 法国哲学研究，2020（00）：53-68.

观念，即承认事实的认定是一个客观见之于主观的活动，是一种伽达默尔所说的效果历史。法律事实可以在法律程序、证据中获得。然而，人类对事物的认识不可能穷尽客观事物的一切方面与过程。诉讼只能在一定的时间（时效）和空间下进行，法院或法官也可能出于诉讼效率或效益方面的考虑而被迫放弃对客观事实真相的无限制的、不计成本的追求，这样，在有限的时空下，依据有限的证据认定的事实不可能总是符合事实真相。认识主体获得事实材料的过程无法避免各种认识过程的加工作用，我们得到的事实（事件）"是一种多个主体阐释参与界定的'互为主体'结果""事实不是外在于认识的，而是被认识过程——包括不同价值观和述说目的的当事人、回忆者、记载者、相关者或研究者的认识过程——不断界定的结果。也可以说，事实是（多种）认识成分相互作用构成的产物"，即认识主体不仅在述说事实，而且在"建构"事实。在司法活动中，对案件事实的认定也是在特定的环境下，借助按照法定程序收集到的物证、人证等各种证据来进行的。而一些对案件具有重要作用而非法定规定得来的证据则往往不能作为证据。从这个意义上来说，认定案件事实是以证据为依据的。而事实上，那些依法所得的证据往往不能完全反映案件事实的真相，毕竟案件事实不能重演。从这个角度看，事实的认定具有不确定性。可见，认识中只能无限接近而不可能还原、复制客观事实。正因为如此，法学上才有客观真实和法律真实的区分，而作为定案依据的，只能是法律真实而非客观真实。

在司法实践中，当一个案件直接适用某项法条时，则直接运用事实判断和逻辑推理；但当凭借价值选择来断定一项法条是否可以适用某案件时，则不仅要运用事实判断和逻辑推理，也要运用价值判断。事实上，不同的法律工作者由于他们各自的学习、生活经历和思维方式的不同，他们的价值观难免存在差异，甚至相异、冲突。所以，价值选择取向的相异性是造成法律规则适用的不确定性的因素之一。

（四）结语——对司法行为中干扰信息的正确态度

确定性是现代法律的一个永恒的追求，也被认为法治的基本原则之一，没有确定性，法律便很容易成为执法者专权的工具。因此，富勒的法治八原则中，有五个原则就是对于法律确定性的直接或间接的要求：法律必须公布、不溯及既往、明确、不矛盾以及稳定性①。可见，确定性在法律之中的意义。但是，对于确定性，我们必须有正确的认识，追求适度的法律确定性才是我们应该持有的合理态度，否则，会导致"过犹不及"的结果。依托法律大数据和人工智能信息的类案检索机制，唤醒并激活案例资源，可以在司法判断后参照适用，辅助法官实现类案类判，辅助于法律适用统一的兑现，对法律适用不统一的问题进行平衡与纠偏。

1. 作为法律技术而存在的法的模糊性

我们经常会听到司法实务部门甚至法学研究者们指责法律的不明确，导致法律无法操作。对于这种指责必须具体看待，有的问题，的确属于在法典中应该明确而未予明确的，法律中如果没有当事人上诉期限的规定，会导致一审判决被无限地拖下去而不能生效，不但司法效率会大受影响，而且当事人的权利也会持续在不稳定之中。但是，另外一些不确定性，实际上是立法者有意识地采用弹性用语的结果，并非立法的粗疏。之所以要有意识采用模糊语言，就是因为现实中的情形非常复杂多样，立法者不可能在立法中对所有可能的情形做出统一的规定，因此，不少的问题，必须留待司法中具体确定。②

同时，必须认识到，这种留待司法实践中解决的问题，还是一种立法机关和司法机关之间的权限划分的技术性手段，模糊性语言的采用不仅仅是立法无法穷尽现实可能性这样一种原因，作为现代国家执法机关，必须具备一定程度的分权，如果借口公民意志而将所有的问题交由立法机关解决，不但不可能，实际上也不必要。它将导致司法机关无法面对具体复杂的案件的现实情形采取灵活的方式追求法律实质正义，从而最终歪曲了法律正义的本来面目。

法律是社会行为规范的一种，现代法律主要是以成文法的形式出现的。语言是人们之间记录和传递信息的最为精确的手段，即便如此，语言本身的模糊性仍然是无法彻底克服的。这是由于语言作为一种表现的手段，总是比表现对象要来的单薄，而对象本身具有丰富性。因此，我们大可不必为语言的不精确而费脑筋。何况，为了现实司法的需要，一定程度的法的灵活性是必要的，而这正是语言模糊性的用武之地。维特根斯坦说过，对于不能说的，就保持沉默。同样地，对于不可克服的"缺陷"，就愉快地接受。语言的模糊性不像人们想象

---

① 公布就可以免除人们对于神秘的恐惧，不溯及既往及稳定性的法律则可以消除人们对于未来不确定性的担忧，而明确和不矛盾，则体现了法律本身的内在和谐和一致性，只有这样的法律，才能给人们传递准确的法律信息。
② 比如对于土地征收中"公共利益"的确定，很多国家采取的是列举加概括的方式立法，就是因为列举不可能涵盖所有的公共利益的范围。

的那么麻烦。我们也不需要一个因为追求确定而非常僵死的法律教条，面对变动不居的人类社会，在一定的确定性上而又同时保持相当的灵活性，才是我们持久的策略。

2. 法律语言交流的变异

法律语言交流的变异，是正常的真实法律信息的异化，其对于公正判决地做出无疑是有害的。在司法诉讼过程中，对待法律语言交流的变异，人们发展出了一整套制度化的策略，作为具有证据意义的证人、证言和书证等，必须和其他类型的证据之间没有冲突，形成一个完整的证据链，同时，法庭所采纳的证据必须是通过当事人之间互相质证的。借助于这些证明规则，法庭可以最大限度避免不实之词的误导，从而做出公正的裁判。同时法官作为一个具有一般理智的人，其在适当情形下，可以通过诉诸常人观念，来认定有关的法律信息是否属实。因此，技术手段和法官智慧的结合，基本上可以不致司法过程中的滥权及变异法律信息的干扰。

3. 法律干扰因素的克服

概念法学所倡导的法的确定性虽然遭到了一些学者的嘲笑，依据这种观念的判决被讥为"绞肉机"。但是，无论如何，确定性仍然是法律的基本追求，作为法制实现的手段，成文法的确定性追求是不可动摇的，我们所不能指望和不应该坚持的，是一味地要求立法的精确而不顾及现实的需要和技术手段的可能性。通过裁判尺度和标准的统一，进而实现裁判结果的公正。针对法律的不确定性，法学家已经研究并采用了很多技术性手段加以克服，这些手段主要有以下四点。

第一，类比推理的采用。在现代的法治中，法官不得因为法律没有规定而拒绝裁判，此时可对法律进行类推解释，允许法官根据法律原则做相应的解释以填补法律漏洞便成为必要的方法。通过类推，可以实现相类似的案件作相同处理，其法理基础在于平等原则，这也是正义的要求。《最高人民法院司法责任制实施意见》创设了类案和关联案件检索机制，明确承办法官在审理案件时应当进行类案检索。虽然现有的类案检索适用的范围和检索案例的效力层级尚待进一步明确，检索推送案例在技术上尚需精准，类案类判在实践中存在显著的差异，因此类案检索在司法实践中并未普遍适用。但随着司法与技术的进一步融合，开发专业化的标签、集成化的系统、优质的数据，提升类案检索系统功能，随着类案检索使用规则、适用范围、案例范围、检索方式、检索结果的运用方式等的完善，为智慧司法实践提供了明晰实用的类比推理规则指引。最高人民法院印发《关于进一步完善"四类案件"监督管理工作机制的指导意见》，探索"四类案件"的自动化识别、智能化监管、系统预警等机制，推进法律的统一适用和同案同判。

第二，调解技艺的纠偏。"依法裁判与妥善化解矛盾纠纷并重"的审判理念既是东方的司法智慧，又是现代系统法学的理念。法官在查明案情事实的基础上，注重调解、利益衡量、裁判说理，意在使判决具有可执行性。注重矛盾纠纷的"案结事了"，而不是一判了之，不能在解决一件纠纷时再引发新的矛盾，注重案件矛盾的实质化解。

第三，通过司法程序克服不确定性。正当法律程序是一套司法规则，这套规则不仅有助于形成正确的裁判结果、实现实体正义，而且本身具有独立价值，这些价值包括公平、公正、合理等。正当程序的存在表明人们对于法律规定中客观上无法克服的疏漏的承认和对此种疏漏的尽力补救，因此，只要我们把法律看成一个整体，而不是费力地在实体法中追求所谓完美而不可及的形式正义，我们就会在正当程序的指引下，实现法的正义价值。各级法院应发挥好审委会、庭务会的集体力量和引导作用，通过审委会把典型个案总结提升为指导案例。对于分歧较大的案件，在尊重法律条文本义的基础上做好类案统一机制的构建，研判同类案件处理，统一司法裁判的思路、观点和标准，形成指导性案例；庭务会即时发掘梳理争议案件，通过对争议点的总结梳理和深度分析，形成相对一致的裁判共识。

第四，法律本身是概括的，具有一定的解释空间。法律解释可以最大限度补救成文法的不足，缓解滞后的规则和变化的社会生活之间的矛盾，从而使法律体系在保持稳定性和统一性的同时，又能对社会发展涌现出的新问题及时进行干预和调整。对新型案件，结合最新法律、司法解释，并通过审判委员会、专业法官会议等共同研究探讨，避免裁判可能出现的较大偏差，发挥专业法官会议为疑难案件提供咨询建议的职责。专业法官会议一般由长期在一线办案的审判长组成，具有丰富的办案经验和专业性，对疑难类案具有深刻的见解，对本地区审判（执行）热点、难点也有一定掌握，通过编撰《参考意见》，统一对同类案件的司法观点、规则和裁判尺度，用专业共识确保裁判的稳定性。同时也完善了法院内部业务部门之间的沟通协调制度，避免"同院不同判"，并提升了准确适用法律的能力，提高了现场调查勘验、征集民意等查证事实的能力；提高准确认定案由的能力，通过立案、审理两环节的双重识别，提升法官认定案由的水平，从而从案由源头确保法律的适用统一，特别对于发改案件要召开专题审委会，学习讨论，对发现的类案问题，经过审委会讨论形成指导意见，统一法律适用。最高人民法院发布的《关于深化司法责任制综合配套改革的实施意见》，通过完善审判权力和责任清单，完善"四类案件"识别监管机制，优化审判团队组建，完善案件分配机制，健全院庭长办案机制，完善统一法律适用机制，严格违法审判责任追究，健全落实"三个规定"工作机制，优化司法资源配置机制，切实提升审判效能。

　　以上四点离不开语义学、语言哲学、法学研究、司法人员的法律道德素养的养成等协同努力。人工智能进入司法领域，试图使得案件推理标准化、简易化、智能化，人类被置于其中，会越来越不愿意进行复杂思考，而依赖于人工智能给出的现成答案，将司法权力拱手相让于技术的权威和统治，放任技术寡头的任性奔腾，失去人文精神的社会会驶向失控的危险境地。

第二章

多元法律文化中的共通与对话

多元意味着差别、多样，与之相伴的另一面是矛盾、冲突，而结局是幸福还是悲剧，却是人类共同的命运。无论是哪个国家和地区的人，躲避悲剧的命运，追求健康、幸福、美好都是作为人的共同追寻。李晓辉认为"普世性法理是在人作为类的意义上的普遍法理，具有最强的跨文化解释力，体现最大范围的认同；共同（共通）性法理是在跨文化交往中通过沟通和合意所发现的共同（共通）观念和共同（共通）制度中蕴含的法理"①。

多元法律文化既有差异与冲突，也有共通与对话。普世价值与多元主义，各有其价值。多元视角的研究，有道德、政治、文化、法律等视角，名称也有"跨文化"②"文化杂交"③等，结论也多种多样，涉及普世与多元、自由与保守，不同文化和价值观背后具有不同的国家利益、人民利益、意识形态、价值观念、身份认同等，不同主体如何取舍与选择，具有不同的制度效益。不同文明和文化之间是具有共通的价值追求的，是具有可通约的重合或可以沟通的价值重叠领域，西方与非西方法律文化、传统之间存在着交互滋养。中医药学是中国古代科学的瑰宝，也是打开中华文明宝库的金钥匙。中医旨在治愈、恢复安康，强大的医学文明和文化哺育了中华民族，也有利于民族的繁衍。用中医哲学的智慧看待法律哲学，也别具中国文化之精气神。在古老的中国文化中早已孕育着现代法哲学的节制（理性）、表里（辩证）、阴阳（平衡）、整体（融贯）等思维精髓。

一、忧郁中的欢乐：治愈伤害与重建幸福

中国古代医学把阴阳、虚实的失调，看作疾病的起因，用药治病就是调节

---
① 李晓辉. 论法理的普遍性：法之"公理"、"通理"与"殊理"[J]. 法制与社会发展，2018（03）：5-28.
② 乐黛云，李比雄. 跨文化对话：第39辑[M]. 北京：商务印书馆，2019.
③ 李英明. 全球化下的后殖民省思[M]. 台北：生智文化事业有限公司，2003.

人体的阴阳、虚实，使之恢复平衡。如果把法律看作药方（在柏拉图和亚里士多德的关于人治和法治之争中，曾经用医生的例子做比喻，各自论证自己的治理国家的观点），在构建和谐社会过程中，中国的法律就像中医一样，不仅承担着医治疾病的作用，还应该调节失去平衡的肌体，促进社会各部分协调、培植元气。因此，法律的作用不仅仅是解决纠纷，还有更积极的职能和更深层的含义。

人是社会的主体，人与人之间融洽相处是社会和谐的基础，由于经济条件、社会地位、个体背景的差异，各阶层之间、各种社会组织之间，乃至人与人之间不可避免地会发生一些矛盾和冲突，大量的矛盾以诉讼的形式解决。

在现实中，法官在处理案件中缺少恢复人际关系的努力，缺少调理社会的思维；案件的处理结果不重视当事人日后的合作。构建和谐社会，拟从社会理想和现实角度思考法律工作者对重建人际关系的作为①。

在现实中，法律精神存在一些危机：人们把诉讼当作争斗，只有单赢而没有双赢思维；法官在处理案件中缺少恢复人际关系的努力，缺少调理社会的思维；案件的处理结果不重视当事人日后的合作。构建和谐社会，从社会理想和现实角度给法律工作者提出了新问题：在我国奏响和谐的乐章时，在整体的旋律中，对法律界提出了什么要求？法律工作者应该再思法律真正的精神是什么？

（一）两个案例激发的思考

案例一：老房子村，村民长期以来一直靠一股泉水生活。但是在2001年，由于一家煤矿开始进行采矿活动，造成泉水断流，使当地村民的生活遭到严重损害。这股泉水位于小村的北坡，因此，村民们说，北坡的地下是一座煤矿的矿井，现在地下都被挖空了，泉水漏走了当然就断流了。村民们只得到山外去背水吃，而背一篓水要一个多小时，每天要背三四次。村民们认为，山下的煤矿应当为清泉断流负责，给他们解决饮水的问题。

2002年的夏天，村民们将这家煤矿告到了法院，要求他们对泉水断流问题负责，但一审法院却将村民们的诉讼驳回了。法院认为，谁主张谁举证，村民们受到的损害是事实，可村民们没有向法院提供证据证明泉水断流和煤矿开采有关。于是，村民们向省高级人民法院提出了上诉。省高院认为，村民们是由

---

① 区块链技术对人际关系、法律将产生新的影响。区块链账本可以被用来记录所有数据结构，包括所有权证明、认证信息和交易记录等，由此形成的全部数据可供公众随时查阅和验证，而修改链上的数据需同时拥有全网51%的算力。

于水资源受到破坏才提起诉讼,根据规定,水资源破坏属于环境侵权,是一种特殊侵权,应当适用举证责任倒置原则。在庭审中,省高级人民法院要求煤矿举证证明他们的开采和泉水断流无关。煤矿以一份调查报告来证明他们的开采行为和泉水断流无关,省高级人民法院没有采信这份调查报告,最后判定煤矿赔偿老房村每户村民5000元的损失。

这个案例最后是以村民的胜诉而结案的。也就是说,每家都拿到了5000元的赔偿,可是对于每家每户来说,5000元并不能解决泉水断流的问题,他们还是只能喝雨水。虽然法院的判决是公平的,但问题没有得到根本的解决。①

案例二:某公司成立于1998年6月17日,是一家主要生产教学设备的企业,主要产品包括光纤通信实验系统等。钟海军等7人为该公司的主要工作人员,双方签订了劳动合同,合同约定:员工在合同期内和以后不得向任何人泄露本企业的商业秘密,并约定员工因合同终止和其他原因由本企业离职时,应向部门主管人员交回所有与经营有关的文件资料,包括通信工具、备忘录、顾客清单、图表、资料及培训教材。2003年3月,钟海军等7人先后离开该公司,并利用该公司的商业秘密申请设立另一家公司,且利用其掌握的产品技术秘密,生产、销售与该公司具有一致性与相同性的产品,并与该公司客户进行经营活动。该公司认为,"光纤通信实验系统设计技术"是以杨云龙为主,其余被告共同参与开发完成的职务技术成果,与公司的客户信息一样属公司的商业秘密,任何单位与个人均不得侵犯。他们的行为属不正当竞争行为,于是**提起诉讼,请求判令**:钟海军等7人立即停止侵害并终止生产、销售侵权产品;承担某公司经济损失52万元。

办理这个案件的法官在《试析理工某案件的调解方式和方法》一文中记录了这个案件的调解过程:"经过开庭质证,侵权事实认定。被告法定代表人态度变得非常诚恳,作为法官,我也很理解他的心情:带着几名职工跳槽,一旦认定技术侵权,公司难以为继,几名职工不好交代,由此引发的危机如何处理?我想,作为法官,我们有理由让不尊重法律的人受到惩罚,更有责任为当事人排忧解难。我决定尽可能为当事人做调解工作。原告坚决要求法院判决,要求法院给个说法。而被告企盼法官调解,在原告面前几次请求原告放其一马。加上职工跳槽的问题并不是一个简单的问题,引起职工跳槽的原因也很复杂,法律也不很完善,应该说,职工跳槽并不完全是职工的错误,也有公司管理问题,公司与员工关系处理不当等问题,这些问题涉及大家对公司运作的认识问题和

---

① 央视国际.干涸的山泉[EB/OL].江西科技师范大学法制天地栏目,2005-11-06.

法律不完善的问题。我为此穿梭于原、被告之间，很费口舌地为当事人说和，尽可能把当事人拉到社会的大背景下考虑问题。最终，当事人达成了调解协议，被告以支付一定的费用为代价，可以继续生产、销售其产品。"①

在第一个案例中，人民法院包括地方政府可以运用国家的公权力，责成获利者煤矿拿出足够的资金来为村民开辟新的饮用水源的问题，5000元的赔偿不能够成为它免除责任的理由。赔偿并不代表问题的解决，如果政府或法院能够多一些真诚的关怀，村民们的饮水问题就会得到实实在在的解决，村民们的诉讼目的才能得以真正地实现。在第二个案例中，法官所做的调解努力，无论从国家的经济、社会的发展和双方当事人的发展上来说都是一个相对成功的解决方法，案件的处理既符合了法律规则，又包含了重视未来发展和合作的智慧。

在中国各种利益关系复杂的转型时期，效率与公正之间存在着反差，法官、律师等法律工作者在处理法律纠纷中，应建立一种积极的、能动的思维，注重人际关系的重建和将来的合作，法官不只是审理案件，还应有更大的作为。法官、律师要权衡各种利益，而不仅仅是根据字面的形式上的法律处理案件，而应该发挥法官的主动性，消除人与人之间的隔膜和疏离。在解决纠纷的过程中，重新构建人们之间的信任和接纳意识、团结合作精神，才是具有大智慧的法官应有的作为。

2019年2月，诉源治理被最高人民法院"五五改革纲要"所吸纳，明确列为今后五年人民法院一项非常重要的改革任务。同年8月1日，最高人民法院出台《关于建设一站式多元解纷机制、一站式诉讼服务中心的意见》进一步指出"主动融入党委和政府领导的诉源治理机制建设"。"司法工作向纠纷源头防控延伸，人民法院发挥着参与、推动、规范和保障的重要作用。一方面，人民法院主动做好与党委政府加强城乡社区治理、建设公共法律服务体系、创建'无讼社区'等工作对接，主动参与培育城乡诉源治理自治力量，支持将'万人成诉率'等诉源治理的重要指标纳入地方平安建设考核体系。另一方面，通过履行司法建议职能、编发审判白皮书、强化对司法大数据的分析研判，做到既在'点上'促进有关部门科学决策、规范行为、消除隐患、改进工作，又在'面上'为党委政府科学决策提供参考，提前防控和化解重大矛盾风险。"②诉源治理是对矛盾纠纷的预防和化解所采取的各项措施、方式和方法，使潜在纠纷和已经出现纠纷的当事人的相关利益和冲突得以调和，并且采取联合行动所持

---

① 董青梅．和谐社会中司法的作为：人际恢复［J］．行政与法，2007（08）：31-33．
② 薛永毅．"诉源治理"的三维解读［N］．人民法院报，2019-08-11（02）．

续的过程。首先,要减少矛盾纠纷的发生;其次,尽量避免纠纷事件变成诉讼案件;再次,如果还是要走诉讼程序,那么就要优质高效率地解决;最后,衍生案件治理是解决审判良性运行"痛点"之需,衍生案件长期"滞留"在各级法院,会增加当事人的诉累,导致当事人长期深陷于解纷之中,会影响到人民群众对司法案件的公平正义感。

"和谐"思想与理念在中西古今皆有。对"和谐社会"命题的理解、诠释与评价,必须结合时代和文化背景。就思想渊源和理论资源而言,和谐社会状态是人类古已有之的一种"大同社会"的理想。孔子所说的"致中和",道家主张的"合异以为同"等,都表明和谐观念向来就是中华民族精神的重要组成部分。中华文化崇尚"和为贵",并认为在"天时、地利、人和"之中,"人和"是核心,即"天时不如地利,地利不如人和"(《孟子·公孙丑下》)。这些无疑是今天构建和谐人际关系的宝贵资源。

"和"强调用平衡、和解的方式解决事物矛盾,不强调矛盾的激荡和转化。注重个体与社会以及社会中各种关系的均衡、和谐、有序、稳定的发展,中国古代用平衡、和解的思维模式和行为模式,使中华民族具有很强的内聚力和向心力。

和谐社会的根本特点是什么?和谐社会是一个以人为本的社会,一切活动的根本目的都是人的生存、享受和发展。和谐社会是一种有层次的和谐,其核心层是人与人之间关系的和谐,即人与人的和睦相处,其保证层是社会的政治、经济和文化协调发展。

(二) 报应性正义与法律精神的危机

法律中有两种正义观:报应性正义和恢复性正义。我们现在的很多案件都是基于报应性正义。在报应性正义中,法官、律师都是诉讼的热心推进者。中国的法家思想和西方的古希腊和古罗马的法律思想都是报应性思想的渊源。

法律制度提供了一个文明的解决冲突的方式,这种制度设计欲超越现实中的冲突,然而,我们现行的法治中的策略并没有全部为法律产生之初的目的服务。事实上,法律制度的设计本身是好的,我们的很多工作都在实现这个超越冲突的目标。然而,它却越来越变成它本来要超越的冲突,现实中的很多诉讼的目的不仅仅是解决冲突,有的律师诉讼的目的不仅仅是赢取一场官司,甚至将诉讼变成一种法律技巧的角逐和展现;有的当事人将诉讼看成让对方身败名裂的武器,借助诉讼摧毁对方。在这种诉讼中,律师变成被雇用的枪手,法庭成为职业的竞技场所;当事人参加诉讼的目的不是解决冲突,而是在整个诉讼过程中更加加剧了仇恨和疏远。即使赢了官司，也都多多少少带着心灵的伤痕。"宇宙间的存在不是孤立的现象，而是诸相的互助与同构，亦是诸在的互助与同构，存在即互为存在，用毁灭他物的方式谋求自己的存在，是狩猎者的心智，它已使人类承受过痛苦的教训。人之所以为人，即在于他能够体悟、理解、把握存在的真谛，这个过程可能是漫长的，可它却是渐进自觉的。同理可知，法之为法，亦得满足这互助、同构的秩序取向。"[①]

这种诉讼模式并没有致力于治愈人们的伤痛，调整人们的关系，它并没有协调、恢复被破坏了的人们的关系，不重视说理的判决强硬地强加着法官的意志，并由法警强制执行。这种诉讼加剧了人们之间的愤怒、伤痛、感情上的伤害和隔阂、贪婪以及复仇的欲望。法律本身是为了用和平的方式解决冲突、远离冲突，而不惜代价地要打赢官司的律师，会拖延诉讼，泛滥微不足道的诉讼、过分地暴露当事人的信息，滥用证据，操纵诉讼过程，在诉讼中缺少文明、合作，法律成本膨胀。

这种结果的产生来自报复性正义的范式，这种正义的观点是回头性纠缠在过去的事实和情境中，把对犯罪行为或责任的评价建立在法律的基础上，根据法律强加惩罚和赔偿。报复性的法律体制变得鼓励程序正义而不是实质正义，这种对程序的强调使法律制度更法律化和技术化。报应性正义也鼓励不惜代价的诉讼，在很多诉讼之末，所有的参加者在各种程度上都有所损伤和减少，而对于医治伤痛或在一定程度上解决问题方面却做得很少，报应性正义是我们真正想要的正义吗？

只有复仇、争斗，却又不能走向更高的人际重构的境界，是这种诉讼机制的危机，这与中国人的传统的互知、互爱、相互适应、调和人与人、人与社会的关系、提升人的精神意境和价值的思想是相悖的，我们在借鉴西方的法律制度的过程中，又不能丢弃中国自己的优秀的文化。

"和谐社会"是一种新生存智慧，提倡一种社会本位基础上的人际互利性、共赢的价值理性思维，包括：一是人与自然的和谐；二是人与社会的和谐；三是人际的和谐。社会不是实体性存在，而是关系性存在，马克思说："社会不是由个人构成，而是表示这些个人彼此发生的那些联系和关系的总和。"[②]

近代社会是一个个体利益取向的竞争的社会，这个社会把人们形塑成一个个孤立的原子，使整个社会沉浸在孤独无助、以邻为壑的氛围中，特别是制度、

---

① 江山. 法的自然精神导论 [M]. 北京：法律出版社，1997：162.
② 马克思恩格斯全集：第42卷 [M]. 北京：人民出版社，1979：220.

生活方式和行为模式的形式化，造成了人的异化和主体性的丧失，而且这种状况已经发展到无以复加的地步。为了走出这种状态，学者们希望在对合作和信任的探讨中找到出路。

人是社会的存在，人际的互相依赖决定了个体人只有生活在一定的社会关系中，成为社会的一员，借助人际互动，他们的利益才能得到相应满足，他的存在和发展才能得以实现。

合作理性的基本内容是，理性的个人主义在发展个人的同时也可以促进整个社会的发展（经济理性），理性的连带主义在帮助他人的同时帮助了自己（社会理性）；理性经济人在追求个人利益的同时促进了社会利益，理性社会人在帮助他人的同时也帮助了自己。人类合作理性主要表现在两个方面，一是市场领域的社会互利理性，二是社会生活领域的社会互助理性。人类的这一合作理性是人类社会长期实践的产物，是基于对人们之间存在的社会连带关系的认识而达成的共识、采取的行动。

（三）恢复性正义与法律精神的重建

追求幸福权，可以理解为人权主体拥有获取为实现个人幸福或集体福祉之发展所需要的，且同一定社会实际相适应的客观基础与条件的权利。追求幸福权的思想来自美国《独立宣言》和法国《人和公民权利宣言》等法律文献。《独立宣言》讲道："我们认为这些真理是不证自明的，那就是所有人生来平等，他们具有他们的造物主所赋予的某些不可剥夺的权利，这当中就包括了生命、自由和追求幸福（pursuit of happiness）。"在这些早期人权宪纲的引领之下，西方社会从法学理论到基本规范层面都早已将追求幸福视为一项普遍性人权。追求幸福不仅是《独立宣言》中郑重宣布的一项基本权利，它还获得了为数三分之二州宪法条文的确认。各州宪法明确了追求幸福权的基本理念和法律价值，接下来还必须致力于其法律制度的构建和运行。有学者曾将实现"追求幸福权"的"政府责任"概括为三大方面："供给的义务""保护的义务""提供便利的义务"，并得出结论，要求从国际到国内的法律都应当正视所谓"规定经济权利的义务"。类似的声音在国际人权法学界其实由来已久。

法律的精神要比法律字面的含义要大，法律的精神塑造法律文字。法律和法律制度产生的目的是通过给权利和义务下定义确认权利和义务关系，处理损坏了的关系，恢复没有实现的权利和义务关系。

法律是按照关系来划分权利和义务的，出租者和承租者的关系，生产者和消费者的关系，人身伤害关系，或者是公民和国家间的关系。人们通过契约、合伙、联营形成他们的关系，在很大程度上由自己定义着他们自己所理解的权利和义务。法律，就是人们之间的关系，权利和义务关系，或者权力、权利、和义务关系。

每个人都是社会中与他人有关系的人，人是按照社会中的关系来定义的，然而，社会关系的含义要比法律关系大。法律在最低限度上理解权利和义务的关系，这种关系只是社会关系的一部分，因而，法律关系是有限的。由于关系的破坏，为了支撑、维系关系，我们应该在更大的程度上解释法律关系，在原有的法律关系中还应增加一些不能预测的关系。而我们现在的法律将秩序和正义作为法律的价值，在这种价值指导下，法律的精神仅仅是一种技术层面的对秩序和正义的实现，因而我们变得越来越法律主义，因此，忽视了法律中广义关系的重建，这是我们当前法律精神的缺失。

法律制度为恢复被破坏了的关系而服务和作为了吗？我们当前的诉讼范式实现法律产生时的目的了吗？制度法学派学者魏因贝格尔在批判分析了各种正义观后，提出了自己的正义观"正义的要求主要与人际关系有关，即是说正义原则用以决定个人对待他人的行为"①，将正义理解为评价人际关系的标准，是不同于以往的正义观的。

恢复性正义是为了恢复和重建社会中的人际关系，当权利和义务被破坏时，法律的任务就包括不仅重新实现权利和义务，让事情重新返回原来的正确状态，而且应治愈伤害并且找到和恢复安康和幸福，重续面临分崩离析的关系，拓宽人际之路，而不是在一场诉讼中堵上一条生活之路。

把错误看成对人性的违背，对和谐关系的背叛，而不仅仅是对规则的违反，这是法官处理争端的出发点。而解决争端的落脚点在于解决问题，愈合伤口，通过法官的智慧找出正确处理事情的途径，而不只是惩罚。法官的注意力，应该放在未来而不是过去。在根本上，解决案件就是将各方当事人带到一起，以便集体制定出事情被矫正的方法，讨论将来他们怎样才能相处得更好的、积极的策略。把法院的审理变成一个调停、大有作为的积极的过程。

当正义被定义为恢复性正义，实现恢复性正义就是一个交流和沟通的过程，注重调解，诉讼只是最后的求助手段。此外，通过强调调解的益处，采用调解形成新的关系恢复、重建他们的关系。

在本质上，调解是处在冲突中的人们走到一起，在公正的人们的帮助下解

---

① 麦考密尔，魏因贝格尔. 制度法论 [M]. 周叶谦，译. 北京：中国政法大学出版社，1994：69.

决他们的分歧，它采用对话的方式，而不是强制。它给双方提供了一个走到一起的机会，讲述自己的故事同时倾听对方的故事。公正的一方提供了一个安全的地方，让他们彼此诉说。在这儿，他们双方第一次开始理解给受害者造成的伤害，同时也给侵害者造成伤害。这些伤害包括身体的、情感的、道德的和精神上的。每一方都有机会了解对方的人格，调解者试图帮助双方理解和清楚地陈述他们真正的需要，当然，调解者是有一定的控制的权力的，这是他们的责任，侵害者认识到他自己的错误并且应当纠正，这个过程包括侵害方的补偿和纠正，有时候，还不仅仅是道歉，还包括治愈和原谅。最终的目标是双方能够互相原谅并达成一致意见，能有一个可以在一起继续生活和合作的未来。

我们现在的法律职业者——律师、法官、法学院的老师都倾心于法庭上的争斗，以至于忘记了自己本身应该是冲突的治疗者。是医治者而不是战士，是医治者而不是被雇用的枪手，而且这种医治是中医中的标本兼治。如果法官和律师对冲突中的争议所做的像律师对病人的身体所做的一样，法官就更多地被看作中医，律师就更多地被看作顾问。在2005年3月19日的《人民法院报》上，有一篇《案子结了成果'活了'》的文章，以及法官宋鱼水的事迹中，均体现了法官是能够促成当事人的继续合作的。

在恢复性正义模式中，提倡调解，当案件不能调解和调解不成时，再进行判决。对于社会生活而言，尤其是在复杂的现代社会，大多数人的合作是重要的。有些合作是默契、惯例，有些源于法律的要求，很多的法律议题就是对冲突问题的合作性解决，调解制度就是其中之一。调解源于社会相互行为的一种处理策略，从社会学视角看，任何人的行为后果依赖于他人的行为后果。

人们对敌对情绪的表达有嘲笑、流言蜚语、批评、排斥、当众辱骂责打、决斗、复仇、躲避、谈判等。而敌对情绪的发泄具有安全阀的功能，可以使带有"爆炸的""有毒"的蒸汽排泄出去，冲突"清洁"了空气，防止了被堵塞的敌意倾向的积累，正如德国社会学家菲尔坎特所指出的，这种出口等于为被堵塞的河流提供了一条河道，使社会生活的其他部分免于毁灭性影响。我国的诉讼调解制度有其深厚的传统文化积淀，制定该制度的初衷是化解社会冲突，便于义务的履行。

然而，如用政治策略压制权利意识或观念，如果每个人的让步并没有解决问题，问题仍然存在，那便给社会留下脓包。因此，律师、法官等法律工作者应该给当事人提供一个诉说的环境，在当今的一些法院，有的法官用恶劣的态度压抑当事人的说话权，减少当事人的发言时间，极为不负责任。在审理案件中不仅没有化解矛盾，甚至给人民留下了极坏的印象，对司法腐败抱怨甚多。

而化解这种矛盾不只是能力问题，还是态度问题，在构建和谐社会的方略下，这是极其不和谐的现象。这种态度不是在化解矛盾，而是在制造新一轮的矛盾。

利益冲突在很大程度表现为一种心理上的失衡感和不满情绪，法官在处理案件的过程中，应疏通不满情绪的宣泄渠道，既使各种利益主体相互沟通，相互谅解，达成共识，又能为党和政府采取措施及时觉察和化解不满情绪提供建议。"我们需要找回丢失了的秩序和规则，这种寻找不是再回到自在法之中，而是凭着意识自觉的逐个能动性去重现自在法的价值取向（互助、同构、和谐），创化出一代全新的人与生境共享的法形态。"[1]

法官、律师等法律工作者在处理法律纠纷中，应该改变报复性正义的思维（这种思维只是回望过去，用法律的手段报复对方），应该建立一种积极的、能动的思维，注重于人际关系的重建和将来的合作。法官不只是审理案件，还应有更大的作为。在创建和谐社会中，重建这种法律精神是至关重要的。

张载是关学学派的创始人，关学是他在关中地区讲学而形成的一个大的学派。在张载的精神遗产中，有四句名言被千年传诵："为天地立心，为生民立命，为往圣继绝学，为万世开太平。"冯友兰将其称作"横渠四句"。中华法治文明中具有优秀的传统法律文化精华：出礼入刑、隆礼重法；民为邦本、本固邦宁；天下无讼、以和为贵；德主刑辅、明德慎罚等思想，赋予了中华法治文明新的时代内涵。摒弃抑制竞争的"明哲保身""枪打出头鸟"等思维，以及由"君权""父权""宗亲"衍生出的"关系网""人情网"等复杂的人际关系，检视虚假现代性，必须冲破传统落后理念的束缚，从深层和整体上扬弃、改造、创新传统文化。对中国传统文化最有效的保护是创造性发展，最有效的继承是创造性创新。没有发展创新，中国传统文化就没有新的生命生机和生存空间。习近平总书记指出，培育和弘扬社会主义核心价值观必须立足中华优秀传统文化。牢固的核心价值观，都有其固有的根本。抛弃传统、丢掉根本，就等于割断了自己的精神命脉。博大精深的中华优秀传统文化是我们在世界文化激荡中站稳脚跟的根基。中华文化源远流长，积淀着中华民族最深层的精神追求，代表着中华民族独特的精神标识，为中华民族生生不息、发展壮大提供了丰厚滋养。[2] 在法治文化的传承和创新上，在世界法治文明宝库中，中华法治文明都具有重要的文化贡献。

法治与德治相结合的中国法治文化基因，既有西方现代国家的文化借鉴，

---

[1] 江山. 法的自然精神导论［M］. 北京：法律出版社，1997：162.
[2] 王离湘. "儒法并用"的理论意义和实践价值［N］. 中国文化报，2013-11-04（3）.

又有中国优秀传统文化的根脉,同时也是中华民族能够屹立于世界、受到世界尊重的优秀文化和品质。习近平总书记指出:"儒法并用,是我国历史上常用的社会治理方式,只有思想教育手段和法制手段并用才能相得益彰。这是因为,法是他律,德是自律,自律和他律相结合才能达到最佳效果。正所谓'道之以政,齐之以刑,民免而无耻;道之以德,齐之以礼,有耻且格'。"① 中国特色社会主义法治道路是在中国共产党领导下,以人民为主体,以法律面前人人平等为原则,从中国的实际情况出发,以突出依法治国和以德治国相结合为特色。这就是中国的法治模式,中国的法治方案。

二、真诚的交往行动和对话理论

尤根·哈贝马斯(Juergen Habermas)的交往理性法律观实现了西方法律理性观的重大转折,回应着西方法律传统的危机与变革。哈贝马斯不认同马克思的客观历史目的论,他认为在这种理论中,个体成员被社会化了,个体的欲望和能力被压抑了。哈贝马斯认为,当代西方社会冲突的主要根源不在于社会再生产领域的分配不公,而在于资本主义的经济、政治结构借助功利性的手段对人们生活世界之价值的侵入以及精英的专家文化与大众文化、日常实践之间的疏离,这种侵入和疏离造成了价值领域意义的丧失、思想的匮乏、规范的失效,使得人与人之间不再相互信任、缺乏基本的相互理解。结果,人们之间旨在实现协调行为、相互理解,在共同规范指导下自由交流的交往行为被完全纳入"有目的合理性行为"的功能范围内,导致正常的交往变得不合理,受到了控制,遭受了歪曲,交往者因此陷入痛苦之中,生活在一个压抑与宰制的社会中。在哈贝马斯的新的现代性理论中,为了克服单一的、集体化的、客观的意识,人类的主体间性并没有减缩到一个"最后的决定瞬间"。哈贝马斯的社会批判理论的中心,是批判"科技理性"对人类的控制,他用"交往理性"代替"科技理性"概念。

(一)从实践理性到交往理性:重建法律理论的理论性变革

哈贝马斯的法律理论是以交往理性为基础构建起来的。在哈贝马斯看来,

---

① 中共中央纪律检查委员会,中共中央文献研究室.习近平关于党风廉政建设和反腐败斗争论述摘编[M].2015.

交往理性在法律或政治领域的最主要作用表现为它对实践理性地位的取代。对理性问题的反思与探讨，构成了哈贝马斯整个理论的出发点和核心。

在哈贝马斯看来，用社会劳动这一概念解释人类历史的发展，并把劳动当作人类物质生产活动和精神发展过程统一的基础，这是马克思的突出贡献。与此同时，哈贝马斯也指出，马克思忽略了人类的交往行为的作用，而且，正是由于马克思把劳动理解为工具活动，在社会实践的名义下把人与人的"相互作用"（交往）与作为工具行为的"劳动"混淆起来，抹杀了经验科学和人的科学之间的差别，历史唯物主义才没有成为一门真正的关于人的科学。

"哈贝马斯把人的行为划分两大类：交往行为与工具理性行为。在他看来，工具理性行为是策略性行为，表现为目的合理性的确定，或手段的理性选择，或是二者的结合，它遵守的是以经验知识为基础的技术规则。与工具理性行为相反，交往行为服从的是必须遵守的有效性规范，这种规范规定了相关的行为期待，并必须至少被两个以上的行为主体所理解和认可。"[①] 哈贝马斯的行动理论具有两个显著特点。他根据所涉及的是主客体关系还是主体间关系两方面对行动进行分类：取向于主客体关系的行动称为"工作"（或"劳动"），而取向于主体间关系的行动称为"互动"（或"交往"）。哈贝马斯从两方面对这两种行动之间的区别进行了刻画，一方面，它们受不同类型的规则支配：支配工作的是技术性规则，而支配互动的是有约束力的共识性规范，这些规范确定有关行为的相互期待，必须被至少两个行动主体所理解和承认；另一方面，工作和互动之间又因为它们取向于不同目标而彼此区别：工作取向于成功，而互动则取向于达成理解。在这种意义上哈贝马斯把工作和互动分别称为工具行动和交往行动。在这两类行动中，哈贝马斯更重视交往行动，因为对于人类的出现和人类生活的本质来说，交往行动的作用更为重要一些。而且，工具行动预设了主体和客观世界之间的分化，而这种分化的出现，在哈贝马斯看来是离不开内在于交往行动的智力发展及合理性潜力之实现的结果。"策略行动"处于工具行动和交往行动之间的地位。像工具行动一样，它也取向于成功，而不是达成理解。但像交往行动一样，它也是一种类型的互动——它所涉及的是主体间关系而不是主客体关系。"因此，交往行为与策略行为之间的区别就在于：有效的行为协调不是建立在个体行为计划的目的理性基础之上，而是建立在交往行为的

---

① 哈贝马斯，哈勒. 作为未来的过去 [M]. 章国锋，译. 杭州：浙江人民出版社，2001：187.

理性力量基础之上的；其中交往理性表现在交往共识的前提当中。"① 策略行动的主体用客观化态度对待那种不应该被如此对待的东西，也就是社会世界。人类生活的关键是交往行动，而一种扭曲的或畸变的人类生活形式的奥秘可以在扭曲的或畸变的交往行动中找到。在许多场合，哈贝马斯用交往行动同策略行动相对照，而不是同工具行动相对照。

在劳动和生产领域，科技的工具理性决定行动，可是在"生活世界"，是"并不明确的"（non-explicit）背景资料和知识发挥着作用。哈贝马斯认为在人类解放能力、科技技术、组织管理方面，工具理性在起作用。他认为，马克思的历史唯物主义主要从发展生产力的动力、对自然的控制、对程序的选择和劳动分工的管理等科技工具的理性化角度看待社会发展。"将实践理性看作一种主体的能力，是一种现代的观点。把亚里士多德的概念架构转变为主体哲学的前提，这种做法有一种缺点，那就是使实践理性同它扎根于其中的文化生活形式和政治生活秩序脱离了联系。但它也有优点，实践理性于今与个体的福祉以及个人道德自主性产生关联——亦与作为私主体的人的自由发生关联，此一主体可以同时拥有市民社会的成员、国家的公民和世界公民的身份。"② 然而，社会中仍然有其他过程性的，虽然不能全部被归结为工具理性的理性在起作用，在推动社会的发展：道德洞见、实践知识和交往理性的发展有助于新的社会形式的实现。因此，哈贝马斯吸收了马克思的解放思想和韦伯的理性思想，提出"交往理性"，使理性具有社会学意义，哈贝马斯将社会行动分为四种类型。

一是工具性行动。这是一种目标取向的行动，在计算、比较、权衡各种手段以后，行动者选择一种最理想的、可以达到目的的手段。哈贝马斯认为，如果手段—目的的合理性行为是使现代社会得以发展的力量，那么当它使人类处于压抑状态时，还能否提供另一个合理性方案呢？因此应该对合理性概念进行扩展。二是规范调节的行动，即一个群体的受共同价值约束的行动。它要遵守社会世界的规范。三是戏剧式行动，它指行动者在一个观众或社会面前有意识地表现自己主观性的行动。这种行动重在自我表现，通过自我表达达到吸引观众、听众的目的。四是交往行动，它是行动者个人之间的以语言为媒介的互动。行动者使用语言或非语言符号作为理解其相互状态和各自行动计划的工具，以

---

① 哈贝马斯. 后形而上学思想 [M]. 曹卫东，付德根，译. 南京：译林出版社，2001：60.
② HABERMAS J. Between Facts and Norms: Contributions to a Discourse Theory of Law and Democracy [M]. EHGW H. Rehg, Cambridge: Massachusetts: The MIT Press, 1996: 1.

期在行动上达成一致。相互理解是交往行动的核心,而语言具有特别重要的地位。它要全面遵守前面三种规则。他认为,现代社会的整合既涉及国家管理的经济层次(工具理性),又涉及知识文化储备层次(沟通理性)。现代社会的特征是不断地进行政治、经济层次的分化,却很难实现文化层次的整合。如果不能解决这个问题,社会仍然是分裂的,并且会遭受危机。只有充分发挥沟通理性的潜力,才能解决这个社会整合的问题。交往行动比其他行动在本质上更具合理性,因为它综合考虑了这三个世界,交往行动组成的世界也是由日常语言支撑的世界,对这个世界哈贝马斯有一个专门的概念,即生活世界。

根据哈贝马斯的观点,资本主义社会的发展形成两种不同的过程:"体制世界"和"生活世界"。在社会理论中,体制世界和生活世界是相联系的,体制世界由"经济"和"政治"两个子系统构成,保证社会的物质再生产,该系统用"钱"和"权"的媒介运行。这些从生活世界分离出来的,具有独立功能的系统不再以取向理解的交往行为为基础,而是根据货币和权力等控制媒介的功能来衡量。要在一个具有广泛行为选择的复杂社会里达成一致,交往行为面临着持续性异议的威胁,而这些通过控制媒介形成的行为协调机制使得交往行为从困难中解脱出来。但这些以货币和权力控制为媒介的行为协调机制与交往行为不同,它们的目的要么是在(经济上的)货币利润基础上成功地实现(认知——工具意义上的)生产组织和商品交换,要么是根据(政治上的)科层效率标准来形成政府有拘束力的决定。现代社会危机发生的根源之一就是体制世界日益侵蚀生活世界,追求金钱和权力的行为取代了以相互理解为目的的交往行为,其结果是社会的整合、人格都出现了问题。"因此,哈贝马斯主张重建'非政治化的公共领域',还主张使交往行为及其所遵循的原则扩展到系统世界的领域中去,使人们重新发现生活的意义和价值。"[①] 哈贝马斯认为,当代西方社会冲突的主要根源不在于社会再生产领域和分配不公,而在于资本主义的经济、政治结构借助功利性的手段对人们生活世界之价值的侵入以及精英的专家文化与大众文化、日常实践之间的疏离,这种侵入和疏离造成了价值领域意义的丧失、思想的匮乏、规范的失效,使得人与人之间不再相互信任、缺乏基本的相互理解,结果,人们之间旨在实现协调行为、相互理解,在共同规范指导下自由交流的交往行为被完全纳入"有目的合理性行为"的功能范围内,导致正常的交往变得不合理,交往者因此陷入痛苦之中,生活在一个压抑与宰制的社会中。

---

① 谢立中.西方社会名著提要[M].南昌:江西人民出版社,1998:361.

哈贝马斯并不认为系统与生活世界的"分离"存在问题。系统中的行为协调最好由控制媒介来确保,因为它们可以使交往行为从异议风险中解脱出来,并且它们可以用高度的生产力和工作效率来衡量。但是,系统也具有回过头来穿透生活世界的潜能,如果这样,成功取向的协调机制强行进入了原本应由相互理解取向的交往行为来协调的生活世界(文化、社会与人格)并使之陷入混乱与危机。哈贝马斯把这个过程称为生活世界的殖民化,即生活世界中取向理解的交往潜能被货币与科层系统的系统性干预消耗殆尽。

由于对传统这个背景和生活世界中的制度底线的确信,言说主体试图实现相互理解。哈贝马斯声称,在生活世界交往行动运用语言,任何语言行动包含一个理解行为,在社会中语言是唯一纯粹的共同的媒介。在语言的使用里,有三种有效的宣称规范着人的语言行为,这些有效宣称可以理解为使说话者可以正确地运用语言跟别人沟通的必要的条件:一是在"命题内容"或涉及外部或主观世界方面,陈述是真实的,所使用的句子能反映外在世界的事实,透过句子把相关事实告诉别人。二是在关于现存的规范关系或社会界方面,陈述是正确的。语言使用者在和别人沟通时,要遵守支配着人与人沟通的社会规范。三是在表明经验者的意图与其主观感受方面,陈述是真诚的。哈贝马斯将语言因素引进作为其理论基础,而且重点并非置于语言的内容、意义层面,而是语言陈述的有效性层面。任何交往行动的参与者,都必须对其语言陈述的真与伪表态,但是无论如何,这些主张都可受到其他交往行动的参与者的质疑挑战,这时言说者就必须提出理由来加以论证。于是,语言交往的相互理解构成了生活形式结构化的基础,所有社会生活的参与者必须毫无保留地接受语言媒介的条件限制,也就是以接受言说陈述有效性的条件为前提,来持续进行交往行动,以维系社会生活的整合。而正是这种普遍语用学,使哈贝马斯的商谈理论、交往行动理论与法律理论密切地联系在一起。它们之间的关系可以具体描述:法律的承受者即为法律的创制者,而创制法律的主体,即为能平等地通过交往行动完成理性商谈的人民,这一平等商谈的条件,又是通过法律制度的规范来加以保障的。因此,法律之所以具有效力,既不是因为法律的内容符合自然法、理性法或道德的标准,也不是单纯因为事实上的强制力或社会系统功能,而是因为法律通过这种运用理性商谈的立法与适法过程而具有的合法性。

在哈贝马斯的交往行动理论中,诸如"社会何以可能?"这样的社会和政治问题被"交往何以可能?"表述着。

在哈贝马斯看来,交往行为实质上是主体之间以语言为媒介的对话关系,人与人之间伦理关系的调整、共同规范的认可和维护是通过商谈来实现的,因此，行为主体之间进行没有任何强制性的诚实对话就成了哈贝马斯交往行为合理性的核心。此观点是假设人有进行理性讨论的能力，而共识是参与讨论的人在没有外在和内在的压力和制约下进行讨论而达成的。在哈贝马斯心目中，这里蕴含着人类所向往的一种理想生活方式，一种没有内外制约下的真诚沟通的人际关系，这是哈氏社会批判理论所预设的价值理念。

哈贝马斯的交往理性是一种沟通理性，导向达到持续性的共识，依赖于主体间的认知所主张的合法性。通过这个关键性的定义，他将合理性的重点问题从概念性的转向社会的，这种转向对于交往行动理论来说是根本的。它建立在一种假设上"语言中蕴藏着可分享的共享性和能达成一致的理性"。

（二）法律的双重理论：哈贝马斯重建现代法律

在《交往行为理论》中，哈贝马斯在讨论社会理性化过程中对出现的两个重要进步提出了他的法律观点。首先，法律从道德中独立出来对于体制与生活世界的分离具有重要意义；其次，法律过程有助于解释西方社会中出现的体制对生活世界的殖民现象。1992年出版的《事实与有效性》一书，是《交往行为理论》中思想的深化，他提出，现代法在其内在结构中表达了"事实性"与"有效性"之间的张力。

1. 法律与体制和生活世界的分离

哈贝马斯赋予了法律很重要的角色，它使货币和权力控制媒介规范的独立功能"固定化"和制度化。货币和权力的法律规范化对体制从生活世界中分离出来具有重要意义。历史地看，当政治权威集中于掌握暴力的司法机构时，政治体制的分立最早出现，接着是随着政治组织日益复杂化而出现的政治机构的分化过程，这种过程在现代国家中已经得到充分发展。在围绕着国家而形成的社会组织化结构中，由货币媒介导控的市场最终也出现了。从交往行为无法解决的难题中解脱出来，现代国家的政治系统依据权力通过有拘束力的决定去实现它所设立的集体目标，而经济系统依据货币生产力来确保物品的生产和分配。

为了引进系统与生活世界的分离，哈贝马斯认为，法律必须将从生活世界结构中独立出来的经济和政治制度化。法律是将生活世界中的货币和权力控制媒介固定化的制度，换言之，体制只有在将它们的控制媒介法律化之后，使自己与生活世界分离时才能脱离生活世界而独立运作。在货币媒介的情形中，财产法和合同法管制、调整着交换关系；而政治系统的权力媒介则需要通过将科层制中的官职组织制度化才能在规范上得以固定。因此体制的分立要求通过法律与道德、私法与公法的分离而实现生活世界的高度理性化。法律和道德的分离是社会进化的结果，也就是当法律和道德的表述是基于可以评论的抽象原则，而不是直接依赖与特定的伦理传统相联系的具体价值时，道德就成为一个具体的个人事务，仅仅为主体的道德—实践所关注；而法律作为一种依赖外在强力的社会制度，为了整个社会的应用，将抽象的规范标准具体化，私法和公法的分离也回应了经济（如合同法）和政治（如税法）的功能独立化。

随着具有独立性的法律的系统化和规范化，哈贝马斯潜心于法律能被正式地视为有关实践的社会规范的制度化。哈贝马斯认为（与韦伯相同），现代西方社会中的法律是实证的（表达了主权立法者的意志）、法条化的（实施时与规范相分离）和形式的（法不禁止即自由）。在此意义上，现代法被实证化为一个功能性的、技术性的系统而不需要求助任何的道德审议。但是（与韦伯不同的是），哈贝马斯认为，在社会进化的层次上法律仍然是基于保持开放性讨论的道德原则之上：法律秩序实证化虽然意味着某种论证要求的减轻，但这仅仅是指使最广泛意义上的论证问题从法律的技术性管理中解脱出来，而不是整个解除。

2. 法律、法制化和生活世界的殖民化

哈贝马斯从交往行为理论视点赋予法律的第二个重要的角色涉及生活世界的内在殖民化论题。哈贝马斯是在讨论（欧洲）历史上的法制化过程时提出该论题的。一般认为法制化概念与形式法律的增长有关：实证法的扩张，也就是更多的社会关系被纳入法律管制；法律的精细化，也就是法律管制变得日益具体。哈贝马斯认为在欧洲福利国家背景中有过四次法制化浪潮。

第一次法制化发生在欧洲资产阶级专制国家形成过程中。垄断暴力的主权、合同权利和私人责任受到了法律化的强大君主国家和自由企业市场的限制。在第二次，19世纪的资产阶级宪政国家逐渐使私人权利免于君主政治权力的控制：私人主体的生活、自由和财产得到宪政保障。第三次，受法国大革命影响的民主宪政国家产生，公民参与政治秩序形成的社会权利使国家权力得以民主化。第四次，随着20世纪福利国家的兴起，资本主义经济系统第一次通过法律手段限制个人自由，通过社会权利限制自由市场的专断。

哈贝马斯认为，后三次法制化浪潮显示生活世界试图要求抵制市场和国家的自主运作。这种要求首先通过主张针对主权的个人权利，其次通过政治秩序下的民主化，最后通过确保经济系统的自由和权利而实现这种抵制。哈贝马斯认为，因为每一种自由的保障意味着另一种自由的丧失，福利国家法制化的当前形势依旧使人充满困顿。哈贝马斯通过对福利国家法律中的四个主要问题的探讨来解释这种自相矛盾之处：（1）对生活世界的法律干预采用了形式上的再建构模式，从而导致法律要求的个人化；（2）社会法的适用条件在形式上做了具体规定；（3）与社会问题有关的法律权利依靠集权化的官僚与数字化的组织来保障；（4）社会福利的要求经常通过货币补偿的方式来满足（完全是消费取向的）。由此，生活世界的需要转化为官僚组织和货币组织的命令，在此情况下，法律以一种体制的方式来干预人们的日常生活。当遵守法律规定被视为对国家与经济命令的服从，那么，生活世界也就通过以法律媒介的方式被内在殖民化了。

法律不仅是一种对经济和国家进行法律组织的媒介，也是通过福利政策对生活世界的形式结构进行规制的手段。在后一种情形下，哈贝马斯提到学校法和家庭法在转变社会整合方式方面的作用比在官僚管理和货币控制方面的作用更为重要。这些法律不需要任何实质性的论证，而仅仅是一种功能性程序。同时，法律作为一种制度，与道德存在着本质的联系。例如，宪法与刑法这类有关管理的法律，必须进行规范性评价，并且也需要在道德实践话语中进行论证。

3. 沟通行动：融合"事实性"与"有效性"

《在事实与规范之间》分为两个主要部分：第一部分，在"有效性"方面，通过现代法律秩序的"自我理解"的重建性方案而建立的、纯粹的"法律商谈论"；第二部分，在"事实性"方面，是"社会的交往理论"，即从社会理论观的角度考察重建的商谈论在现代社会复杂的条件下是否可信。哈贝马斯指出，事实性与有效性之间的张力是"外在的"。这里，他关心的是正式的合法性的民主与法律程序与可能取代或者此外外在地影响这些程序的"社会权力"系统之间的张力。但哈贝马斯认为，事实性与有效性之间的张力也正好存在于法律有效性自身的概念之中。这是作为"内在的"张力，或者是作为一种内在于现代法律自身"有效性向度"的张力。通过事实性与有效性之间的张力的安置，哈贝马斯向人们展示了他重建现代法律与民主的理论体系。

实际上，哈贝马斯的《事实与有效性》一书主要是解决法律领域的事实与价值的关系问题的，用他的话说，就是调和事实与价值之间的紧张关系。在这种意义上，哈贝马斯的法律理论的核心就是（法律）规范（有效性）的证明问题。哈贝马斯认为，规范的事实性不能说明（或证明）规范的合法性（或正当性）。因此，他引入商谈论来调和这种紧张关系，从而使现代社会的法律获得有效性根据。

哈贝马斯指出，法律规范的有效性包含两方面：一方面是社会的或事实的有效性，即得到接受。这种有效性，是根据它们得到施行的程度，也就是事实上可以期待法律同伴接受的程度。它的基础在于人为确立的事实性，即从法的形式方面加以定义的,可以向法院提请强制执行的事实性。另一方面是法律的合法性或规范有效性,即合理的可接受性。规则的合法性程度取决于对它们的规范有效性主张的商谈的可兑现性,归根结底取决于它们是否通过一个合理的立法程序而形成,或至少是否曾经是有可能在实用的、伦理的和道德的角度加以辩护的。①

哈贝马斯对法律有效性问题的思考要比上面叙述的远为复杂。概括地说,哈贝马斯的法律有效性理论有两个特色:第一,试图将事实上的有效性与规范的有效性,通过语言结构与社会结构相互呼应的特性,整合至一个完整的法律有效性理论中。第二,放弃一种虽然普遍适用但是过度空泛的形式性法律有效性理论,而从现代社会的特性着手,发展一种符合现代法体系的法律有效性的理论结构。②

哈贝马斯的理论对我国法制建设具有启发意义,当代法律推理理论超越了传统逻辑涵摄的司法三段论,法律推理的过程是法官目光在事实与冲突规范之间的往返,是事实与规范之间的不断调试和适应,而不是从规范到事实的简单演绎推理。

(三) 交往行动理论的启示

哈贝马斯的"交往行动理论"给予了人们深刻的启示。比如,他强调对"对话"双方主体地位的尊重,避免将自己的思想、观点、意识形态强加于人;强调"对话"双方要有"真诚性",要对"取得一致,达成共识"有足够的诚意;强调对"共同规范"的遵守,强调在"相互理解"基础上"达成共识,取得一致";突出"语言"在对话过程中的地位与作用,并明确提出言语行为的"四项有效性要求",即强调对"语言"的正确、有效使用等。这些理论对于人们解决当今时代主题有着借鉴意义。此外,哈贝马斯的"交往行动理论"是一套以建立和睦人际关系为核心的理论。他的努力是富有成效的,他在如何建立"和睦的人际关系"方面的探索也是极为有益的。

商谈要求参与者采取交往行为而不是策略行为。商谈中,很多主题可以讨论,任何观点都可以不受限制地交流,任何人都有机会自由平等地参与;参与

---

① HABERMAS J. Between Facts and Norms: Contributions to a Discourse Theory of Law and Democracy [M]. REHGW H. Rehg, Cambridge Massachusetts: The MIT Press, 1996: 30.
② 颜厥安. 法效力与法解释——由 Habermas 及 Kaufmann 的法效理论检讨法学知识的性质 [J]. 台大法学论丛, 1997, 27 (01): 1-23.

者态度应真诚，应仔细倾听、理性思考他人提出的观点和理由；最好的观点胜出；权力、金钱、暴力、强制、压制、欺骗、操纵、特权等非理性的因素均被排除。商谈尊重理性的权威，旨在达成理性共识。

尽管哈贝马斯构想的"和睦的人际关系"的实现途径包含太多的理想成分，但他主张人们以真诚的"对话"来解决社会矛盾、社会争端和冲突，以"对话"的方式来加强人与人之间的"沟通"，让人们在"相互理解"基础上"达成共识，取得一致"。商谈可以打破个人的主观恣意，而由合理的、具有逻辑论证力量和有说服力的论据支持，商谈意义上达成共识具有一定的客观性，在同一个文化共同体中，理解者处于相似的"生活情境"，"先见"的相似性为形成大致相同的法律选择成为可能，形成主体间共识。这无论是对于人们处理个人关系、家庭关系、群体关系，还是国与国关系等，都有有益的启示。尤其是在人们渴望"诚信"的时代里，其理论对于和谐社会建设具有一定的借鉴意义。

共识的达成还离不开一定的手段或工具，按照哈贝马斯的看法，共识的达成有三种手段：权力、货币和交往。但他认为，前两者是工具理性，产生的结果是策略行为，也就是"协调效果取决于行为者通过非言语行为对行为语境以及行为者之间所施加的影响"，策略行动并不试图与他人建立起对世界的一致理解，而是采取"奖励、威胁、诱导或误导"的方式，这样所带来的一切并不是共识。只有通过理性交往达成的共识才是真正的理性共识，也就是要通过主体间的交往行为，这种交往行为的主体是自由平等的，达成共识的媒介须通过言语行为，而言语行为要遵守真实性、正当性以及真诚性三种有效性要求。但是，在价值多元的条件下，通过理想的理性对话有时仍然不能达到理性共识。对于某些不可调和，或者说调和空间很小的冲突（如根本的利益冲突，对动物权利、安乐死、流产的看法等），很难通过对话来实现共识，哈贝马斯对此提出了通过谈判的手段，如投票、多数人法则作为合法解决争议的方式，但如果采取这种方式，就很难说能继续"交往行动"而不陷入"策略性行动"，并且即使最后的结果被各方视为合法，但与其称之为"理性共识"，还不如称其为"理性非共识"。甚至在某些极端的情况下，在公共讨论、理性对话之前，人们可能对自己的需求并不明确，在讨论过程中，才能更了解自身想要的，因而在普遍价值与根本利益上不仅不能达成共识，反而使冲突更加尖锐化。当然，对此哈贝马斯也提出了他的解决之道，那就是更大的抽象化，例如，"从不同的偏好到选择的自由，从对立的信仰到良知的释放，从冲突的价值到隐私的权利"（在这方面哈贝马斯也更接近于罗尔斯），但这种更大的抽象化在实际的充满社会、文化、政治、意识形态差异的公共空间中如何帮助人们实现理性的共识，仍是一个悬而未决的问题。

也就是说，尽管哈贝马斯用以言语行为为中介的交往理性为共识达成提供了一个有效的路径，并且如果按哈贝马斯所设计的方式，会形成较高的共识度，但在实际生活中，更多的时候，理想的理性交往是无法实现的，要达成共识，权力与货币等其他方式往往也不失为一个选择。以国家的基本政治制度为例，1918年成立的魏玛共和国，其国家制度没有形成较高的共识度，政治竞争和价值观竞争不受限制，最终导致了多元社会的颠覆和国家的解体。

由此可见，较高的社会共识度对一个国家的基本政治制度来说是必不可少的，而这往往难以通过理性的交往行为达成共识，只能通过强制或意识形态的建构式灌输，来提高全体社会成员对基本政治制度的共识度。"不可通约的生活方式之间的冲突，是靠他们之间达到一种妥协来解决的。如果强势多元论是真实的，那么任何一种生活方式，都没有理由把自己强加给任何其他的生活方式，也许除非其他的生活方式违反对所有生活方式都有约束力的最低限度道德；而且，每一种生活方式都有理由寻求与其他的生活方式共存的方面，在其中他们独特的善得以保留。在妥协中，生活方式找到他们共同具有的利益和价值，在他们有分歧的那些方面达到和解。他们对妥协的追求，是由一种普遍的最低限度的道德支配的，这种道德专门说明标志整个人类生活界限的普遍的善与恶。"[1] 再如，诸如城市行道树的选取品种这类涉及较多专业知识的公共事务，通过投票的方式很难达成比较理性的结果，而诉诸专家的意见更为恰当，因此通过说服的方式来提高共识度就显得更为可行。而涉及个人之间的私人事务，共识达成的方式则更为灵活，如两个朋友聚会，一个想去看电影，一个想去咖啡厅，在解决纠纷的过程中完全可以一方强制，另一方妥协，或者万一不能达到最后的意见一致，则搁置争议，取消聚会，各回各家，这也未尝不是一种解决问题的方法。

真正共识的达成须以无宰制的沟通与论辩为先决条件，无宰制的沟通只有在一个理想的说话情境中才有可能。但是现代社会在各种组织制度割裂整个生活世界、权力结构与意识形态纠结的情况下，理想说话情境恐仍为难以企及的理想。更何况就单一的个体而言，是否足以克服自利的动机，突破意识形态之藩篱用心若镜，以不偏不倚态度参与实践论辩，都很难确定。

---

[1] 约翰·格雷. 多元论者和自由主义者在哪里分道扬镳？[M]//玛丽亚·巴格拉米安，埃克拉克塔·英格拉姆. 多元论：差异性哲学和政治学. 张峰，译. 重庆：重庆出版社，2010：107.

(四) 中华优秀传统文化对现代治理的价值

法律职业共同体的专业知识谱系和法律思维方式有别于社会公众,对司法人员而言,依法做出法律上正确的选择和公正的裁判是其职责;对社会公众而言,也可能因为缺少专业知识谱系和法律思维方式,而难以理解和认同司法人员做出的案件处理结果;当然,职业的倦怠、案件涉及问题的复杂、程序的漏遗确实可能使司法人员产生错误判断,形成负面影响。对此,应尽可能地与大众进行沟通:一是加强裁判说理和司法信息公开。司法论证、司法决策获取正当性和认同的标准之一即能否得到社会公众之认可,因而,将理性商谈延伸至社会公共领域,也是当下司法机关正在进行的改革。二是找到法律人和社会公众的共通点,并以此切入进行程序设计。大数据时代的到来,民众的法律信息来源、参与法律和案件讨论的渠道愈发多样,成本在不断降低,工作也更加便捷。

尽管哈贝马斯构想的"和睦的人际关系"的实现途径包含了太多的理想成分,但他主张人们以真诚的"对话"来解决社会矛盾、社会争端和冲突,以"对话"的方式来加强人与人之间的"沟通",让人们在"相互理解"基础上"达成共识,取得一致"。商谈可以打破个人的主观恣意,而由合理的、具有逻辑论证力量和有说服力的论据支持,商谈意义上达成共识具有一定的客观性,在同一个文化共同体中,理解者处于相似的"生活情境","先见"的相似性为形成大致相同的法律选择成为可能,形成主体间共识。这无论是对于人们处理个人关系、家庭关系、群体关系,还是国与国关系等,都有有益的启示。"法律沟通和机器沟通虽然都从属信息沟通,但存在着本质的不同。它们虽然都有关于信息、发送和理解的过程,但法律沟通存在着朝向可能性的意义环节,存在着意义沟通的双重偶连性问题。但机器学习则是一种必然性沟通,它只有技术性的信息发送/接收以及批处理过程。这乃是法律沟通和机器沟通的本质区别所在。伴随着机器学习不断取代法律沟通,哈贝马斯有关生活世界殖民化的命题,会在新的技术条件下重新展现其批判潜力。"[①] 在敦守诚信民族精神的涵育过程中,儒家思想对化俗正风起了重要的作用。孔子说:"人而无信,不知其可也。""信"是"五常"(仁义礼智信)之一,五常是处理各种社会关系与人际关系的常道,是最为重要的具有永恒价值的道德规范。法律是一种外在的强制和规范行式,而教化则是一种内在的意识形成和精神塑造。法律与教化是中国古代探

[①] 余成峰. 法律的"死亡":人工智能时代的法律功能危机 [J]. 华东政法大学学报,2018,21(02):5-20.

讨较为深入的问题，对今天中国的现实治理具有借鉴的意义。中国自古就高度重视"仁义礼智信"等核心价值观在家庭、学校、社会不同场域的培育和践行，以敦化人心、培育个人品格、传承良好的家庭伦理而具有民族特色。"仁"是中国古代核心价值观意蕴深厚的底色和内涵，"仁义礼智信"是系统性的基本体系和架构，"仁义礼智信"的"五常"价值观早已在两汉时期逐渐确立。新时代社会主义核心价值观的培育，基于本土民族共通的文化心理和共同的地理环境基础之上，以立德树人为目标，指向教化人心、导人向善。近年来，我国逐步完善诚信制度，探索构建诚信建设长效机制，推动征信体系覆盖全社会，利用人工智能、云计算、大数据对财务信息、消费信息的监管，健全信用信息在全国范围内的互联互通，让守信者处处受益、失信者寸步难行，在全社会形成"守信光荣、失信可耻"的良好风尚。尤其是在人们渴望和呼唤"诚信"的时代里，其理论对于和谐社会建设具有一定的借鉴意义。

哈贝马斯的民主理论突破了经验主义、自由主义和共和主义的囿限，另辟蹊径，把民主定位在独立成熟的个体，在无宰制的沟通下，对于规范有效性做一种论辩，以寻求一种真正的共识。为了发展沟通理性，教育过程必须做合理的重建。教育过程不应局限于以师生为主轴的互动过程，而应拓展及于教育所在之社会团体。个体需在团体的互动过程中理解并界定自己，与团体共同承担某些措施。在此过程中没有先定权威，也不传递预定的规范，教育只在于沟通过程中做实质而保留的讯息交换与理性讨论。

人类所愿景的文明，是一个平和多极的、多样互补的、多元发展的未来。因此，中华文化与西方文化价值观都不能相互取代，否则谁都会迈入霸权文化之列，二者会随时代的进步发展变化、沟通交流。"人类命运共同体方案是一种超越'西方中心论''普世价值'的外交政策与国际策略。西方中心论的哲学基础是'普世价值'，而人类命运共同体的哲学基础则是'共同价值'和'普惠价值'。普世价值排斥他者，而共同价值强调多元统一，尊重不同国家和民族的多样性和差异性、平等性；普世价值在推广上是强制的、压制的，而共同价值则是包容发展、和平发展、合作共赢；普世价值推行的是文化霸权、军事霸权、金融霸权，目标是零和博弈，你死我活，但共同价值追求的是平等、合作，成为命运息息相关的价值共同体、利益共同体和命运共同体；普世价值追求的是个别国家、少部分大国的霸权，而人类命运共同体基于民族国家但却超越了

61

民族国家、狭隘的民族主义和地区利益，因而具有更强的普遍性。"①

人类文明文化的花园是多样性的，不同的思想相互并存、学习、彼此借鉴、共同发展。儒家的"仁"思想与康德的道德哲学相互融通，也是中华民族得以延续，屹立于世界的优秀品格，西方"普世伦理"中的公正、善良、诚实、尊重、信任等是值得我们学习的品格，"仁"是儒家思想的核心。共同的伦理是"互利共赢"、合作博弈的伦理基础，也有助于缓解国际社会通行的"丛林法则"。不同主体间为满足共同的需求、实现共同的利益而试图达成共识的努力，是积极可取的。构建基于中国自然法的概念和理论话语，细致甄别国家利益与普世价值的差异与融合，打通中西理论壁垒，寻求中西理论并存与共通。"但如果我们搞中国自己的'普世价值'，搞中华文明中心论，同样犯了文化中心主义和文化'普世'论者的错误。如同西方文化是'普世价值'这一立论是错误的一样，中华传统文化也不是'普世价值'，己所不欲，勿施于人。"② 中国呼吁共同构建"人类命运共同体"，"进入近现代之后，国家间的生存竞争曾经几度激化导致巨大灾难，但相互依赖的加深和共同挑战的涌现使得各国的前途和命运越来越紧密地联系起来，逐渐成为某种程度的命运共同体"③。"人类命运共同体"概念被多次写入联合国的文件。

中华优秀传统文化对现代化一定弊端的纠偏。传统价值观中的"仁义礼智信"是在"三纲五常"的伦理观背景下的，今天中国进入新时代，新的"纲"是社会主义法治和美好生活的建设，这个"纲"作为新时代背景，永恒的五常作为文化根基坚守并保护家国情怀。在现代化发展的进程中，必然面临着不同文化思维的审视，传统文化在现代化省察中，中华优秀传统文化的传承，需要提升文化的时代适应力。然而，多元混合的不同价值观暂时难以达成形成共识的文化同心圆，中华优秀传统文化在求"变"中如何坚守文化定力，同时包容多元文化，在文化传承与精神维系中积极创新。"哈贝马斯这些西方学者，以及一些中国学者，已经认识到中国文化对西方文化的纠偏作用。中国文化里面有一些看似保守主义的东西，和西方文化的一些保守主义的东西，在纠正现代化

---

① 杨建军．国家治理、生存权发展权改进与人类命运共同体的构建［J］．法学论坛，2018，33（01）：14-22．

② 汪亭友，丁晨．"普世价值"论的认识误区及其实质与危害［J］．高校辅导员，2018（02）：30-36．

③ 阮建平，林一斋．人类命运共同体的历史逻辑、挑战与建设路径［J］．中州学刊，2018（11）：35-41．

的缺失方面是可以联手的。"① 任何文化都是立基于自己的价值观，审视其他文化的利弊，同时吸收其他文化有益的营养，有些强势文化以优越的姿态指责、批判"他"文化，乃至采取文化霸权的文化战争。习近平总书记指出："要理性处理本国文明与其他文明的差异，认识到每一个国家和民族的文明都是独特的，坚持求同存异、取长补短，不攻击、不贬损其他文明。"② "万物并育而不相害，道并行而不相悖"的传统价值观可以衡正西方文化以普世价值观思维推行的霸权思维，从而使全球多元文化得以各安其位。

中国的文化背景，滋养我们中国人用自己的眼光和头脑来观察、思考问题，用中国心来感受世界。不仅仅停留在民族主义的基点上，同时沐浴着世界文化之风。西方的文明也对人类文化贡献了很多，给予了很多文化营养。因此我们应该学会用不同文明的目光和头脑来看问题和想问题，用全人类这把标尺来衡量一切，超越种族和地域的限制，提取民族文化中最优秀的部分，站在更高的境界进行文化创新，实现不同文化间真正的对话、互补和提升，这就要加强对中华优秀传统文化的科学性辨识。《民法典》生效后，一些将社会主义核心价值观融入的判决和案例受到一致好评，也扭转了以前单纯重视形式法治而导致了社会效果并不好的判决结果。习近平总书记指出："我们要对传统文化进行科学分析，对有益的东西、好的东西予以继承和发扬，对负面的、不好的东西加以抵御和克服，取其精华、去其糟粕，而不能采取全盘接受或者全盘抛弃的绝对主义态度。"③ 一方面，要防止"贵古贱今"的历史观，另一方面，要加大对中华优秀传统文化的现代性诠释。对中华优秀传统文化的研究，需要很好地实现时代诠释与现代转化，如传统文化中的"民本"思想，在今天就应该确立为"人民主体""人民核心""人民是主人""人民是目的"等新理念。

---

① 李少威. 中国传统文化可以纠偏现代化[J]. 精神文明导刊, 2019 (01): 3.
② 习近平. 习近平在纪念孔子诞辰2565周年国际学术研讨会暨国际儒学联合会第五届会员大会开幕会上的讲话[N]. 人民日报, 2014-09-25 (02).
③ 习近平. 牢记历史经验历史教训历史警示, 为国家治理能力现代化提供有益借鉴[N]. 人民日报, 2014-10-14 (01).

第三章

多元法律文化中的差异与竞争

20世纪中期,美国冲突法学家、法学教授布雷纳德·柯里(Barinerd Currie)针对涉外案件中面对冲突的法律适用问题,在《冲突法论文集》中提出政府利益说,成为现代冲突法理论中最有影响的理论之一。柯里在透视自由主义的法律"中立化"的背后,指出表面中立的法律背后存在着隐蔽的政治或政府利益冲突,他分析了不同国家的法律的不对等性,法律具有实现社会经济目的的基本功能。他指出,"传统的理论完全是一种概念主义的虚构模式,就像一架机器,机械地将某个地方的法律适用于某种冲突案件,但它却对该法律的背景、所体现的政策、是否合理以及对于当事人是否公正等问题一概置之不理"[①]。他认为各国法律冲突的根本是各国政府之间利益的冲突,他的学术追随者也分析了在面临冲突的法律进行选择时,不同国家含有对国家利益的考虑,这一"法政治学"流派的观点和方法,为我们了解美国提供了一个更深的透视镜头。

亨廷顿提出了"文明冲突论",他认为法律领域的规则冲突也是一种文明冲突,中兴事件、华为事件,如果从法律政治学的视角分析,结论不言自明。"只要我们的信念是处于争论中的或可以修正的,只要我们依旧被人类生活的伦理不确定性所困扰,我们就会发现自己将面对不同且相互竞争的信念结构、生活方式、文化价值领域以及社会与政治实践的道德形态。在两个可欲的、急切的、正当但不相容的行动方案中被迫做出选择,是全部人类经历中一个无法逃避的命运。"[②]一些国家将经济问题政治化、环境问题政治化,运用法律规则的平等与差异、普世与多元、强制与选择等深奥的哲学、法政治学等哲学理论,运用强有力的规则武器实现超级强国和霸权利益,遏制中国等国家的发展。

[①] 杜涛. 国际私法的政治哲学 [J]. 华东政法大学学报, 2013(03): 32-40.
[②] 布林特. 悲剧与拒绝 [M]. 北京:社会科学文献出版社, 2015: 2.

一、格劳秀斯的强国法律命题证路

16世纪末至17世纪初,荷兰开始挑战西班牙、葡萄牙两国垄断海上贸易的霸主地位。贸易优势是建立在最大限度的垄断和最低限度的购价之上的,因而,进行商业垄断和掠夺性的不等价交换成为荷兰东印度公司最基本的贸易政策。为了追求利润丰厚的贸易垄断,东印度公司被授权拥有自己的军队,维持着一个强大的海军舰队和商船队,可以建立殖民地,制定反垄断立法等,具有相当于国家职能的公司职能。作为东印度公司法律顾问的格劳秀斯,负有从法律上论证这种行为的合法性的职责,为公司的行为进行辩护和论证,格劳秀斯的法律任务背后隐藏着法律上和政治上的使命。东印度公司需要令人信服的学术上的论证,以反驳当时英国声称与其毗邻的数千里海域专属于英国的主张。同时,格劳秀斯还主张那些对东印度公司有利可图的线路也应当对荷兰保持开放;在荷兰与西班牙长达80年的战争将要结束前的和平谈判中,也需要这一学术思想的形成和繁荣以支持谈判。葡萄牙、西班牙依据得天独厚的地理条件占得了先机,并认为世界应该在他们两个国家之间瓜分。格劳秀斯论证了没有任何国家可以独自拥有海洋,反对英国的渔业和贸易垄断,以及对利润特别丰厚的海岸线的垄断等。

胡果·格劳秀斯(Hugo Grotius,1583—1645年),荷兰人,出生于荷兰共和国一个地方统治阶级的贵族家庭,他生活在荷兰共和国的第七个黄金时代,那时的荷兰是领先于世界的海上国家。格劳秀斯是17世纪真正天资独厚的奇才,是一个外交官、诗人、哲学家、神学家、法学家。由于他受到了良好的私立教育,与同时代的人相比,他因才华横溢而耀眼夺目。1594年,11岁的格劳秀斯进入莱顿大学学习,1597年14岁的格劳秀斯通过了哲学论文答辩于莱顿大学毕业。15岁的格劳秀斯跟随法国国王亨利四世时荷兰著名政治家奥尔登巴内费尔特出使法国。他整个的职业生涯非常杰出和璀璨,国王亨利四世对他的才华惊叹不已,称赞格劳秀斯为"荷兰之奇迹在此"。

"由于当时缺乏各国公认的法律、习俗惯例来调整和约束国与国之间的关系,为打破已有海洋大国的垄断地位,出于新兴海洋强国的要求,这就历史地要求有人能为荷兰政府的海上行为寻找合法合理的依据,同时驳斥其他海洋强国的霸权言论；而这个崇高的使命落到了格劳秀斯的身上。"[①] 1604年，格劳秀斯受托为一起涉及国际纠纷的案子——凯瑟琳案写辩护词，格劳秀斯以及他所代表的整个荷兰民族，必须回答的问题：将该战争中夺取的敌方财产判给遭受侵害的本方公民，是否正当？换言之，荷兰民族独立战争以及对葡战争是否正当？总之，如何判断战争的正义性？于是诞生了《捕获法》和《论海洋自由》。《捕获法》受自然法的影响，无论是对其个人还是对后世的国际法思想，都十分重要。1625年他将《捕获法》的基本观点及理论，进一步发展完善，最终融入他的代表作《战争与和平法》中，阻止人类在屠杀的战争中自我消灭。

（一）格劳秀斯支持荷兰独立的法律学术论证

格劳秀斯承担起支持荷兰独立的法律学术论证这一经济和政治背景下的法律待证命题。为了完成任务，格劳秀斯查阅和研究了以往法律和法学著作中的有关海洋问题的规定和论述，其目标是为现代新型的政治体——国家和国际秩序寻找一种有力又合理化的法权基础。他找寻到理性的自然法这一概念，自然法是超越各种政治、教派利益的最大公约数概念，自然法高于、涵摄和管制着统治者和臣民之间所订立的政治契约，因此，自然法是现代世界的最高法则。格劳秀斯认为，"自然法是正当的理性命令，是断定行为善恶的标准"[②]。自然法高于国家的意志法，意志法又分为国内法和国际法。国内法调整统治者与臣民的权利与义务关系，国际法即万民法，调整国家之间的关系。他注意到，在古代，海洋被视为"大家共有之物"，与空气一样不能被任何个人或国家所占有，《查士丁尼法典》中也提到了海洋是人类共有的自然权利这一原则，格劳秀斯在《论海洋自由》中根据印度洋自由通航的传统、各国间贸易发展的长期实践、罗马法原理论证了海洋自由的原则，从而确认了荷兰与东印度进行贸易的"合法权利"。他引用529年查士丁尼法律汇编中所宣布的"海洋是人类共有的自然权利原则"，论述了海洋自由的两个依据：第一，海洋是不能由海军加以有效占领的，因此，不能归任何国家实际控制。他说，一切财产权都是以占领为根据，……凡是不能拿起来或圈起来的东西，就不能成为财产的客体。因此，流动不定的海水必然是自由的。第二，对于任何人可以无害使用的东西，大自然不给予任何人以据为己有的权利。他得出结论，"海洋是人类共有的，因为它无边无际，任何人都无法占为己有，无论从航行方面或是捕鱼方面，它都适合

[①] 胡果·格劳秀斯. 论海洋自由 [M]. 马忠法，译. 上海：上海人民出版社，2005：5.
[②] 徐爱国. 法学的圣殿：西方法律思想与法学流派 [M]. 北京：中国法制出版社，2018：1.

于人类共同使用""不管是整个海洋,或者是海洋的主要分支,任何人不能占有它作为财产"①。他嘲笑并驳斥了葡萄牙人以他们最早横渡印度洋为理由而主张对印度洋的主权,宣称葡萄牙不得垄断亚洲的贸易。他庄严地指出,"葡萄牙企图非法剥夺荷兰与东方国家的贸易权利,那么,对它进行战争并没收捕获物是完全正当的"。"格劳秀斯的中心论题是'海洋自由',即海洋是不能占有的,不属于任何国家的主权,任何国家不能加以控制,它对不同的民族、不同的人,乃至对地球上所有的人,都应当是公开的、自由的,每个人都可以在海上进行自由航行和自由贸易。"② 他做出了强有力的辩护:根据自然的安排,海洋是人类共有之物,应该保持原先的自然状态,不能由任何人私有;通向东印度的海道和在这一海道中的航行权并不是葡萄牙的私产,葡萄牙占领马六甲海峡垄断海上贸易,以武力袭击荷兰船只的行为是非法的,因此荷兰为维护自己的利益而捕捉、没收葡萄牙船只是完全正当的,他认为战争分为正义战争与非正义战争,该案显然属于正义战争,故捕获是正当的,名义上讨论西班牙、葡萄牙两国关于东印度航线的争论,实际上是为荷兰争夺海上霸权服务。由于其主张对当时的海洋主权者西班牙和英国对海洋的权利提出了挑战,因此,遭到了这两个国家政府和学者的强烈反对。英王詹姆士一世于1609年5月16日宣布外国人未得特许,不准在英国近海从事渔业,这显然是排斥荷兰人一贯从事渔业的惯例。尽管格劳秀斯论证背后深藏着法律上和政治上的利益,但是他的理论推理过程令人信服,直至今天仍然吸引着读者。

在当时的历史条件下,要向根深蒂固的海洋传统理论进行挑战,是需要巨大的魄力和胆识的。格劳秀斯的杰作《论海洋自由》发表之初,当时欧洲的新国家如荷兰、法国和英国开始意识到侵略并不是成功的唯一关键,他们需要具有指导行为的理论原则来支持他们的行动。深藏并潜在于格劳秀斯的法哲学代表作中的论证,显然是为了促进对其学说的接受。

英国国王喜欢炫耀而夸张性地以"海之王"自我加冕。然而,英国在和荷兰争夺商业和海上霸权的战争中,丢失了具有"咽喉要道"之称的不列颠群岛,英国渔业失去了他们具有竞争性的地位和利益,此时格劳秀斯海洋自由说无疑是在英国的伤口上撒盐。1639年,荷兰的枪口摧毁了西班牙舰队,"海洋自由论"这一学术主张的确立和传播最终被这场取得胜利的战争解决。荷兰海军取

---

① 法学教材编辑部《西方法律思想史编写组》. 西方法律思想史资料选编 [M]. 北京:北京大学出版社,1983:161.
② 胡果·格劳秀斯. 论海洋自由 [M]. 马忠法,译. 上海:上海人民出版社,2005:10.

得胜利，这一胜利成果需要学术上的支持和论证，荷兰在第一时间提出了这一理论，而英国没有反驳格劳秀斯的理论话语，他著名的"海洋自由论"几乎一夜之间在英国引发骚动。

他的主张立刻遭到各方的反对。许多学者对他进行驳斥，尤其是英国学者塞尔顿，通过其《海洋闭锁论》一书极力反对公海自由，为海洋主权辩护。《论海洋自由》出版后，对于海洋的观念在国际界颇有影响。1609年，荷兰与西班牙缔结条约，承认荷兰拥有在印度自由航海及贸易的权利，实际上承认荷兰共和国独立。西班牙霸权由此衰落，并让位于荷兰。17世纪中叶，荷兰在航海、殖民、贸易等方面达到了鼎盛时期，远航商船已达好望角、马六甲和北美东岸，并在南美巴西等地拥有据点和殖民地。

（二）自利的人性与社会的合作性

格劳秀斯在《捕获法》第二章从"神意之体现即法"这一初级自然法（神学自然法）出发，演绎出一整套基本法则，包括：次级自然法（世俗自然法、万民法）、次级国际法（实证国际法），并形成了现代国际法原理的雏形，不愧为"国际法之父"。其20年后发表的《战争与和平法》在彻底否定神学自然法道路上迈出了关键一步，将"人类正确理性"作为整个国际法理论的出发点，不再区分初级与次级国际法，而明确代之以自然国际法与实证国际法，并明确指出，基本的自然法规则是上帝自己都无法改变的，从而也成为"现代自然法之父"[1]。

格劳秀斯在《捕获法》中先从导向自我利益的爱出发，展开论证："既然神创造了天地万物并决定了其存在，其每一单独的部分就从神那里获得了某种自然属性，由此，自然之存在将得到维持，并且每一部分都将被指引向自己的善，这个善遵从着所谓固有地存在于该部分本源中的基本法律。"[2]"作为在每一生物形态中都值得称赞的这一真实的被神圣地激发出来的自我爱护的表现，这一现象不仅在人类中可以看到，而且在动物中，乃至在与无生命事物的关联之中都可以看到。"[3]

他由此推演出两条自然法则：（1）应当允许保护（人们自己的）生命并避免可能造成其伤害的威胁。（2）应当允许为自己取得并保有那些对生存有用的

---

[1] 胡果·格劳秀斯. 捕获法［M］. 张乃根，等译. 上海：上海人民出版社，2006：4-6.

[2] 胡果·格劳秀斯. 捕获法［M］. 张乃根，等译. 上海：上海人民出版社，2006：12-13.

[3] 胡果·格劳秀斯. 捕获法［M］. 张乃根，等译. 上海：上海世纪出版集团，2006：13.

东西。① 格劳秀斯说："但是，神断定，如果他建议每一个人只关注其特定个人的安全，而不同时命令个人应当关心其同类的幸福以至于所有人应当好像被一项永久的条约联系在相互的和谐之中的话，那是不足以保护他所创造的人类的。"② "爱"应包括了自爱和他爱，前者是"欲望"，后者是"友善"。人类必须与他人进行交往，并彼此确保安全，互不伤害，为此必须补充另外两项自然法则：（1）不得伤害他人；（2）不得侵占他人已占有之物。③

格劳秀斯在《捕获法》中坚持认为其整个理论渊源根植于由自然和造物主创造的万物之法，当格劳秀斯着手讨论"初级国际法"，他将法律制度缩小到只适用于人类，初级自然法是通过人类的理性思考能力达成的。但是，在《捕获法》之后20年最终完成的《战争与和平法》中，格劳秀斯在彻底否定神学自然法道路上向前跨出关键的一步。格劳秀斯强调的重心发生转移，自然法已简单地变成了《捕获法》中的初级自然法、初级国际法，即人类的理性的运用，达成对道德上允许或不允许做的相互同意的协议。"人类的特性是一种强烈的社交愿望，即一种与同类共营社会生活——和平的、基于人类理智的准则组织起来的社会生活的愿望。这种社交倾向被斯多葛派称为'合群性'（sociableness）。因为人类天生就倾向于过一种社会性的生活，而社会是不可能自发存在并延续的，除非其所有成员都为相互克制和友善所保护。"④ 格劳秀斯还将法律的本源界定为人类的社会性："我们已经阐述，与人类理智相符的社会秩序的持存，就是法律的真正渊源。这个法律的范围包括：禁止对他人造成损害、返还他人的财物及收益、履行允诺的债务、赔偿因自己过错造成（他人）的损失、施予罪有应得者以惩罚。"⑤

（三）国家权源于私人惩罚权的转让

根据自然权利论，格劳秀斯认为每个社会都要努力保护个人拥有的东西，包括生命、身体、自由，即使在法律和习俗制度尚未规范之前也应如此。如果发生侵害个人的行为，每个人都拥有惩罚的权利。因此，国家的权力来自私人

---

① 胡果·格劳秀斯. 捕获法 [M]. 张乃根, 等译. 上海：上海世纪出版集团, 2006：14.
② 胡果·格劳秀斯. 捕获法 [M]. 张乃根, 等译. 上海：上海世纪出版集团, 2006：15.
③ 胡果·格劳秀斯. 捕获法 [M]. 张乃根, 等译. 上海：上海世纪出版集团, 2006：18.
④ 胡果·格劳秀斯. 战争与和平法 [M]. 何勤华, 译. 上海：上海人民出版社, 2005：29.
⑤ 胡果·格劳秀斯. 战争与和平法 [M]. 何勤华, 译. 上海：上海人民出版社, 2005：28-45.

惩罚权的转让。"如果发动战争的目的是保全我们的生命和身体完整,以及获得拥有那些对生活来说是必要的和有用的东西的话,那么都是完全与那些自然法原则相一致的。在这些场合,如果有必要使用武力,也绝不会与自然法的原则相冲突,因为所有的动物天生就被赋予力量,以便足以保全和保护它们自己。"① 因此,自然法是人类理性的永恒基础。

格劳秀斯认为,"自然法从理性出发,由人类理性自然推断而至;万民法发生于共同的契约,根据各国共同的意志而制定,是自然法在国际交往中的应用和体现"②。以自然法作为出发点,来论证国际法的产生:一国必有一国的法律,而以国家为单位的共同社会,自然也应该有共同遵守的法律。各国为了和平安然地存续,必须有一种法律来调整它们之间的关系。国家之间的交往与人类之间的社会交往一样,是自然本性的需要。为了满足这种需要,就要做到不能因一国利益而害及国际利益,这就需要因自然法而产生的国际法。

有史以来,战争便充斥着人类社会。曾经亲身经历并付出沉重代价的宗教争端、亲眼看见整个欧洲因30年战争的搏斗而被撕裂的格劳秀斯,在《战争与和平法》的前言中充分表达了对战争的厌倦,同时也深刻揭示了战争不受节制而导致的灾难性后果:"我看到制造战争的许可证在整个基督教世界泛滥着,这甚至对野蛮民族都是应该感到可耻的;我看到人们为了微不足道的理由或根本没有理由就诉诸武力,而一旦拿起武器,神法或人类法就被抛到九霄云外,恰如一纸赦令让一个疯子无法无天,无恶不作。"③ 显然,首先迫切需要的是规范战争行为,"格劳秀斯看到了欧洲曾经拥有过的一种共同的约束,一个往昔联合的遗迹——这是一种人类的理智(human mind)。因此他深切地意识到,他必须创建一个调整各国之间关系的法律体系"④。而这恰恰就是格劳秀斯正义战争理论的重大意义之所在。

(四)正义战争的正当理由

武装冲突中的每一个参战国都会认为正义站在自己一方,格劳秀斯否定了这种具有迷惑性的观点,对战争的理由、范围、适应性都提出了自己的限定。

---

① 胡果·格劳秀斯. 战争与和平法 [M]. 何勤华,译. 上海:上海人民出版社,2005:50.
② 徐爱国. 世界著名十大法学家评传 [M]. 北京:人民法院出版社,2004:51.
③ 时殷弘,霍亚青. 国家主权、普遍道德和国际法——格老秀斯的国际关系思想 [J]. 欧洲研究,2000(06):12-19.
④ 胡果·格劳秀斯. 战争与和平法 [M]. 何勤华,译. 上海:上海人民出版社,2005:3.

格劳秀斯反对的是非正义的战争，主张正义的战争不但是人类所需要的，而且也是世界和平的保障。格劳秀斯的国际法就是试图为战争与和平构建一个基于正义的法律体系，自然法是这个理论的支点，即作为永恒的维护人性和理性、人的基本权利的自然法，放置在国家间的秩序构建中，既有助于推导出战争的法则，又能孕育出和平的理论，当二者冲突时，"正义"成为统领战争的最高价值考量。何谓正义战争？格劳秀斯明确提出，正义战争最重要的先决条件就是要有正当的理由，即基于自然法的权利或义务。为此，格劳秀斯将进行战争的正义理由限定为三种：自卫、重获合法所有物、实施正当惩罚。① 而不正义的战争是指为了增加领土而进行的战争，由于对方拒绝婚姻而进行的惩罚性战争，为了把一种制度强加给对方而进行的战争，以发现为借口对有主土地发动的战争，所谓预防性战争，对拒绝接受基督教和对基督教教义解释不正确的人发动的战争以及国民由于渴望自由而进行的战争。② "基督教被用作反殖民主义的工具。这个殖民者原先的武器如今却反过来用以对付殖民者：基督教难道不是宣扬人类平等？上帝难道对于子民不是一视同仁？如今摆在眼前的现实是一种以'最早开化之白种人的优越性'为名而公然遂行的不平等。"此外，格劳秀斯还认为，国家具有参加正义战争的普遍权利，不管它是不是国际不正义行为的直接受害者。所以毫不奇怪，格劳秀斯竟然宣扬"在法庭缺失的地方，战争不失为一种补救措施"。因为在这种环境下，战争提供了一个论坛："谁可能是正义的一方——其行为基于善意，都可以为自己辩护。"③ 据此，可以得出如下结论：战争既违反法律，同时又是一种实施法律的行动；国际社会的利益不仅仅是要遵守战争法则，而且维护法律的一方还应取得胜利。格劳秀斯的理论，蕴含着世界性普遍主义与具体性国家利益、美好的理想主义期待与现实世界的可实现性的二元性，这个二元性存在着张力，也是现代国际法的内涵的理想与现实的张力问题。

格劳秀斯把自然法运用于人类的国际政治领域，自然法成为他服务于国家利益的现代海洋世界秩序的理论基石。格劳秀斯赞同主权理论，但同时他又反对把主权置于高于自然法的绝对地位，他认为主权存在于一国之内，而在国际法层面，国家间的关系为自然法的正义基础上。一方面，格劳秀斯试图创建一个基于普遍正义的国际法律体系，另一方面，我们应该注意到，格劳秀斯所构

---

① BULL H. The Grotian Conception of International Society [J]. Grotius, 1997：54-55.
② BULL H. The Grotian Conception of International Society [J]. Grotius, 1997：55.
③ KINGSBURY B, ROBERTS A. Introduction：Grotian Thought in International Relations [M]. New York：Oxford University Press, 1992：21.

建的国际法基本原则以及作为其理论基石的自然法，隐含着国家利益的考虑。或许格劳秀斯并没有自觉地积极为国家利益考虑，但这个潜在、可能的理论准备因素是存在的。在他所建构的新海洋秩序中，他所支持维护的理论是能够使自己国家获得有利地位的，他是新海洋秩序的塑造者与获益者，这是自然法的国家正义问题，即潜伏着一个可以把自己的国家利益诉诸其中的深层意图。任何看上去很完美的理论都不是抽象的完美理论，而是它具体所处时代和国家的利益诉求的理论表达，是时代民族国家精神的呈现或"法意"，格劳秀斯的理论精妙之处在于它既能把握时代与国家的呼唤，又能超越现有制度的藩篱，在一个国际利益复杂又变动的时代构建起一个精妙又系统的法学理论，把战争与和平、国家与世界、正义与非正义、普世法则和国家利益等对立的主题精细论证，机智整合形成一套影响世界国际法的理论体系。

（五）中国特色法治理论的构建

荷兰冲突法学者在格劳秀斯的主权学说基础上进一步发展了"法则区别学说"。许贝尔在其《市民法论》的《各国各种法律的抵触》一章中，阐述了他关于解决法律抵触的三个原则：每一国家的法律在其领土的界线内有其效力，并拘束其全体居民，但在此界线以外并无效力；在一国领土界线内的一切人，不论是定居在该领土的界线内，或只是暂时居留的，都应视为该国的居民；各国的统治者，由于礼让，使每一民族的法律在适用于其领土的界线内以后，在不论何地都保持其效力，但以其他国家或其市民不因此而使其权力或权利遭受损害为条件。这样，是否适用外国法律，就是各国主权者的政治权力范围内做出自主选择的问题。这一理论突破了此前的法则区别学说的普遍主义性质，为国际私法奠定了国际法的基础，同时也使冲突法开始具有了政治性，而政治性则意味着具有了强弱、博弈、利益的考量。

事实上，具有高科技的跨国公司封存并控制着海底和海床，因具有先进的技术而使其对深海的开发变得可能，争夺石油是一些战争的主要原因，尽管敌对双方都不会正式地提到。

如果海洋继续被看作自由的，这将有利于西方国家，因为他们具有可开采锰、镍、钴等丰富的深海资源的科技知识和能力。第三世界国家只有从道德上主张他们也应该分得一杯羹，并希望将他们的道德权利上升并转换为法律权利。当高科技改变了经济能力，科技便具有了政治意义，发达国家对深海矿产的开发便被认为侵犯了人类共同的遗产，海洋自由便具有了某种程度的不自由。

除了国际公法领域的法律修辞，在私法领域内，如果执着于目的、利益等结果正义，也会出现对冲突规范进行多义解释和论证，法官实际就是在法律选择、解释和论证的合法化外衣掩饰下悄悄地进行规避他国法的活动，这样同样会发生法官背离国际私法价值追求的危险。但是，值得注意的是，格劳秀斯的自由海洋的观点又隐含着一种对于海洋的国家"野心"，也就是说，他对于自由海洋的辩护是出于荷兰东印度公司的利益乃至当时海洋国家的殖民帝国的利益。

格劳秀斯是一位伟大的民族法学家，他的法学思想与他生活的时代、社会、祖国与人民密切相关，自由海洋的国际法本质上属于海洋国家对外扩张的国际法，他所主张的海洋无主权理论，背后还隐含着自己国家的利益主张，他的理论恰恰是为他的国家乃至整个欧洲的对外殖民扩张提供适时的法理学说，这也给格劳秀斯海洋自由学说留下了隐含着内在悖论的质疑。他的理论抱负旨在实现自己国家的强大，当时的社会现实、国际环境是我们理解他的思想形成与理论价值的重要政治社会基础。格劳秀斯的法律理论在最大限度争取自己的国家利益，构建自己的民族国家。自然法、海洋法权，是经由格劳秀斯首次创设进入国际法所构建的世界秩序之中的。自此，海洋与人类之间就不再是单纯的人与自然的关系了，而是被注入了包含政治意图以法律形式表现出的"权利—权力"关系，海洋与主权、战争与利益、自由与正义等诸多问题，都在格劳秀斯的创新理论中重新论述并解读，而呈现新的法学理论意义，并开创了近现代的法学理论课题，成为国际法思想的奠基者并因此而获得崇高的学术声望。

法律多元主义具有不同的理论观点：德国、葡萄牙和中国的文明之间并不存在谁更优越的问题，"它们之间仅仅是不同的；因为他们是不同的，所以他们就寻求不同的目标；因此就存在他们彼此之间独特的特征和价值"[1]。与多元主义的多元、包容的平和文化态度不同，文化霸权、文化帝国的理论深刻地探求了文化中隐藏的政治，文化之间的支配与统治。葛兰西认为文化霸权指的是统治者对于被统治者的意识形态进行合理化的控制，来达到统治的目的；席勒提出了"文化帝国主义"的命题，文化帝国主义意指不用军事暴力征占其他国家的领土或者控制其经济命脉和人民生活，而主要通过媒介传播意识形态、思维体系、行为准则、社会制度等手段来控制人的头脑和意识形态，强势国家和文化以达到获得利益的目的。对席勒而言，文化正是先塑模人类主体臣服于一种新政治体制的要求，再彻底塑模他们成为那个政治秩序的施为者，使他们变得驯服、谦实、思想高尚、爱好和平、不好争辩以及毫不偏私。文化是一种无私的思想自由地运用，它可以消灭自私的社会利益；但是由于文化以社会整体之

---

[1] Berlin I. The Proper Study of Mankind [M]. London: Pimlico, 1998: 42.

名而歼灭它们，因此也就巩固了本身所努力维护的那个社会体制。

当我们思考自己的国家中华法系的建构、中华文明秩序、主权与人权、国际秩序等重大问题时，也应该借鉴格劳秀斯的法学大智慧、大理论和大视野。格劳秀斯构建新世界秩序的理论对当代法律思维具有借鉴意义，在新时代我们是否能够从中国自己的优秀传统文化与西方优秀法律文化的既有友好相遇也有冲突博弈相逢的握手与对视中，思考中国未来国家法、民法基本概念的建构、选择和运用，对此，格劳秀斯的思想无疑是有启发价值的。"历史经验告诉我们，国家之间的竞争，最根本的是制度竞争，核心是制度文化的竞争。制度管全局、管根本、管长远，制度强，则国家强，制度弱，则国家衰。"[①] 学者已经敏锐地观察到，"只是，TPP（跨太平洋伙伴关系协定）在理念上的法律霸权主义往往被其先进、发达的高标准与高质量所掩盖。不过，一旦认识到TPP的法律霸权主义理念，便更容易理解其在规则上的高门槛、歧视性与苛刻性，以及在原则上对自由竞争立场的坚持"[②]。只有认真思考并构建中国自己的理论，才能有效地在国际自由价值、国际秩序与国家利益之间保持动态的平衡，为国家的崛起提供有关法治与政治、国内与国际等方面的理论法学的基础支撑。"个体理性的优势在于推动竞争，而关系理性的长处在于促成合作。虽然个人理性为现有的制度体系造成了很多的麻烦与难题，但法律霸权主义并未显示出要求取代或放弃个人理性的任何意愿，因为从根本上说法律霸权主义也正是来自个人理性及其局限性，它所追求的依然是单边利益最大化而不是共同利益与平等的相互合作。在以制度的方式建立区域经济一体化的课题中，强调合作与分享的关系理性将发挥不可替代的积极作用。"[③] 今日中国，在历史巨变的时代，合理地汲取格劳秀斯开辟出来的这种隐藏于国际法权背后的政治哲学，显然具有重大的理论和现实的意义。

全面依法治国是国家治理的一场深刻革命，关系党执政兴国，关系人民幸福安康，关系党和国家长治久安。党的二十大报告将"坚持全面依法治国，推进法治中国建设"作为专章阐释，明确提出"全面推进国家各方面工作法治化"，对新时代全面依法治国作出部署。一是完善以宪法为核心的中国特色社会主义法律体系。法律是治国理政最大最重要的规矩，报告针对提高立法质量，

---

① 杨宗科. 制度自信的历史逻辑 [J]. 理论探索，2020（01）：5-12，59.
② 杨锦帆. 试论超越法律霸权主义的德政智慧——一种其普遍合作的法律哲学 [J]. 学术界，2016（09）：193.
③ 杨锦帆. 试论超越法律霸权主义的德政智慧——一种其普遍合作的法律哲学 [J]. 学术界，2016（09）：199.

以良法促进发展和保障善治提出了明确要求：更好发挥宪法在治国理政中的重要作用；推进科学立法、民主立法、依法立法；加强重点领域、新兴领域、涉外领域立法。二是扎实推进依法行政。坚持全面依法治国，依法行政是关键，法治政府建设是重点任务和主体工程。报告强调"扎实推进依法行政"，为新时代法治政府建设提供了根本遵循：转化政府职能，优化政府职责体系和组织结构；全面推进严格规范公正文明执法；加大关系群众切身利益的重点领域执法力度；三是严格公正司法。公正是司法的灵魂，是法治的生命线。全面依法治国，必须紧紧围绕保障和促进社会公平正义来进行：加快建设公正高效权威的社会主义司法制度；努力让人民群众在每一个司法案件中感受到公平正义；强化对司法活动的制约监督，促进司法公正。四是加快建设法治社会：增强全民法治观念，推动全民守法；全面提升社会治理法治化水平。

透过虚拟又眼花缭乱的现象，不断追寻法治的真谛。坚持和拓展中国特色社会主义法治道路，在法治中国新时代，社会主义核心价值观融入法治，法治和德治结合实现良法善治，既吸取传统文化中的精华又借鉴国外有益的经验，既与时俱进体现时代需要又符合中国实际蕴含民族精神。中国共产党领导的新时代法治中国建设，逐步释放出强大的创造力和生命力。国家治理体系和治理能力现代化水平一步步提升，为智能信息时代的经济社会持续健康发展护航，用法治保障和增进人民福祉，让亿万百姓有更多获得感、幸福感、安全感，将有助于掌握中国法治话语权，提升对中国法治道路的清醒认识。

二、走向对话与交往的法律共识

美国哲学家威廉·詹姆斯认为，"'一元论和多元论之间的差别也许最可能地孕育着哲学上的所有差别'，而且他本人坚定地站在彻底的、哲学的（认识论的、形而上学的和价值的）多元论一边。"[1] 在他提出多元论之后，大批学者加入价值多元论的队伍中来[2]，这些价值多元论学者共同的观点是，价值是多元、

---

[1] 玛丽亚·巴格拉米安，埃克拉克塔. 多元论：差异性哲学和政治学［M］. 张峰，译. 重庆：重庆出版社，2010：6.

[2] 其中代表人物有以赛亚·伯林、伯纳德·威廉姆斯、斯图亚特·汉普舍尔、史蒂文·卢克斯、约瑟夫·拉兹、托马斯·内格尔、米切尔·斯多克、查尔斯·泰勒、马莎·努斯堡、查尔斯·拉莫、约翰·格雷、理查德·白拉米、阿拉斯戴尔·麦金太尔、威廉·康诺利、波尼·霍尼格、克劳福·杨格、钱特尔·墨菲、尼古拉斯·雷斯彻等。

冲突和不可通约的。这也正是多元文化主义遭遇一元主义怀疑和批评面临困境，被看成"文明冲突"的理论和导火线。

然而，价值多元又是一种客观存在的现象，现实生活中难以达成确定的、明确的、统一的共识，"阶层冲突、利益冲突、行业冲突、地域冲突、族群冲突、观念冲突、性别冲突、代际冲突、价值冲突、信仰冲突等叠加纠缠。"① 哈贝马斯提出以交往理性来容纳多元文化要素，通过设计理想交往情景来容纳多元文化要素；罗尔斯在某些程度上与哈贝马斯不谋而合，罗尔斯则以公共理性（重叠共识）在民主社会既保留每个人不同的善计划，又试图用共同认可的"正义观念"来作为公民所能接受的最合乎理性的统一基础。

虽然文化多元主义受到种种质疑和挑战，但其包含的矛盾、冲突具有相互促进、制约、竞争的活力，"不稳定的平衡，以此来防止陷入绝境，或者做出褊狭的选择——这是对一个文明社会的基本要求"② 因此，文化多元主义仍是最具有生命力和动能的理论，为人类道德发展提供了富有弹性的空间，在博弈中向有益于人类命运共同体的目标发展。哈贝马斯的真诚沟通理论，法国的布迪厄的话语暴力理论，提供了另外一种理论认识路径和反思资源。

（一）法律剧场

美国当代宪法学者杰克·巴尔金和桑福德·列文森把法律文本视为一种剧院表演艺术，这种方法有三点好处：首先，就有关观众的老练抑或天真以及构成美国政府自治机构角色的多样性而言，剧院的隐喻最恰当地捕捉了法律语意模糊的本质；其次，这个隐喻强调法律应该公开的特点，法律应追求确定性和传播社会共有的法律价值观；最后，剧院的类比表现恰当地把法律文本作为法律的众多渊源之一，就如表演的剧本或配乐一样，但不是全部。

理解美国法律的剧院隐喻可以使人们充分理解法律中隐喻的重要性，因为法律参与者、剧本、舞台说明和剧情都深深隐含在剧院的隐喻中，法律独特而又有优势的、全面而引人注目的意义方可呈现出来被世界注目。这一切都可以从美国最高法院解释第一修正案的一系列判决中反映出来。这一系列的宪法隐喻不只是愉悦市民的感觉，而且能使他们通过类推进行逻辑推理。在美国最高法院这样的法律文化机构的支配下，隐喻规定、阐明、强化法律权力，制定法

---

① 强世功. 告别国家法一元论：秋菊的困惑与大国法治道路 [J]. 东方学刊, 2018 (02)：43-55, 130.

② 以赛亚·伯林. 扭曲的人性之材 [M]. 岳秀坤, 译. 南京：译林出版社, 2005：21.

律原则,揭示政府机构的关系;隐喻强化了司法权的法律话语秩序,创设了主张司法解释特权的心理空间,援引反复出现的虚构形象来促进民众接受国家权力。

在现代民主社会,对权力的操纵和社会的控制不再靠武力和强制的手段来进行,而是通过对话语的操纵更间接、更隐晦地劝诱和影响人们的态度、价值观、信念等并最终使其自然化,从而使真实的社会建构自然化。法律话语的意识形态功能是拥有权力和占支配地位的社会群体通过对话语的操纵将自己对社会真实的解释和社会真实的特定意义加之于其他社会群体的能力。法律决策者利用"法律推理"来完成这种分离。

(二)布迪厄的"话语暴力"与哈贝马斯的沟通语言

哈贝马斯用他的"交往理性"概念来扬弃康德的"实践理性"概念:交往理性之区别于实践理性,首先是因为它不再被归为单个主体或国家—社会层次上的宏观主体。相反,使交往理性成为可能的,是把诸多互动连成一体、为生活形式赋予结构的语言媒介。这种合理性是铭刻在达成理解这个语言目的之上的,形成了一组既提供可能又施加约束的条件。

我们能够将语言想象为用物质材料装置的,由声音和看得见的符号组成,并在发展的过程中进行选择的一种"装置",为了相互行动合作,需要提供相竞的语言机制。为了使这种合作更有效,语言使用者并不仅仅需要一种在主体间共享的能力,这种能力通过把世界的客观特征告知他们的同伴,并同时表达他们对于客观世界和他们相互之间的态度,通过交往手段,主体获得了理性表达他们的行动的能力。这些交往行动合作者才能成功,理性的行动才能被他人接受。生存下来的群体被认为是这样一种群体:他们成员获得了以他们的行动理性能被他人接受的方式,获得了交往理性合作者的能力和本能。

法律的可讨论性是否指交往理性?"法律与习惯和风俗相反,是以书面语言表述的,在法律的诉讼程序和辩论中,是通过语言行动传递,而不是通过身体行动或潜移默化。可是这并不意味着法律的本质就是可商讨性。"[1] 任何可商讨的契约都是由一个实质的权力和可交换的关系来支持的,任何可商讨的要求都伴随着强制力的威胁或者对物品的查封,刑事诉讼的结果是有形的监禁或实质性的制裁。法律行动并不是交往行动,即使商谈提供了正当的理由。法律规定

---

[1] KOEN R. legalization, Communication and Strategy: A Critique of Habermas' Approach to Law [J]. Journal of Law and Society, 1986, 13 (02): 190.

的语言形式并没有暗含法律依赖于一个交往基础,除了交往方面,任何法律行为包括仪式化、表演化、策略化、强制化、利益化等其他许多方面。我们并不能将法律诉讼解释为程序性的商谈论证起关键作用的语境,通过商谈不一定能达到正确的理解和协议。的确,在实际的社会行为中,对真理的垄断总是与对权力的垄断相连的。

进一步说,达成协议和理解的可能性并不是自然存在的。我们不能从"所有人的意志"得出卢梭所说的"公意",对一个决定的一致同意的接受往往是事情的例外,是一种理想。哈贝马斯采纳了一些标准,包括条件、语境和程序规则,是为了避免对话受权势影响——当一个决定不能在一定的时间内做出,会是什么结果呢?哈贝马斯从他的"商谈"理想中排除了截止时间,因为时间对谈话有约束,可是这样做他就取消了迫使商谈进行的压力,在现实中,"集体意志的形成"是一个有期限的过程。社会生活并不总是风平浪静,每当有冲突产生时,要进行商谈就需要花费时间和精力,商谈是需要价格的。法律程序本身也要考虑这些涉及时间的经济问题、时间期限或者由法庭发出的具有强行性效力的上诉期限通知。在存在法律制度和规则的情况下,谈论不存在权力的沟通只是一种抽象的假设,因为法律本身决定了合法的交谈和合法的角色扮演,商谈只是一种手段,法律需要做出决定。一个法律诉讼并不是一个"精神分析式"的对话。

交往理性后隐藏的思想:社会中的冲突主要源于缺少理解、缺乏共识。如果每一个人能详细地在对话式论证中解释他们的观点,冲突也许能被解决。可是如果一些观点、一些参加者被排除在外又将怎样呢?如果语言本身成为一种权力所支配的手段,那么疏远和压迫等非透明的关系的象征性的重建手段又该怎么办呢?正如布迪厄所言,理想的语言理论将社会和世界对待为一种符号交换的领域,并且将行动看作通过一种代码译成的交往。从这一点观察社会关系,社会关系仿佛是用符号表示的相互交往,交往关系也是象征性权力固有的关系。从语言的本质探索人人平等的社会不仅是从现存的权力和物质关系,而且还同时包括象征性权力,这一点包括语言。语言哲学家倾向于在语言和话语中搜寻实际上内含于语言中起重要作用的社会关系,中性的语言或多层面的话语在社会上是不存在的。对于不同社会阶层之间的交往而言,任何语言的含义都是不确定的和临界的,语言生产并强加象征性的含有政治含义的影响。这与法律中的商谈是一样的,存在于语言和"政治性"之间的固有关系,对政治目的很有用。布迪厄的理论为我们提供了反思的资源。

布迪厄分析和批判的近代社会,是实现了高度文化发展的西方资本主义社会。布迪厄认为,资本主义社会就是主要靠不断理性化的文化再生产作为基本动力的经济交换市场体系，不断地巩固和重建整个社会结构和社会关系网络，也不断地造就和培训在经济交换活动中的每个行动者的心态，使整个近代社会的整体结构和社会长远的心态结构在互动中同质地发展，并不断地复杂化。布迪厄在《国家精英》一书中以法国社会为例，生动地分析了作为文化再生产核心的教育制度，如何保障文化再生产过程对于整个社会结构和心态结构再生产过程的控制。文化再生产过程，作为社会结构和心态结构再生产过程的灵魂，就是靠以语言为基本中介符号体系的象征性交换来实现对整个社会权力的再分配的。这种以文化再生产为基础，又以文化再生产的过程相伴随的近代社会权力再分配过程，构成了近代资本主义社会包括政治和经济在内的整个体系不断稳定发展的真正动力。语言问题的奥秘就是当代语言象征性交换本身已经隐藏着和包含着整个社会权力分配和再分配的基本原则，也同时实现了权力分配和再分配的过程。为了分析社会结构和心态结构运作中权力的性质及其再分配过程，必须集中地解剖权力的象征性结构，特别是集中分析权力同语言中介因素所构成的整个文化活动的密切关系，集中分析语言象征性权力特殊形成、转化和实现的过程。

布迪厄批判了语言的纯粹研究，他认为语言是权力关系的一种工具或媒介，并不仅仅是沟通的手段，因此必须在生产和流通语言的互动情境和结构环境中研究它。布迪厄把整个社会活动和社会生活当作一种象征性的交换活动，一种通过语言作为中介而进行的社会活动。"任何人都不应该忘记，最好的沟通关系，也就是语言交换活动，其本身同样也是象征性权力的关系；说话者之间的权力关系或者跟他们相关的群体之间的权力关系，就是在这种语言交换活动中实现的。"[1] 在布迪厄看来，哪怕是最简单的语言交流也不是纯粹的沟通行为，总是涉及被授予特定社会权威的言说者与在不同程度上认可这一权威的听众之间结构复杂、枝节蔓生的历史性权力关系网。社会中人与人之间、群体之间的语言交换，不仅仅是对话，还包含着不同说话者的社会地位、才能、能量、资本和知识等成分的运用。"社会生活中的任何语言运用，是说话者的不同权力通过对话和语言交换而进行的权力较量。"[2] 语言在行使它的沟通职能时，因为说话者在社会中的不同的社会关系、不同的情势中，语言的运用就变为使用者背后的整个社会势力和社会关系的力量对比和权力竞争过程。如果不考虑在交流中发挥了作用的权力关系结构的总体，那么交流中一个非常重要的部分，甚至

---

[1] 高宣扬. 布迪厄的社会理论[M]. 上海：同济大学出版社，2004：166.
[2] 高宣扬. 布迪厄的社会理论[M]. 上海：同济大学出版社，2004：166.

包括言谈的信息内容本身，都难以理解。因此，每一次语言表达都是一次权力行为。"法律职业者将日常语言所表述的问题重新界定为法律的问题，将日常语言转译为法律语言，并对不同策略的胜算机会进行预期的评估，从而为他们的服务创造了需求。无疑，他们在建构争纷的工作中是由金钱利益指引的，但是，他们同样受到伦理倾向和政治倾向的引导，这些构成了他们和其当事人之间的社会亲和力的基础。首先，他们被他们更为具体的利益指引，这些利益是由他们与其他职业者之间的客观关系所决定的。例如，这些利益在法庭上就显现出来，由此导致了一些明显的或隐含的交涉。司法场域的运作倾向于强加一种封闭的效果，这种效果体现在司法机构生产真正独特传统的倾向中，体现在感觉和判断的范畴，这些感觉和判断永远不能被转译为非法律职业者的感觉和判断。司法机构依照法律外行们无法掌握的深奥逻辑生产出他们自己的问题和他们自己的解决办法。"①

没有关系，就没有社会。由于哈氏在对"劳动"和"交往行动"做出区分时，一开始就抛开了交往的现实基础，抽去了作为主体的人之所以为人的前提条件，即作为主体的人在劳动过程中形成的社会属性，致使其交往主体丧失了现实的生活内容，这样的主体就不是经验所能观察到的现实的人，而只能是在想象中被设想出来的抽象的人。哈氏"交往行动"中交往主体的抽象化，集中表现为他对交往主体和交往主体之间存在的"相互关系"的理想化。而这种理想化又主要表现为他给交往主体和交往主体之间存在的"相互关系"的种种富有假设性的限定或规定。一方面，哈氏所说的交往主体是在他通过理论构想出来的"生活世界"里进行语言交谈的主体，这样的主体直接置身于国家政治、经济生活之外，是充分享受"不受干扰的自由"的人，交往主体进行的交往活动完全是独立自主的。要参与"交往行动"，交往主体就必须满足一些"假设性"的前提，即交往主体必须具备语言运用的能力，在"交往"过程中能满足言语行为的"四项有效性要求"，交往主体还必须有内心的信念，相互承认双方通过满足这"四项有效性要求"的相互作用，交往双方能够相互"沟通"，达成默契，取得一致意见。可见，哈氏"交往行动"概念中的交往主体只是在进行"自由对话"的主体，这样的主体就不是马克思历史唯物主义所理解的现实的、从事实际活动的、具有社会属性的人，而是限定在他的"生活世界"里被设想出来的、用语言逻辑推理出来的、理想化的抽象的人。因此，约翰·基恩

---

① 布迪厄，强世功. 法律的力量——迈向司法场域的社会学[J]. 北大法律评论，1999（02）：496-545.

把哈贝马斯的"交往主体"叫作"假设的和抽象的主体"①就不足为怪了。另一方面,哈贝马斯对交往主体之间存在的"相互关系"还做了进一步规定。这种"相互关系"指的是主体之间互动的、双向的、纯粹的"互为主体关系",即交往双方自始至终都只能处于主体地位,交往的任何一方都不得视对方为满足自己需要或达到自己目的的工具或手段,这就是他所谓的不把对方当作客体看待的真实含义。哈贝马斯的这一做法与康德"道德律"中的"绝对命令"几乎是同出一辙。那么,这种纯粹的"互为主体关系"是如何建立并得以维护的呢?哈贝马斯认为,要靠交往双方对各方主体地位的尊重和"内心承认"来实现。纯粹的"互为主体关系"意味着主体始终是目的而不是手段。然而实际情形则是,在交往中,人们总是处于"互为主客体"的关系中。有主体就必定有客体,主体是相对于客体而言的;无客体就无所谓主体,客体是相对于主体而言的。交往中的"互为主客体关系"意味着人既是目的也是手段,这是不容忽视的事实。纯粹的"互为主体关系"只能是一种假设的想象中的抽象关系,因此,只能是存在于理论建构中的一种抽象的逻辑关系。哈贝马斯给主体之间规定的这种抽象的"相互关系"进一步说明,其"交往主体"是抽象的"符号人"。

哈贝马斯"交往行动"概念中的交往主体之所以被抽象化,主要是因为他对人的本质的错误理解。他认为,人在本质上首先是语言符号交往活动的主体,人与世界和社会发生关系是通过"语言"的作用,没有语言,我们就不是人了。因此,他推崇的"交往行动"就是一种语言活动,他所理解的"交往主体"其实就是"对话"的主体。交往主体之间的关系在哈贝马斯那里只剩下"对话关系"。尤其值得注意的是,哈贝马斯把语言看成"先天性"的东西"预先内设"于交往主体中,认为"语言"对人更具有普遍的、无可回避的、先验的约束力。正是由于语言的先天性使人类文化再生产、社会交往、社会整合与进化成为可能。他把语言视为使我们人类超出自然之外的唯一的东西,无视语言本身就是产生于人们的物质生产实践和人们的社会交往这一事实,并将原本为人类实践活动产物的语言来作为人类区别于动物的本质的东西,从而忽视产生这一结果的实践活动本身的性质与作用,这种观点明显犯了"倒果为因"的错误。可见,哈贝马斯将语言视为交往主体的人的本质性东西,这就势必导致其将交往主体视为用语言符号建构起来的抽象的"符号人"。

社会中,任何事物之间或任何个人之间的相互关系,都是靠某种权力的因

---

① 约翰·基恩.公共生活与晚期资本主义[M].马音,译.北京:社会科学文献出版社,1999:215.

素来维持和运作的，近代社会中的各种权力关系，更直接和更紧密地决定于语言的象征性权力的运作过程。近代社会的资本主义经济交换活动，靠文化再生产的不断深入地干预和渗透，也典型地表现在人与人之间或群体之间的社会关系往来中的语言象征性交换活动。近代社会，再生产就是在文化再生产中实现的，而文化再生产又是权力再分配的过程。一方面，文化再生产和社会再生产离不开渗透着语言论述的竞争性交换的象征性权力的再分配；另一方面，渗透着权力分配的语言论述过程，又反过来影响文化再生产和社会再生产，影响社会结构和心态结构的运作和再生产。"文化再生产、社会再生产、权力再分配、语言论述的象征性交换以及社会结构和心态结构的运作和再生产，在近代社会的发展过程中，彼此之间越来越紧密地相互交错和相互渗透，也构成了贯穿于社会运动中的象征性实践的动力来源和实现基础。"① 在布迪厄看来，上述各个方面都是相互渗透和相互联结的。

整个社会充满着权力竞争和利益斗争，而语言的应用策略及其论述方式，在选择和形成的过程中，就具有权力斗争和利益竞争的性质。语言在社会斗争中，发挥了某种特殊的作用和功能，这就是布迪厄所说的"象征性暴力"的功能。布迪厄说："任何对政治的定义，始终都存在着一种政治的操纵过程。斗争的赌注游戏，就是斗争的一种赌注：在任何情况下，围绕着是否将某些点上的斗争'适当地'说出来，始终存在着激烈的斗争。象征性暴力作为柔性的和掩饰性的暴力，就是在这种倾向中实现的。"② 语言的象征性暴力不同于武力，它是以非常讲究的论述策略包括"以理服人"和"彬彬有礼"的文明方式发挥作用的。它宁愿采取不露声色的方式，在谈论和对话中，不知不觉征服它所要征服的对象。在社会的许多方面都是经济理性的扩展，包括管理、进取心、广告、公共关系和市场营销都表明理性已经变成一种明显的准则，策略行动已经深深地渗透于我们的全部社会，一个理智的人根据策略性标准来指导自己的行动，一个理性的人本身对其他人就具有控制性，文化简直就是一种实现个体目标的手段。在大部分社会，交往理性甚至不存在。

"语言运用的技巧和权力运用的策略是紧密相联的。"③ 在语言运用中，说话者运用技巧，使这个社会能朝着说话者所期望的方向去发展，语言运用的技巧已经包含了权力的运用及其策略。语词的选用、语句的表达、灵活运用语言

---

① 高宣扬. 布迪厄的社会理论［M］. 上海：同济大学出版社，2004：176.
② 高宣扬. 布迪厄的社会理论［M］. 上海：同济大学出版社，2004：178.
③ 高宣扬. 布迪厄的社会理论［M］. 上海：同济大学出版社，2004：184.

的能力、说话者的权力、地位、威望、组织能力和协调能力等,巧妙地运用语言技巧才能使人与人之间的关系朝着自己期望的方向发展。

合法的语言常常是一个阶级用"普遍主义"的名义以权威支配体现着阶层抱负的语言。为了建立"国家"和"国家的社会"的理想语言作为政治工具施加暴力,在分析和促进一定的语言理念时,对特定地区的方言的限制,在"接近正义"和"接近合法语言"之间具有相似形。合法化所希望达到的是将特定的经济形式转化为政治和经济交易的制度化关系,以一种合法的利益被"承认"。

"在多数时候,法律就是交谈",通过分析法律话语参加者话语活动中的选词、句式、结构、逻辑、语体、话题等,就可以看到权力的实施者与话语参与者所处地位的不同,而地位又是其社会地位和与之相关的机构赋予的,因此处于从属地位的参与者往往相信支配者的权力及其行使权力的合法性,从而使权力得以成功实施。话语结构展现、加强、再生社会中的权力和支配关系,体现一定的话语意识形态。[1]

法国社会学家皮埃尔·布迪厄认为法律话语的影响力在于法律对社会经验进行整理并使其形式化、合理化的方式。在法律话语中,特定情形下发生的偶然事件被作为以后判决的原型,作为法律规则的一部分在证明未来案件结果的合理性时可以被援引。这一过程使法律权力神秘化,把社会生活任意性的特点演变为人们认为自然而然的、不可避免的,并且或许是最重要的、普遍的"符号有效性的完美载体"[2]。

哈贝马斯虽然耗费了巨大精力去建构一种交往理论,但因其方法的不当而使这种理论华而不实并缺乏坚实的根据。首先,他的切入点是对交往中语用学的分析,即他的交往行为是以理解为目的、以言语行为为基础的行为,其交往的前提条件并不是马克思所说的物质生产和人们社会生活的需要,这就导致他只能以语言和言语行为为中心来阐述自己的理论,而离开了历史唯物主义的根本。马克思说:"语言也和意识一样,只是由于需要,由于和他人交往的迫切需要才产生的。"可是,哈贝马斯却把语言和言语行为作为自己立论的出发点。

其次,由于割断了交往与社会生产和需要之间的联系,哈贝马斯的交往行为的合理化只能诉诸道德实践的知识和个人的诚实和真实性等,他的论证是经

---

[1] Culture as Deficit: A Critical Discourse Analysis of the Concept of Culture in Contemporary Social Work Discourse, Journal of Sociology and Social Welfare, Vol. 32, Issue 3 (September 2005), pp. 11-34

[2] BOURDIEU P. The Force of Law: Toward a Sociology of the Juridical Field [J]. The Hastings law journal, 1984 (38): 805.

不起推敲的。例如,西方基督徒能够真诚地表述自己信仰上帝,但上帝的存在却是不真实的。这里,交往的合理性就失灵了。再者,人们进行言语表述时可能使用反语、隐喻式的语言,这又怎样去评价它的合理性呢?同时,哈贝马斯强调知识的内在增长是交往形式和交往关系进化的必要条件,这显然只注意到了精神方面,而对马克思关于生产方式的发展水平决定人们的交往方式和发展水平视而不见,这有舍本逐末之嫌。

最后,在对待交往行为的合理性和社会合理化的关系上,哈贝马斯提倡改善舆论的结构与环境,让人们不受任何约束地自由对话并使自由交往关系和对话制度化,从而使社会走向合理化,这不能从根本上造成一种自由交往的合理社会,自由交往的社会首先是由社会的经济、政治和文化制度组成的。显然,哈贝马斯的交往理论不仅与马克思的交往理论不同,而且二者的理论立场根本相悖。哈贝马斯的交往理论在语用学范围内说明人的言语行为尚能有效,在经济学、社会学、政治社会学领域就有可能失灵。因此,绝不可能指望用它来说明整个社会交往尤其是世界交往。

他要求交往不受经济制度和国家行政制度的干预,使交往参与者生活在一个美好的、没有任何强制和文化压抑的"生活世界"中,将交往主体净化成"未受干扰的主体",使交往参与者为交往而交往,为相互理解而相互理解。为使这种"交往行动"得以发生和深入进行,他又不得不在理论上下一番功夫,净化作为交往媒体的"语言",创立"普遍语用学",让"交往行动"在一种理想化的"生活世界"中发生。在他的"生活世界"里,没有利益的冲突、没有矛盾和斗争,只有平等的"对话"和"理解",只有共识和一致,这无非在纯理论范围内发出的一声叹息罢了。语言和法律一样,被制度权威所掌控。哈贝马斯认为规则的合法性由交往对话来保证,乃是一种启蒙后知识人理性的自负。商谈只可能是形式,而经济和商品才是法律制度的内容。

中西不同的法律思想、思维的相遇、冲突、抵抗、学习、转化,既有认同也有反思,而不仅仅是用西方法律话语主宰和评判中国的法律问题。在大国之间,如何将存在着的隐形文化战争、法治话语、专利战争、网络战争,化干戈为玉帛,既是策略也是风险所在。

三、智能信息时代保护中国经济的法律转型

2013年11月12日,中国共产党第十八届中央委员会第三次全体会议通过

了《中共中央关于全面深化改革若干重大问题的决定》（以下简称《决定》），《决定》明确提出"建设法治化营商环境""建立公平开放透明的市场规则"。2018年1月3日，李克强总理在新年第一次国务院常务会议指出，优化营商环境就是解放生产力、提高综合竞争力。优化营商环境是党中央、国务院在新形势下做出的重大决策部署，是促进高质量发展的重要举措。近年来，各地区、各部门认真贯彻落实党中央、国务院决策部署，深入推进"放管服"改革，深刻转变政府职能，持续优化营商环境，取得积极成效。其中，北京、上海聚焦市场主体反映的突出问题，对标国际先进，提出大量改革举措，形成了一批典型经验做法。2012年，广东省制定了《广东省建设法治化国际化营商环境五年行动计划》，明确提出要保护企业规范经营，监督政府服务管理，力争通过五年努力，基本建立法治化、国际化营商环境制度框架，形成透明高效、竞争有序、公平正义、和谐稳定、互利共赢的营商环境。《优化营商环境条例》已经于2019年10月8日国务院第66次常务会议通过，自2020年1月1日起施行。

（一）我国司法实践中助力民营经济发展的创新

民营企业是社会主义市场经济发展的重要组成部分。2018年世界500强企业中，中国民营企业有32家企业上榜。2019年上半年我国民营企业进出口额为6.12万亿元，增长11%，占我国进出口总值的41.7%。民营经济对中国未来发展意义重大，已成为我国参与国际竞争的重要力量。习近平总书记指出，我国民营经济只能壮大、不能弱化，不仅不能离场，而且要走向更加广阔的舞台。近年来，诸暨市人民法院积极探索，在引导民营经济合规经营、助力民营经济良性发展方面，创新出一套做法。

1. 将知识产权保护和企业法律服务机制纳入绩效考核

诸暨市人民法院加强与民营企业的沟通交流。从2016年到2018年，诸暨市人民法院知识产权受案数873件，其中以著作权纠纷为主，大批量的案件是KTV没有经过著作权人同意播放歌曲。2019年6月，诸暨市人民法院联系镇党委和政府一起走访企业，了解到高新技术企业涉及知识产权领域的问题较多。

一方面，一些企业重视运用法律手段保护凝结了自己心血、服务和智力的无形财产，在激烈的市场竞争中提升了自身的竞争力；另一方面，一些企业尤其是在知识产权的创造、管理以及运营等多个方面存在重视不足的问题。如杭州味全公司诉讼果然公司擅自使用与其类似的特有包装和装潢纠纷一案，涉及知识产权和不正当竞争；KTV行业委托输入歌曲的天河某文化公司，由于很多歌曲权利没有全部导进来，造成几十个著作权人起诉；长沙老百姓大药房连锁股份有限公司诉讼诸暨市老百姓大药房有限公司，未经原告许可将其注册商标使用在被告店面装潢和企业宣传等推销服务上；红联公司诉讼诸暨市张志月纺织有限公司侵害原告注册商标专用权等案件。民营企业案件处理起来复杂、周期长并且涉及多次鉴定。对于一些涉及知识产权方面的问题，由于政府部门监管意识不强、知识产权发展起步较晚且专业性比较强、某些法律条文体系不太容易掌控，企业本身存在知识产权法律方面的知识欠缺等原因。诸暨市人民法院完善知识产权案件审判机制，将依法惩处侵犯知识产权的行为列入2019年法治浙江建设考评细则责任分解清单中。同时，将企业法律服务机制纳入考核，落实了公共法律服务体系建设主体责任，实现了公共法律服务平台进驻。

2. 促进民营经济竞争力

民营企业存在以下问题：融资难、融资贵、负担重，因资金链断裂关停倒闭、企业债券违约率上升、市场准入歧视、缺乏诚信、企业主素质低，相关机构对民营企业的乱收费、乱罚款、乱集资和乱摊派，在设立时、产权中、合同订立及履行中、国有企业兼并过程中出现的法律风险等。

针对上述问题，诸暨市人民法院采取以下三种方法。

第一，做好预防预警。首先，简化办事程序，提高办事效率，引进专业性人才，与政府积极进行双向互动，坚持市场导向，开展相关讲座。其次，完善法规制度政策，进行风险排查来增强企业的风险意识，并制作风险化解提示书发放给企业。最后，建议企业提高职员素质和法律意识，特别是建议大型企业将知识产权引入法律部，整个企业尤其是高新企业在研发过程中著作权和知识产权要及时申请登记。

第二，利用审判的导向作用积极引导。通过知识产权保护和针对受案的建设工程施工合同保护来合理化解行政纠纷。建立长效沟通运行机制和案件通报机制，对涉及民营企业的重大典型案件，适时予以公布。完善破产审判制度，推广设立破产审判和企业风险处置协调机构、专项资金，完善民间借贷协同治理机制，贯彻责任公平原则，切实维护民营企业权益。

第三，营造公平竞争市场环境，扶植民营经济。在破产审判中，成立财产保全组，制作企业财产清单，对企业拖欠银行或其他企业的债务采取"放水养鱼"的措施，促使当事人达成和解协议和保证损失最小化。牢固树立"法治是最好的营商环境"理念、建立营商环境评价体系，开展行政许可清理工作"回头看"，加强知识产权保护、反不正当竞争专项执法监管，开展政府机构公共信用评价。强化民营发展平等保护，深入开展服务企业、服务群众、服务基层的

"三服务"活动。

3. 加大案件执行力度

加强组织领导,强化执行保障。成立由院长担任组长的"基本解决执行难工作领导小组"。院党组每月召开执行专题会议,院长每周听取执行工作汇报。坚持实行员额法官主导执行模式,由8个员额法官分别带领6个初执案件团队,1个回复案件团队和1个财保案件团队。

加强内部管理,提升执行质效。出台《执行局内部监督办法》,每月进行执行案件质量查评和执行异议案件审查通报,建立"立审破"衔接机制,2017年以来共裁定受理51家被执行人企业的破产清算案件,涉及执行积案825件、执行标的26.17亿元。

加大执行力度,形成执行威慑。专门配备员额法官规范涉嫌拒执犯罪案件的发现、审查与移送工作,积极开展"利剑行动""零点行动""猎狐行动"等专项行动,短时间高强度执行了如"破难一号"执行攻坚大会战等一大批重点、难点案件。对"老赖"依法采取集中曝光、罚款、拘留、移送追究拒执罪等措施。

"浙江是民营经济大省,也是新产业、新业态、新技术、新模式蓬勃发展的地区,新情况、新问题多,进入刑事司法领域的情形也会增加。这些问题,关系到创新、发展与规制的系统性问题,司法保障如何跟上就十分重要。""新产业、新业态、技新术、新模式中,出现纠纷乃至违法犯罪的概率都会增多。这里面有两种情况,一种是明确触犯法律的行为会多起来,比如以互联网为平台的诈骗、盗窃犯罪增多,另一种是大家都感觉某种行为有社会危害性,但是法律上没有明文规定。立法有时候不能一步跟上经济社会生活的新情况新问题,那么我们司法机关就要认真研究这些新情况、新的经济关系问题。"[①] 如何应对科技新业态带来的对立法、执法、司法的挑战,法院、检察院都在进行观察、研究和推出自己对民营企业的司法实践。以实质重于形式的原则对企业创新经营活动进行甄别,以法律释放经济的活力,明确司法的功能。

(二)《优化营商环境条例》中的差异化治理与规定条件下的容错

1. 滞后的法律对社会、经济发展可能的阻滞

当法教义学严重束缚了社会的发展,法律人就应该反思并重塑法律治理思

---

① 陈惊天. 为民营企业打造最好的营商环境——专访浙江省人民检察院党组书记、检察长贾宇[J]. 人民法治,2019(05):42-45.

维。法律制度的完备程度已成为一个国家整体竞争力中的立法能力考量。然而，立法能力不仅包括是否有法规，还包括法律规范是否满足社会发展的需要，如果过于滞后不仅不能促进经济和社会的发展，而且会起到阻碍作用。法律需要一定的弹性才有较大的适应性，而如何把控规则的弹力，如何在推动科技、经济、社会的发展、有序秩序的维护之间做到平衡，是立法、司法、行政等多个环节需要面临的动态调整、合作、平衡的问题。法律法规既要为科技创新与引领提供保护，又要防止科技失控走向邪恶。通过制定法律，创制各种技术标准、行业规范标准，构建自己的话语权，使国际竞争更加有利于自己的国家战略。

科技是国家实力的压舱石，也是国家战略竞争的争夺点，更是大国崛起的重要控制点。美国对华贸易战略的目的和实质就是对中国智慧产业升级的遏制，即维持美国在人工智能信息和金融领域的绝对领导地位。《优化营商环境条例》第五十五条："政府及其有关部门应当依照鼓励创新的原则，对新技术、新产业、新业态、新模式等实行包容审慎监管，针对其性质、特点分类制定和实行相应的监管规则和标准，留足发展空间，同时确保质量和安全，不得简单化予以禁止或者不予监管。"《优化营商环境条例》是实现"中国制造2025"目标的制度创新。在金字塔结构的法规位阶上，法律的增删修改程序复杂烦冗、费时费力，不适应高科技行业的快速发展。相较而言，行政法规和规章更具因应性、灵活性和时效性，适应于高科技产业发展，尤其是对于风险高的企业，如数字加密货币交易、云计算、区块链等新型应用企业。

2. 域外的经验：他山之石的借鉴

重构法经济的快速发展与法律的稳定性之间的张力，友善商业法律环境并刺激经济发展尤其是金融、人工智能信息领域。金融科技和人工智能信息研发等领域，是目前世界各地激烈角逐领域。日本自1990年年初发生泡沫经济以来，在经历一段经济萧条疲软、劳动力明显短缺而积重难返时期，过度规制被归于经济不振的原因之一。2013年1月上任的内阁总理大臣安倍晋三，针对产业竞争力提升与工业转型，推行诸多有利于复兴的战略和法规。金融科技领域的创新因法规模糊不清，创新因担心未来触犯法规而受限，导致企业裹足不前，着手松绑法令使科技与各产业充分整合，以发挥科技的引领作用，提升自动驾驶、无人机、革新性无线技术等产业的经济产值。面对工业4.0的到来，制度环境是非常重要的游戏规则，但如果修改既有法规除了各种制衡和程序旷日费时，逐一针对各不同产业制定专法又恐远水解不了近渴。为解除既有法规的阻碍，创建对创新较为友善宽容的法规环境，日本政府选择设立层级较高的跨政府委员会，以最快速度通过监理沙箱的专法，使各产业在创新实验时，都能够得到政府的支持与协助。监理沙箱制度为创新有可能的失败提供了容错的可能，不仅是放宽监管，而且需要当局的支持，相当于是一种鼓励金融科技发展和创新的新机制。

英国率先明确提出监管沙箱理论。根据英国2015年11月发布的文件，监管沙箱为金融科技创新提供了一个"安全空间"，在这个范围内的后果会处于安全状态，鼓励金融科技企业，对其创新的产品服务、商业模型和实施机制进行大胆测试，拿到豁免权的服务处在一个安全空间（safe place）。英国提出共10条法规，其中第八条指出，"新系统的开发应受到金融监管部门的监管，如同医药行业很多新想法可以被先行试验一样，新技术和消费主张可以在不影响金融体系稳定或危及消费者保护的虚拟和真实情况下进行测试"。随后新加坡再推"大数据沙盒"瞄准云端计算，迈向智慧国家。澳大利亚、新加坡、泰国相继效仿。"监理沙箱"制度让创业者可以在法律风险相对较低的空间进行创新，检测其商品、服务或商业模式的可行性、安全性及成效等。在英国、新加坡，现有模式已被颠覆，生产、消费、运输与物流系统正被重塑，工业4.0科技带来的变革可加速产业创新，包括物联网、大数据、人工智能信息、机器人等产业。美国则体现在竞争法、反垄断法以及复杂的衡平法中，限制国内的竞争是为了促进外部的竞争。

3. 法律"紧箍咒"的调适

在数字技术和数字经济成为全球竞争重心的今天，各国除了在技术人才、智慧产业等领域争夺引领权之外，同时在制度规则层面注重为自己营造宽松的竞争空间优势。中国也在重构法律发展战略，"市场本身也是推动监管发展和变革的连续自变量，金融创新永远创造对监管创新的内在需求。在国际层面，主导国际监管标准的制定已成为维护金融竞争力的强劲手段。危机发生之后这十年中的监管变革发展及其呈现出来的特征，对我国当下的金融监管改革和未来的金融市场发展都必将产生深远的影响"[①]。《优化营商环境条例》在重构法律价值、平衡多元利益、鼓励保护与规制等层面具有重大的意义。《优化营商环境条例》[②] 规定了容错制度，制度是一个动态的、富有弹性的规定，制度的立意体现的是政府的"放权"，意味着政府监管者冲出了"紧箍咒"效应的"命令—服从"监管思维方式，转向一种包容合作的新型监管关系，使金融科技创

[①] 宋晓燕. 国际金融危机后十年监管变革考［J］. 东方法学，2018（01）：190-197.

[②] 《优化营商环境条例》第七条："国家鼓励和支持各地区、各部门结合实际情况，在法治框架内积极探索原创性、差异化的优化营商环境具体措施；对探索中出现失误或者偏差、符合规定条件的，可以予以免责或者减轻责任。"

新、经济发展与风险防控之间建立了一种动态平衡。我国各地方政府所面对的具体经济、地理情况和侧重点不同、差异化较大、灵活性较弱,无法充分适应经济社会发展对于制度的期待。我国实践中的各种试点示范区,一旦试点的活动得到认可,就可以在全国范围内推广复制。

(三) 信息共享提升政府效能重塑营商法律价值

改革开放和中国经济的成功,其中一个重要的原因就是在中央的统一领导下,地方的自主权比较大,极大地调动了地方积极性。而规则的宽严之间的分寸尺度应当如何调控,如何在推动高新科技企业业务创新、市场有序发展与消费者权益等动态关系的平衡中,是立法、司法、执法面临的调节与平衡问题。法律法规既要保护、鼓励高新科技的创新与竞争,又要制约科技的邪恶、保护良善科技,引导竞争向着有利于自己国家和人民的方向发展。我国的多层次立法体系,就是要处理和解决法治不完备情况下其他环节的弥补,国务院制定行政法规、地方性法规、部门规章和地方性规章细化全国人大及常委会制定的法律,这一过程既是对上位立法的完善,也是对剩余立法权的行使。"法律不完备的类型,大致可以区分为三种情况:一是法律缺失,二是法律滞后,三是法律冲突。目前金融科技风险防控困难,大家比较容易达成一致的认识是法律缺失,因此各方都在呼吁加强立法。为防范技术创新带来的风险,各个有关部门和地方政府对于金融科技制定了一系列政策法律和标准,其中地方层级发布的政策法规从数量和密集度上均远超中央层级。"[①] 除了不完备,还有模糊性、稳定性的特点,而行政监管和执行的效率性价值、合理性价值,弥补了法律存在的一些罅隙与不足之地带。

1. 公共部门的数据共享

"事先立法的法律无法及时解决新的问题,加之司法权的被动性和滞后性,因此需要将部分的剩余立法权与执法权交给监管部门行使。剩余立法权与初始立法权对应,是指解释现有法律并将其扩大至新案例的权力,剩余立法权不能僭越初始立法权,仅能在法律授权范围内对监管领域的法律规范进行更正;剩余执法权则与初始执法权即法院的执法权对应,是指为了弥补法院作为中立裁判者的被动式执法,剩余执法权可以采取主动式执法,但其执法行为同样要受

[①] 黄震. 不完备法律与金融科技风险监管 [J]. 清华金融评论, 2019 (05): 40-43.

到司法裁判的评价。"① 立法需要执行，监管是政府执行的重要方式。"系统理论认为在内部因素和外部环境的作用之下，系统始终处于不断运动和变化中，因此金融风险治理的动态性成为金融监管有效性的重要影响因素。金融监管政策是监管机构在出台之时对风险问题的认知和判断，由于不确定因素的存在和风险环境的变化，政策必然无法维持既有的正确性，需要通过适时性的动态调整以缓解静态治理的滞后性。"② 而监管是有成本的，存在跨领域、跨行业的沟通成本，部门之间责任不明确互相推诿的甩锅成本、信息成本等。因此应充分发挥智能信息时代共享与协调职能。《优化营商环境条例》第三十六、三十七、五十六条，规定了"一网通"办理、信息共享、智能信息监管，实现政府信息全面共享。③ 我国电子商务、移动支付、共享经济引领全球，经济新动能活力澎湃。在"互联网+政务"改革下，创新行政体系的改革，建立电子化政府并简化行政手续，建立创新创业的良性循环系统，推动治理现代化改革。由于法律制度的相对稳定性的另一面就是容易僵化，难以赶上科技创新的步伐，这就需要立法、司法、执法富有智慧。将新技术应用到现行的司法、执法过程中，以达到更为有效的识别、衡量与研判。信息披露和共享具有重要的作用，可以通过大数据、云计算、人工智能信息等现代科技，将司法、执法应用于回放式信息采集与共享，一方面及时收集信息，另一方面通过云计算与搜索引擎的数据功能，对风险进行标准化评价。应以监管科技不断推进统一规范、高效畅通的数据采集与信息合作与分享机制。

2. 提高立法质量

为了鼓励科技创新及经济发展，应该给予企业充足的自主创新空间；为了建立起严格又良好的治理，司法执法以及监管机构又不得不加强执法和监管。未来科技企业的执法监管系统中，亟待重组一个跨行业、跨领域的综合执法机

---

① 王妍，赵杰. 不完备法律理论对穿透式监管的启示[J]. 征信，2019，37(05)：67-72.

② 徐玖玖. 协调与合作：我国金融监管模式选择的重估[J]. 现代经济探讨，2018(11)：35-41.

③ 《优化营商环境条例》第三十七条：国家加快建设全国一体化在线政务服务平台（以下简称"一体化在线平台"），推动政务服务事项在全国范围内实现"一网通办"。除法律、法规另有规定或者涉及国家秘密等情形外，政务服务事项应当按照国务院确定的步骤，纳入一体化在线平台办理。国家依托一体化在线平台，推动政务信息系统整合，优化政务流程，促进政务服务跨地区、跨部门、跨层级数据共享和业务协同。政府及其有关部门应当按照国家有关规定，提供数据共享服务，及时将有关政务服务数据上传至一体化在线平台，加强共享数据使用全过程管理，确保共享数据安全。

构，以利于信息的共享和沟通。①"国家治理能力之法治能力，主要包括营造政治与法治融洽关系的能力，包括依法执政能力、立法能力、执法能力、司法能力等。"② 如果司法执法以及监管过于严苛，没有一定弹性空间，过度限制科技企业创新或竞争，会对企业的发展形成限制，进而减弱甚至扼杀一个国家高新科技的竞争力，将国家的高新科技产业置于制度供给的高压线下，造成企业竞争之劣势地位；反之，如果法律法规、司法执法和监管过于宽容，则会引起高新科技企业没有规则与边界，对潜在的风险得不到预警、控制和制约，因此一套刚柔并济的高新科技立法、执法、司法等动态管理机制和理念，在效率与秩序之间找到最佳的平衡点。2021年11月1日，国务院国有资产监督管理委员会（以下简称"国资委"）印发《关于进一步深化法治央企建设的意见》，探索构建法律合规、内控、风险管理协同运作机制，加强统筹协调，提高管理的效能。合规管理是依法治企，将助推企业管理和公司治理。习近平总书记指出："人民群众对立法的期盼，已经不是有没有，而是好不好、管用不管用、能不能解决实际问题。不是什么法都能治国，不是什么法都能治好国；越是强调法治，越是要提高立法质量。"③ 创新是经济成长的引擎，也是信息化时代产业转型升级的关键，立法制度、司法执法等制度运行一系列环节，将对高新技术的创新与成果转化、传播发挥重要的作用。

3. 法律如何回应中国制造与数字贸易

"中国制造2025"则是瞄准了十个产品，瞄准一部分企业，让它们发展起来。"当然，中国的工业化进程还没有进入4.0时代，我们还在2.5时代，这两个一比较就可以看出，云服务平台已经成为新形势下国际竞争的焦点。"④ 为了抢抓世界新一轮科技革命和产业变革的历史机遇，把我国建设成为引领世界制造业发展的制造强国，2015年5月国务院发布"中国制造2025"，确立了我国

---

① 《优化营商环境条例》第五十六条：政府及其有关部门应当充分运用互联网、大数据等技术手段，依托国家统一建立的在线监管系统，加强监管信息归集共享和关联整合，推行以远程监管、移动监管、预警防控为特征的非现场监管，提升监管的精准化、智能化水平。
② 陈金钊. 提升国家治理的法治能力[J]. 理论探索，2020（01）：23-29.
③ 中共中央文献研究室. 习近平关于全面依法治国论述摘编[M]. 北京：中央文献出版社，2015：43.
④ 刘燕华，王文涛. 当前科技创新和竞争出现新特征[N]. 北京日报，2017-07-17（13）.

实施制造强国战略第一个十年的行动纲领。① 详细分析美国加征关税的商单可知,此次美国对华贸易制裁主要针对的就是"中国制造2025"②。司法实务界如何应对现行法规对企业的阻碍。

"新自由制度主义"理念是美国维持霸权的主要路径,建立全球制度网络,并把握着游戏规则的制定权和解释权;智能信息时代,科技的权力成为新路径。"'新帝国'的形成是欧洲模式向美国模式的转型:'旧帝国'有明显的疆土界限,'新帝国'不是由疆界而是由多层次网络所构成,它没有界限,可以无限扩大;'旧帝国'把殖民地纳入主权范围,实行宗主国对殖民地的有形统治,有明显的侵略性和对他种文化的毁灭性,'新帝国'通过经济政治手段,不断更新调整,于无形中进行控制;'旧帝国'进行地区性管制和垄断,'新帝国'所控制的生产力没有场域,新技术很快普及全球,组成网络,只有'帝国'可以掌握全局。'旧帝国'必然制造种族差异,以便分而治之,'新帝国'通过网络统治,可有更大的文化包容性。"③ 信息技术构成了一个新的权力和力量,它可以跨越时空,将他国"数字石油"资源虚拟化后,以隔空、飞跃的方式转移到技术强国,形成信息帝国主义。美国凭借互联网和知识产权制度,制度又反过来维护着美国在信息技术领域中的遥遥领先地位和核心软硬件利益,技术与经济又支配着强大的文化和政治影响力。信息革命正在影响治理机制并被赋予新的政治角色权力。

2022年5月21日陕西实施《秦创原创新驱动平台建设三年行动计划(2021—2023年)》。"秦创原"寓意着勤奋执着、创新创优、高地耸立。依托秦创原创新驱动平台,发布"政策包",包含了科技人才、成果转化、企业创新、科研平台、服务体系5大模块共70条措施。全省各市、创新主体、平台园区制定了相应的协同推进政策,形成了多层次、多维度、全社会协同的"1+N"促进科技、经济发展的政策体系,提升营商环境竞争力。

---

① 杨德桥.责难与回应:美国"301调查"的历史逻辑、多维动因及其与"中国制造2025"知识产权战略的互动[J].国际经济法学刊,2020(01):57-74.
② 机工智库.美国此次301调查的真正目标:中国制造2025[J].中国外资,2017(21):24-26.
③ 乐黛云.文化霸权理论与文化自觉[J].解放军艺术学院学报,2004(02):5-11.
克里斯托尔、卡根等人所著《美国新世纪计划》一书中提出"控制网络空间和太空的主导权",皮耶鲁齐的《美国陷阱》一书中指出"通过建构全球法律秩序来维持其全球霸权"。

第四章

智能信息时代的科技向善

人工智能的应用已经进入法律领域,在法律实践中发挥了重要的作用。其中许多应用是积极的[1],因为应用先进的人工智能程序,极大地提高了法律服务的效率,法律服务的质量也有一定的提高,同时也为个人诉诸司法寻求公正提供了高效便捷的机会。然而,人工智能是一把双刃剑,既为法律领域带来了助力,也相应地伴随着法律伦理问题。显然,人工智能目前不具有法律职业主体的资源。然而,人工智能在法律界实际起着辅助功能已经是大量存在,并且人工智能可能会在法律领域发挥越来越重要的作用,特别是在法律研究、法律合同审查、机器审判等诸多的应用领域中。

一、智能信息时代对法律方法的影响

时至今日,我们已经全面进入无线互联网和移动智能信息时代。大学的知识通常存在于论文、著作、图书、资料、视频、计算机数据网络等各种不同的知识载体之中,随着智能信息时代、移动智能信息的到来,在信息技术的支持下大学知识的储存又多了一个阵地:数字图书馆。数字图书馆是形成智能信息时代的知识仓库,它的生命力在于不断更新,只要有网络,就可以不受时空限制随时随地便捷获取。信息科技正在悄然迅速地改变着知识的存储方式、图书馆的存在方式以及人们的学习方式,数字知识超越了有形的物质资源的不足,以虚拟的存在为优势,尤其在移动智能信息时代,为教育、科研和大众的学习提供了前所未有的机遇、颠覆性的互联网思维、相应的超越时空获取知识和信息的方法,实现了"天涯若比邻"的虚拟生存和移动学习。2015年7月1日《国务院关于积极推进"互联网+"行动的指导意见》指出:"'互联网+'是把

---

[1] 截至2020年12月31日,中国的三家互联网法院共受理互联网案件25.17万件,审结24.18万件,在线立案申请率为99.98%,全流程在线审结21.11万件,在线庭审平均用时28分钟,案件平均审理周期约61天,相比传统审理模式,分别节约时间约为3/4和1/5。

互联网的创新成果与经济社会各领域深度融合，推动技术进步、效率提升和组织变革，提升实体经济创新力和生产力，形成更广泛的以互联网为基础设施和创新要素的经济社会发展新形态。"2021年12月中央网络安全和信息化委员会印发《"十四五"国家信息化规划》，明确开展终身数字教育的任务，构建泛在的网络学习空间，缩小区域、城乡、学校之间的差距，实现更加公平的教育。无线互联网、移动智能信息影响并将深刻地改变法律学研、法庭审判、法律服务等，网络学术论坛、网络法院、网络审判、网络案例、网络抗争、网络辩论、网络学习，有些我们正在经历着、参与着，有些我们还在学习中、观察中，我们也许还没有意识到飞速发展的信息科技对法律教育、法庭的重构。

信息化社会，法律信息平台以网站、网页、博客、微博、App、微信公众号等多样化的方式呈现，法律信息的管理模式发生了信息化的变革，成为受众选择并喜爱的法律信息管理模式。对那些无力得到专业法律帮助的人士而言，网络技术在增加和改善法律信息供给方面带来信息革命式的巨大贡献。互联网对法律方法的影响是个复杂的论题，具有跨学科、多学科性。以下试图截取信息技术和法律方法的几个小议题的横截面做简约勾描。

（一）法律学研的检索平台

在法律的每一个过程中，信息是作为最基本的元素出现的，法律的每一个过程都集中在信息上，法律的服务就是以信息为基础的。从学校的学习、研究到立法、执法、守法、司法这一动态法律过程，在移动智能信息时代信息技术尤其和法律紧密相关，因为法律本身就是围绕着信息的交流。微信时代到来，出现了很多微检索，包括案例、法规、文章等，法律咨询出现微咨询。无论怎样定义法律，无论是把法律看作一种职业，还是解决争议的方法、实现正义的过程，或者是保护权利的行为，它总是与信息有关，与快速、公平获取信息的方法有关，在无线互联网和移动智能信息时代，而技术、方法似乎比知识本身更为重要，"工欲善其事，必先利其器""磨刀不误砍柴工"。

法律检索是人工智能取得重大进展的领域之一。法律检索已经取得了长足的进步。过去，法科学生和法律职业人员阅读的是厚重的法律法规和案例书，以查找相关的法律法规和案例。如今，大多数法律职业人员使用的是具有人工智能技术的在线法律检索平台，如中国裁判文书网、北大法宝、威科先行、alpha法律检索、国家企业信息公示系统、企查查、中国知网等。近年来，更先进的法律检索平台已经被开发出来，美国成立于2018年的罗斯（ROSS）公司，宣称自己是"世界上第一个人工智能律师"。与其他法律检索平台（如LexisNexis和

Westlaw）的主要区别在于，它不仅能够从自然语言查询中生成搜索结果，还可以根据生成的搜索结果起草法律研究备忘录，评估法律文书，它融合了更现代的人工智能技术。《最高人民法院关于统一法律适用加强类案检索的指导意见（试行）》①，规定四类案件②需要进行类案检索，可以采用关键词检索、法条关联案件检索、案例关联检索等方法。"北大法宝"提供包含1949年以来的所有法律法规、地方法规、司法解释、国际条约惯例，以及各大期刊、各种法律文书、合同范本等数据库。北大法宝法规条文和相关案例等信息之间具有"法宝联想"功能，不仅能直接印证法规案例中引用的法律法规和司法解释及其条款，还可链接与本法规或某一条相关的所有法律、法规、司法解释、案例和裁判文书，能快速地查找到法条。

提供给律师和法官的法律信息的质量和数量必然影响到对正义的实现，同样地，对于学习法律的学生和承担科研的法律科研人员，法律信息更为重要，影响到学研的知识来源、创造。数据库和网络能迅速、快捷、方便地提供信息，突破了传统的传播媒介的信息滞后的弱点，特别是克服了传统的纸质印刷品的"厚重"和"笨拙"。无线网络、移动智能信息能够帮助法律教师、法官、律师更有效地利用他们的碎片化时间，也就降低了法律服务的成本，这种法律信息供给方式造福了广大的网民。网络的一个主要特征是交互性，网络上的信息传播充分地体现了这一点。信息的接受者有着更大的主动性，他不仅可以更加主动地调阅自己所需要的信息，同时还可以在网络上与他人讨论并发表自己的见解，发挥群体智慧的优势。

计算机法律信息检索、微检索是一个平衡器，它能够消除职业中经济的不平等、分工的不平等和社会的不平等。由于各传播的主体在网络上的地位都是平等的，可以不受物质、文化的制约，传统媒介的等级关系、相互间的控制关系被打破，因此信息在网络上的传播是平行的、多向性的。在此生存状态下，主体隐去了年龄、性别、社会地位等可视的物理特征，各主体之间平等地进行双向交往与互动，形成了新型的虚拟、平等、分享、互动的人际关系、师生关系。

网络是个极为广阔、自由的空间，其传播方式是全开放式的。它打破了传

---

① 2020年7月31日试行，规定：承办法官依托中国裁判文书网、审判案例数据库等进行类案检索，并对检索的真实性、准确性负责。

② 四类案件：拟提交专业（主审）法官会议或者审判委员会讨论的；缺乏明确裁判规则或者尚未形成统一裁判规则的；院长、庭长根据审判监督管理权限要求进行类案检索的；其他需要进行类案检索的。

统的有固定地点、活动空间和时间的差异性。一些电子资源能够被作为公共资源分配，计算机、移动智能信息使每一个法律人对资源的控制趋于相对平等化，它使大法律院校、公司的律师从根本上失去了他们具有巨大的、综合性、全面性的图书馆的优势，它是通向职业成功的最重要的然而又是简单的一步，因此，法律职业的成功就意味着一个职业技巧和技术问题。

在美国，"法律研究和写作"（legal research and writing）是法学院所有学生的必修课，从这门课中，学生学到法律资料、法律信息的情况，学习如何查找案例和有关立法，包括查找书面法律出版物和网络上的法律信息资源，另外还要学习如何把法律运用于具体的案例、如何分析和解决问题等。在这门课的教学中，教师会引导学生如何寻找案例中的争议点，从关键词入手查找所需的资料，逐步对案例进行分析，寻找案例的答案。教师还会教学生如何做备忘录，如何获得研究的能力。"法律研究也是近些年来诊所式教育的一门课程。诊所式法律教育中的'法律研究'，其含义更接近于'法律检索'，指科学、系统地检索法律信息（包括规范、判例等），以及对检索到的法律信息进行分析，并运用于具体案件的方法。诊所教学中，法律研究至少包含两方面的内容：其一是法律检索；其二是法律分析。二者互为条件，相辅相成。在绝大多数案件中，需要在法律分析的基础上进行法律检索，并在法律检索的基础上进行法律分析。法律研究是准确适用法律的前提和条件。"[1] 焦宝乾教授认为："在现行中国法学教育体制中，法律文献检索方法教学，还是一个薄弱环节——法学院的学生被动地接受知识，缺乏检索方法和技能的训练。法律检索在中国法学领域中尚未形成概念，专业人士对它的认识也非常有限，远谈不上共识。"[2] 随着移动互联网、智能信息手机的发展、地球村的形成，在"互联网+法律"背景下，这一在中国法学教育中不被重视、认可的法律方法问题，是新的有待开发、认知、发展和重视的领域。

学生没有必要将各种知识、资料信息都装到脑袋里，掌握查找所需法律资料、信息的方法，培养驾驭、运用法律资源的能力是重要的。方法甚至比内容更重要，"授人以鱼，不如授人以渔"。在科技就是方法的时代，法律方法在一定程度上也是科技方法的一种。"总体上讲，美国法学院所设置的课程，是职业领域所需技能培训的重要来源，提供了17种技能中的7种法律实践技能：法律图书馆利用、实体法知识、程序法知识、法律分析和法律推理、专业的敏感性

---

[1] 焦宝乾.国外法律方法论课程设置研究［J］.中国大学教学，2013（07）：52-54，84.
[2] 焦宝乾.国外法律方法论课程设置研究［J］.中国大学教学，2013（07）：52-54，84.

的伦理问题、计算机法律研究利用、书面沟通、对法律问题的诊断和计划能力、法律实践管理能力、电脑和交流技巧培训。"[1] 在我国，一些高校开设了法律方法、法律信息学、法律检索、法律论文写作课等，包括了教会学生获取法律信息的方法和分析法律问题的能力。具体而言，就是告诉学生国内外法律资讯有哪些，这些繁多的法律信息是如何分类的，将来用到某一方面的资料时应该到什么地方查找，如何获取所需法律信息。这一方法成为法科毕业学生重要的学习能力、实践能力和核心技术，也是一个学校在教学能力上，适应信息化转变的快速应对。北大法学院开设的"法律信息学"课程，是智能信息时代法律方法的专业课程，颇受学生欢迎，并在慕课网同步，值得国内法学教育学习借鉴。

法律信息检索是法理学课程中的法律方法部分，是学科中的必要构成部分，法律方法除了包括法律推理、法律论证等内容外，还应当包括：（1）法律信息处理能力。掌握制定信息检索策略；寻找案件的矛盾争议焦点，迅速查找所分析案件需要的法律法规和各种司法解释。熟悉常用法律法规网站的名称以及搜索技能。（2）组织信息。将法律信息融汇到案件中，在分析案例中使用信息。认识到准确和完整的信息是明智决策的基础；认识到信息需求及问题所在；能评价信息。

智能信息时代，具有跨越时空便捷获取信息的条件，但也同时因为各种门户的限制而被拒之门外。伴随智能信息时代而来的，是一个全新的信息世界和空间，有的人悠然畅游，有的人却不能享有一些智能信息时代新兴的权利。享有信息或知识权利的，其能力与力量倍增；而不能享有的，成为信息或知识的贫穷者。智能信息时代这一基础性权利，是一个透视信息权利问题的入口。

（二）AI 在法庭中的应用

我国的科技法庭已有 4 万多个，具有庭审语音识别系统，自动辨识庭审发言主体和内容并转化为文字，极大地提高了庭审效率。我国三大互联网法院，传统审判法庭的原告席、被告席，通过网络连线当事人同步、异步参加庭审。如今，AI 可以用于合同起草、合同审查、数字签名、法务管理等，阿里达摩院的新研究：AI 进化到可一秒"判案"的助理法官水平、AI 挑战合同审查。随着人工智能进化得更加先进，人工智能的生产者、用户和功能只可能继续增长。

智能信息时代经历了门户、社交时代，如今跨入了 web3.0 的大互联时代，

---

[1] 郭志远, 程强. 美国法学院案例教学法研究[J]. 法学教育研究, 2010, 3 (02): 249-271, 383.

体现到立法、司法、执法、守法等动态环节。《中华人民共和国民法典》第二条："民法调整平等主体的自然人、法人和非法人组织之间的人身关系和财产关系。"较早的信息法律方面的规定还有：2012年的《全国人民代表大会常务委员会关于加强网络信息保护的决定》、2014年的《最高人民法院关于审理利用信息网络侵害人身权益民事纠纷案件适用法律若干问题的规定》、2000年的《全国人大常委会关于维护互联网安全的决定》，以及2009年的《中华人民共和国刑法修正案（七）》中部分规定。基于人民法院近年来探索、运用区块链技术的丰富经验和成果，我国2021年《人民法院在线诉讼规则》围绕区块链证据的效力、使用和审查，明确了标准，制定了细则，建立了比较丰富的区块链电子证据规则体系。这些法律规定将影响法律教育的方法、法律职业人和法庭的信息化以及司法知识的内涵构成。法律专业人士公平和有效地传递法律和司法信息给大众，构成信息化法律方法的知识体系，促进法律教育的发展。

2014年10月9日，最高人民法院公布八起利用信息网络侵害人身权益典型案例，2014年10月21日，最高人民法院发布七起通过网络实施的侵犯妇女、未成年人犯罪、网络购物、网络犯罪等案例。网络案例、网络司法、网络侵权等案例近年频频发生，即使一些貌似和网络无关的案例，因借助网络的传播、论战、博弈而具有网络性。在期刊网中搜网络民意、网络暴力、网络文化、社交网络、网络犯罪①等词，可以看到大量文章，网络和司法的关系是智能信息时代出现的新问题，在科技时代，不仅影响着真实的司法，也是法学院教师、学生在教学中应该前瞻性面对的问题。

几十年前，很少有人能够预测新技术的扩散，以及新技术多久将会在社会中无所不在。现代技术横空出世，诉讼也越来越复杂，诉讼的主题变得比过去复杂得多。技术、诉讼和法官、律师、检察官、法学教育这几个因素，对法律职业共同体的信息技术能力也提出了更高要求。智能信息移动、无线信息技术不仅能帮助在法庭上的律师，也能帮助在法庭外的记者。智能信息移动技术和即时消息使得记者有可能即时报道重要案例，甚至最高人民法院法官们的司法决定也会受网络媒体报道的影响，以至于许多当事人宁愿远离网络媒体这一公

---

① 网络暴力行为人对某种不符合社会道德的行为采用网络黑客的手段，公布个人隐私，从网上追到网下，并以无形的舆论压力，造成被害人身心被强制，足以妨碍被害人意思决定自由与依其意思决定其行动的自由；还有些人在网络上寻找"替罪羊"，把平时在现实生活中积累的一些愤怒、不满转移、宣泄到网络上，转移到别人身上；网络放大了事件的好与坏，在风口浪尖上如果说人们只见到一方面，加上"羊群效应"，那么对事件的本身将是灾难。

众显微镜，一旦进入网络视野全世界都可以看到。总之，司法程序受智能信息技术不断扩大、深入的影响。随着技术对司法的浸润——虽然目前看起来是慢速度，但我们正在看到信息技术对诉讼的持续深入地影响着。无论是案件的裁判和执行情况，还是法院工作人员的任何言论，随时都有可能迅速在网上传播，社会影响成倍放大，成为舆论焦点，进而演化成社会评判司法的重要依据。法官使用社交网络等新媒体对司法的影响，可以借鉴美国的相关经验和规定。[①] 网络民意是以网络技术为基础、以互联网为载体，通过社交网络上的论坛、QQ聊天室、网上投票、博客、微博、微信等方式针对某一问题自由发表评论和意见，进而聚合某种愿望和诉求形成的集体声音。网络民意本质上是民意的一种，只不过更换了民意表达的载体和形式，并加大了民意表达的宽度和力度。网络民意的传播特征表现为匿名性、虚拟性、迅捷性、弥散性、多样性、广域性、共享性、交互性，具有智能信息时代的民意特征，值得法学教育、司法的关注和重视。

随着时间的推移，人工智能在法律领域的开发和应用会不断扩大。2012年，上海推出了"C2J法官智能辅助办案系统"，系统建有超2500万条的信息库，法官通过检索相关信息，辅助提高判案质量。2017年，安徽省合肥市推出的"小法"智能机器人，可以和人语音、文字进行交流，对包含刑法、行政法、诉讼法等多种法律领域约5万个专业的法律问题，给予问答、推理、判断。深圳的"龙华小法"法律援助机器人，有法律法规、典型案例和剖析点以及大量专业的问答信息。阿里达摩院的新成果是："AI法官"进化到具有"自主判案"能力的助理法官水平，具有辅助审判功能；如果应用在律师行业，就可以辅助律师提供相应的法律服务。[②] 最高人民法院的"法律信仰"平台，实现了类案推送、快速侦破和推理，可联机检索到相应的裁判文书。目前，法检系统的智能司法应用已经远远领先于律师行业。

随着智能信息时代、智能信息移动时代的到来，在法律界，无处不在的镜头、技术为法律领域带来的风暴已然到来，如果欲使教育专家能准确地预测未

---

① 蒋惠岭. 美国法院使用新媒体情况调查报告（2013）[N]. 人民法院报，2014-05-16 (08).

② 阿里的这一研究成果发表在信息检索领域的顶级学术会议SIGIR官网。SIGIR组委会认为，阿里巴巴的这项技术是司法智能领域的一项开创性成果。它分析了上万个交易纠纷类案件，学习了近千条交易领域的法律法条，针对每种案由，整理成计算机能理解的模型，同时，针对案件的每一个要素，阿里AI自动提供相关法条等判决依据，从而建立了一整套审判知识图谱，深刻刻画了交易人、交易行为与法律事实的关联性，并且把这种关联性融入了AI中。

来的学生如何学习，从法学学子走向法律工作岗位的法律专业人员可以更有效地适应未来的诉讼，法官最大化地理解信息化背景下的审判策略，教育必须跟上技术并关注技术对诉讼的影响。

（三）微时代的法律学习方法

截至 2023 年 6 月 30 日，微信及 WeChat 的合并月活跃账户数达到 13.27 亿。[①] 微信已不只是一个充满创新功能的手机应用，不再是一个单纯的聊天工具，它已经发展成集交流、资讯、娱乐、搜索、电子商务、办公协作和企业客户服务等为一体的综合化信息平台。"微信成为迄今为止增速最快的手机应用，也是增速最快的互联网服务。"[②] 微信用户可以通过手机、平板和网页，快速发送文字、图片、语音、视频等，可以单聊、群聊，并可以将内容分享给好友、分享到朋友圈，以及提供公众平台和消息推送等功能服务。微信息生产成本低、传播速度快、影响范围广，每个用户无论是学习、工作还是生活都突破了以往实体图书馆服务在时间、空间上的限制，河南一高校推"微信图书馆"，学生点赞"太便利"。他们同时具有双重角色：既是信息的需求者，又是信息服务的提供者，这就为用户提供了足够多的"个性化服务"选择机会。智能信息手机、掌上电脑等通信工具可以在旅途中、上班的路上、商场、工厂、咖啡馆、公园等任何互联网可覆盖的地方利用图书馆资源，接受图书馆服务，和自己的老师、同学随时互动。微信创造了一种新的生活方式，可 24 小时随时随地通信交流和分享的生活方式。

作为一种基于智能信息手机的最新传播工具，大学生是目前使用微信的主要群体之一。如今有学校、教师在教学中运用微信平台的教学方法。[③] 法学教师针对开设的课程，可以建立班级微信群。教师和学生在微信群中自由提问，群内成员只要在线，可以不受时空限制随时随地发表自己的观点，师生之间可以共同讨论问题、提出解决问题的方案等，形成移动学习共同体。移动学习共同体就是移动学习者利用移动设备进行思想交流、学术探讨、知识分享等一系列

[①] 腾讯：截至 2023 年 6 月 30 日，微信及 WeChat 的合并月活跃账户数 13.27 亿［EB/OL］. (2023-08-16)［2023-08-17］. https://finance.sina.com.cn/tech/roll/2023-08-16/doc-imzhktuv7336336.shtml.

[②] 方兴东，石现升，张笑容，等. 微信传播机制与治理问题研究［J］. 现代传播，2013，35（06）：122-127.

[③] 邹振东. 上课睡觉是谁的错［N］. 南方周末，2015-03-26（01）；中央财大开微信课堂，邀学院人气教师授课［N］. 中国教育报，2015-01-04（01）.

学习活动而凝聚成的一个团体，共同体成员围绕学习主题和任务共同讨论、协作、交流与互动，以解决面临的问题，分享各自的资源经验和成果，可以有效促进成员之间相互学习、相互影响、共同研究、共同成长。"微信拓展了大学生的知识获取渠道。大学生面对的知识精英不再局限于学校和课堂，公众订阅号等平台使大学生随时都能了解来自最前沿的学术动态，接受最新的学术理论，与学术大师的互动交流变得触手可及。"① 与群发短信不同，微信群可以把学生之间的弱关系变为半强关系，因为微信的"朋友圈"相当于在通信功能上叠加了社交网络和自媒体属性，但又具有比其他社交网络更高的隐私性和安全性，并能促进有共同志向和相同爱好的学生变成朋友，形成学习、学术社交圈子。

新的翻转课堂的教学方法，就是学生在课前的学习中，通过教师提供的教学视频或教学课件借助微信平台来完成的。课前学习、教学安排、热点案例、评论文章、最新法规、课前阅读材料、课堂讨论的问题都可以先放在微信群里，这样学生就可以借助微信的视频和微信里的学习资源学习相关内容。学生在课前观看教学视频之后，对于自己掌握得不够好的部分，需要重新学习教学资源直到对新知识完全掌握。学生可以将疑难问题以文字、语音的形式反馈给教师，以此帮助教师掌握学生的学习动态，结合学生的学习情况设计出适合学生的课堂学习活动内容。

移动学习具有随时随地性，教师们可以利用微信通过发送文章、网页链接、视频链接、在线测试等方式，为移动学习共同体提供更多的学习机会，帮助其在学后全面提升。"通过移动设备上网获取知识，逐渐成为潮流和常态。"② 在整个知识传授的过程中，学生可以自主选择学习资源、设定学习步调、制订学习计划来完成相关知识的学习，真正实现个性化学习，发挥教师的学习引导作用。微时代的法律教学方法多元、便捷，这可以让学生充分利用碎片化时间随时随地阅读、学习、交流。

微信公众号中有专注于学术的"壹学者"，有针对司法人员的"北大法宝""法律之星"免费检索法律法规，有"裁判文书"的微检索，有提供普法、法律服务、法学学生类、诉讼类和非诉讼类的公众号。2014年11月15日，《检察日报》与新媒体排行榜联合发布首期"中国法律微信影响力排行榜"。榜单对近500个法律类微信公众号进行采样分析，划分政法机关、检察机关、法律媒体、法律自媒体、法律服务机构五个分类榜单，得出各分类榜单的排行，对法律读

---

① 江薇薇. 微信给大学生带来了什么［N］. 光明日报，2015-01-13（13）.
② 高邦仁，王煜全. 流动的世界［M］. 北京：清华大学出版社，2010：75.

者甄别选择提供了参考。微信让公平和正义、法律知识离每个人都越来越近，对利用碎片化时间学习、科研具有前所未有的意义。教师也可以利用这些资源进行分享、讨论，将其作为课堂教学的补充。

智能信息时代，技术影响到法科学子的学习效率、法律职业人员对正义的实现和法学教师的教学方法。知识就是力量，而现代知识的核心是科技知识，科技权力是现代知识权力的核心，科技交往成为人类交往的重要内容。智能信息时代的互联网对法律方法同样具有颠覆性影响，唤醒、重视、学习这一新技术、新方法，是法学教育提高教育质量的一个途径。

二、人权视角的 e-knowledge 获取权

大学的知识通常存在于论文、著作、图书、资料、计算机数据网络等各种不同的知识载体之中，随着 internet、e-science、e-learning 等 e 环境的发展，在信息技术的支持下大学的知识储存又多了一个阵地：数字图书馆，它形成了 e-knowledge 时代的知识仓库，它的生命力在于不断地更新和便捷、远距离获取。数字图书馆全天候地、永不疲倦地尽职尽责给读者以忠诚的服务，读者对数字图书馆的钟爱决定了图书馆的未来，技术正在悄然迅速地改变着图书馆的生存方式。尽管数字图书馆可能存在着遭受网络崩溃、病毒等危险，有形的图书馆比较安全，但数字图书馆以其便捷、高效、跨越时空、无处不在（只要可上网登录）而赢得读者的钟爱，尤其是缺少公共图书馆资源的落后地区。数字图书馆弥补了有形的物质资源的不足，以虚拟的存在成为优势，为教育和科研提供了前所未有的机遇。

以计算机技术为代表的信息技术革命将人类社会推进一个新的智能信息时代，与之共生伴随的是知识贫穷与数字鸿沟。一些教学科研所需要的书籍、资料、数据等知识、信息，由于教育体制、版权、地域等种种原因仅仅对校园网用户开放，没有机会和能力接触这些知识及信息的科研人员，成为知识获取的贫困者，不利于科研创新。而一些高校的数字图书馆，年投入达上千万元，使用率却很低，大量的信息、图书、知识深锁在不同的门户中，不利于资源的有效利用。很多数字图书馆还设置了大门，使用者须购买门票，或具有特殊的身份才能进入。当对文化和知识的自由使用，是以个人的、单位的不同市场购买能力为基础，e-knowledge 成为商品所导致的社会问题是知识在社会成员间的分配变得极为不均衡，特别是在网络时代，网络技术的发展进一步加剧了社会的

知识及信息差距，形成了"数字鸿沟"。对数字图书馆的有权使用将不是一个基本的权利，当知识文化被过分地保护，科学研究和知识及信息获取权利将被市场左右。专利权和著作权等知识产权的过度保护变成了垄断权，阻碍了其他人使用智力财产的自由，知识产权法限制了知识的自由流动和个人对知识权利的自由享有，知识获取权得不到保障，知识产权和网络环境下的 e-knowledge 获取权与学术自由、知识权利形成冲突，以人权的视角重新审视为人类创造过莫大财富的知识产权制度，知识产权制度对 e-knowledge 获取权意味着什么。

（一）平等信息获取权的法理分析

《中华人民共和国宪法》中规定的科学研究自由、受教育权彰显着人类文明，促进着社会进步，提升着人们的智慧水平和生存质量。

1. 知识获取权是一种人权

世界各国宪法中都规定有赋予公民以受教育权的自由，以保障人的求知权利。由于"知识就是力量"，求知便成为人的一种普遍需要，并逐渐凝结为人的一种社会本性，这就形成了人的求知权利。知识和信息这两个概念经常互用。"知识和信息是在文献中经常出现的而又令人模糊不清的两个概念，首先这两个概念既有相同的地方，又有差别。知识是一个大概念，外延和内涵都较大；信息是一个相对较小的概念，它与知识外延具有交叉。从知道什么和被告知什么的意义上讲，知识和信息是近似的。……但是，不是所有知识都可以恰当地称为信息。例如，只能称各种自然科学理论为知识，而一般不能够称之为信息。知识则是掌握知识的人向想学习的人传播的，知识传播方向是从具有知识者发出的。信息则是不了解这个信息的人接受了外界传来的信息，信息传播方向是向着接受者，强调接受者获得信息。"[①] 本节的 e-knowledge 包括储存在数字图书馆中的知识和信息。围绕着知识而进行的活动——知识的生产、传播、利用、管理，构成知识权利的内容。个体的知识权利，是指个体在从事知识活动时所应享有的权利，包括知识自由的权利、知识平等的权利、知识共享的权利。而知识自由，是指知识的自由生产、自由传播、自由接受、自由利用、自由管理的状态，在公平、开放的环境下，无限制或最少限制地进行知识的生产、传播、接受、利用和管理活动的过程或状态。知识自由同言论自由、出版自由等一起构成人类的思想自由体系。本节探讨的 e-knowledge 获取权指的是在智能信息时

---

① 夏先良. 知识论——知识产权、知识贸易与经济发展 [M]. 北京：对外经济贸易大学出版社，2000：11；林榕航. 知识管理原理 [M]. 厦门：厦门大学出版社. 2005：42.

代和条件下，科学研究上的平等知识、信息获取权，无论从技术、条件、能力等方面，这一知识获取权都具备了一定的可能性和现实性。

随着知识经济时代的到来，知识的力量越来越强大。于是，人的工作、生活、追求方式越来越知识化。"知识人"已成为继"政治人""理性人""经济人""文化人"之后最能体现现代以及后现代人的人性特征。"在文化资本的分配的再生产中，因而也在社会领域的结构的再生产中，起着决定性作用的教育制度，变成为争夺统治地位的垄断斗争中的关键环节。"[1] 由此，如何保障"知识人"的知识权利问题，在现代社会的权利保障体系中显得愈加突出和紧迫。

联合国在1949年发布了《公共图书馆宣言》（以下简称《宣言》），将公民享有图书馆服务列为基本人权之一。《宣言》指出："每一个人都有平等享受公共图书馆服务的权利，而不受年龄、种族、性别、宗教信仰、语言或社会地位的限制。"该宣言在1972年和1994年两度修订，但都坚持体现了这一原则。2002年8月，国际图联在《格拉斯哥宣言》中再次宣布"不受限制地获取、传递信息是人类的基本权利"，全体会员应当"遵循联合国《世界人权宣言》精神，支持、捍卫并促进获取知识自由的权利"。1997年10月，中国政府签署了《经济、社会及文化权利国际公约》，公约规定公民有"受教育权"、有"参加文化生活"的权利、有"享受科学进步及其应用所产生的利益"的权利。公约要求签约国应当"尊重进行科学研究和创造性活动所不可少的自由"。上述公民权利的实现无不与人们行使自由获取知识及信息的权利密切相关。知识获取权是行使其他基本权利的一项前提性、手段性的权利，自由权、平等权、财产权、文化教育权等基本权利的实现以知识获取权为前提。

一个社会是否或能否为公民实现知识自由的权利提供相应的制度安排，是衡量这个社会的制度是否公正的一个极其重要的方面。全世界几乎所有的国家或政府都不约而同地向公民提供图书馆这种制度产品，其目的就是保障公民的知识及信息自由权利，从而体现社会制度的公正性，任何民主社会都承认求知权利是公民的一项基本权利。各国宪法中规定的对公民受教育权的保障就是对求知权利的保障，各级各类学校就是民主社会为保障公民的受教育权或求知权利而提供的制度安排。同样，图书馆也是民主社会为保障公民的求知权利而提供的制度安排。如果说学校制度是民主社会以义务教育和学历教育形式保障公

---

[1] 高宣扬.布迪厄的社会理论[M].上海：同济大学出版社，2004：149.
布迪厄为此把在社会空间的各个市场中竞争的资本，进一步划分为四大类：经济资本、文化资本、社会资本和象征性资本。

民的求知权利的制度安排,那么图书馆制度则是民主社会以自主教育、社会教育和终身教育的形式保障公民的求知权利的制度安排。平等对待所有读者的图书馆,尊重所有读者,保障所有读者的所有合理合法的阅读权利。因此,图书馆必须无身份区别地对待任何读者,保证人人有权利利用图书馆。对此,《宣言》明确指出,"每一个人都有平等享受图书馆服务的权利,而不受年龄、种族、性别、宗教信仰、国籍、语言或社会地位的限制";"知识面前人人平等""求知者人人平等""平等对待所有求知者""人人都有求知的权利",这些就是知识平等的基本旨意,也是公民知识权利在平等维度上的具体表现。公共图书馆服务中的开放原则、无身份歧视原则、关爱弱势群体原则等,集中体现了社会制度安排上的机会平等精神。

知识获取权是一种特殊的权利,它不同于金钱、权力、物质、地位等利益的分配。相反它表现为个人生存发展权利、培养机会、发展机会的获得。虽然不能马上表现出来,但对一个人的发展至关重要。知识权利是社会成员其他利益实现的前提,从长远来看,一切社会不平等的根源均来自知识权利的不平等。知识成为资本,可以使人向上流动。因此,知识成了影响个人社会流动和社会地位的关键因素,事关人的一生。在当今的知识经济社会,知识已成为社会分层的重要标准,它往往影响甚至决定一个人的职业收入和地位状况,知识权利是否能够保障,意义巨大。

罗尔斯在《正义论》中强调:正义是社会制度的首要价值,正像真理是思想体系的首要价值一样。我国教育界应将公平作为教育制度政策的首要价值,这意味着对知识、教育、图书馆制度本身公平性的要求以及制度主体、规范体系和运行机制的公平与公正,制度平等要求制度对组织成员所做的安排平等,使人们在社会经济、政治、法律、教育等方面享有基本相同的地位和权利。受教育权是公民的权利之一,属于人权。因此,在制定教育制度时,应充分考虑到公民的平等受教育权、平等的知识获取权,将公平原则贯彻到政策的落实当中。

2. 数字图书馆对科学研究的信息支持

随着因特网和信息技术的迅猛发展,以海量信息的有序组织为特点的数字图书馆应运而生。在我国主要的科研和教育机构,数字图书馆已初步成为人们获取文献的主流渠道,全文即查即得、全文传递、跨库检索、开放链接、虚拟咨询等初步成为信息服务的常态。数字图书馆正在实现"在任何时间、任何地点获得任何文献"的梦想,成为科学研究最重要的信息支持。虚拟资源因其具有不受馆藏地点与使用地点之间的距离限制等优点,而日益受到关注。"虚拟资源极大地扩展了数字图书馆的资源获取范围和信息保障能力,成为数字图书馆信息资源中最富挑战性和诱惑力,最具发展潜力的一部分资源。"[1] 信息是一种经济学意义上的"共用品",同一内容的信息可以在同一时间由两个或两个以上的使用者使用,也体现了信息的共享性,是信息区别于物质和能量的主要特性,信息的共享具有无损耗性、可复制性、可传递性。数字图书馆是 e-knowledge 的主要载体,现代信息技术在 e-knowledge 资源共建、共知和共享中发挥着关键性的作用。

在文明社会里,自由、平等地获取知识及信息资源,是宪法赋予每个公民的基本权利。这种权利的实现,需要有效的保障机制。《宣言》提出"公共图书馆应该在人人享有平等利用权利的基础上,不分年龄、种族、性别、宗教信仰、国籍、语言或社会地位,向所有人提供服务"。其他如《中小学校图书馆宣言》《布达佩斯开放存取先导计划》《国际图联关于数字环境下的版权立场声明》等文件,都贯穿着实现信息公平、保障信息资源公共获取的重要思想。"信息社会世界峰会"的《原则宣言》也确认"在信息社会中,人人可以创造、获取、使用和分享信息与知识"。"尤其是在当今信息技术社会,一个人要获得充分的发展就必须获得对社会发展的平等的参与权、对社会发展成果的平等享受权,获得与社会发展同步的知识获取权及信息获取权。"[2] 这些理念应该成为我们今天认识知识及信息资源共享的一个新的视角,成为 e-knowledge 资源共享的观念基础或理论基础。很多机构在进行数字图书馆开发的过程中,往往会出现资源浪费、重复建设等问题,因此 e-knowledge 共享的实质就是通过协调知识及信息资源在时效、区域、部门数量上的分布,使布局更加合理,使用户的知识及信息需求得到最大限度的满足,e-knowledge 资源发挥到最大的价值。

网络的初衷和本质就是实现资源共享。较之传统文献的共享,网络共享有着不可比拟的优越性。图书馆作为社会信息系统的一个重要组成部分,其网络环境下文献信息资源的共建共享,已成为图书馆界同人关注的热点问题。知识及信息利用的最终目的是提高消费者福利,符合公共利益的价值。尽管《中华人民共和国公共图书馆法》由第十二届全国人民代表大会常务委员会第三十次会议于 2017 年 11 月 4 日通过,自 2018 年 1 月 1 日起施行,但 e-knowledge 这块蛋糕,因利益问题并没有得到解决。

---

[1] 葛敏. 关于数字图书馆信息资源建设的几点思考 [J]. 河南图书馆学刊, 2001 (05): 21.

[2] 齐延平. 人权与法治 [M]. 济南:山东人民出版社, 2003:100.

2000年4月5日，文化部在国家图书馆主持召开"中国数字图书馆工程第一次联席会议"，标志着数字图书馆工程正式启动进入实质性操作阶段，此后，一批数字图书馆先后问世，如中国数字图书馆、上海数字图书馆、超星数字图书馆、北京大学数字图书馆、清华大学数字图书馆等。但这些数字图书馆为了更多的 e-knowledge 被生产出来基本上都是基于市场的收费图书馆，高校的数字图书馆是不对外开放的。对图书馆的使用取决于个人或个人所在单位的经济支付能力以及个人的身份。而西部的高校在经费不足的现实下，读者的知识及信息权利是要根据所在单位或个人的购买能力来实现的，因而对学生的学习、教师的科研都有很大的限制。在数字图书馆时代，e-knowledge 权利的实现更多的阻碍来自理念、制度。

社会公平主要体现在社会公众在各方面均具有完全平等的权利和进行各项社会活动的平等机会，不因性别、年龄、种族、宗教、地位、出身、地区、职业或教育程度等而存在差别。认知自由是人的自由、平等与全面发展的基础，平等知识及信息获取与合理使用的权利是每个公民基本的发展权。

3. 在冲突的价值和权利中寻求平衡

马克思主义人权观的落脚点是"人的全面而自由的发展"，也是马克思主义以人为本思想的全面展示。马克思主义人权观强调从"人"的社会条件出发解决人权问题，并且认为，人权实践的最终目标就是要在现实社会中全面落实以人为本，实现"人的自由而全面的发展"，这是马克思主义人权观的落脚点，体现了马克思主义对人的发展的终极关怀，包含着深刻的人权思想。

从理论上说，e-knowledge 是一种可以被无限重复使用，且在使用中不降低其使用价值的物品。e-knowledge 是现代社会的一种资源，这种资源与其他资源的一个根本性区别，就是它具有可重复使用且易于复制的属性。e-knowledge 资源不具有稀缺性，或者说它的稀缺性是人为的。知识及信息权利的本质是利益，是一种主客观相结合的产物。知识及信息主体的差异性和对立性导致利益的多样性和对立性，进而引致权利主体的多样性和对立性。e-knowledge 的共享性使信息资源的跨时空、跨地域利用成为可能，但是，共享信息资源的利益必然在不同的主体间产生冲突。e-knowledge 资源共享是建立在知识及信息开放、扩大流通的基础上的，要求知识及信息无偿或低成本使用，限制知识及信息专有，反对知识垄断，代表现实公众利益。而知识产权则是基于个人的创造性智力劳动成果依法所产生的权利，为权利人所独占或垄断，具有专有性、排他性，以保障社会知识创新，它所代表的是社会发展利益。每一种权利都有其限度，有其行使的特定的时间和空间条件的限制，超过这个限度行使权利就是权利的滥用，就有可能侵犯他人的权利，引起权利冲突。国家必须通过政策的制定在二者的利益上做出比较合理的平衡。

《世界人权宣言》第二十七条是把既相辅相成又互有矛盾的两类权利放在了一起，并分别构成两款。第一款规定的是任何普通公民平等享有的文化权利，包括参加社会的文化生活、享受艺术、分享科学进步及其产生的福利。第二款规定的是科技、文化等创造者即部分人的知识产权。本条没有文字表明，文化权利与知识产权哪个更重要。但是，它把文化权利放在了知识产权之前，这应该是在暗示一种态度：文化权利应该处于优先地位。知识权利应优先于财产权利，与以人为本的价值观是一致的。

自由、平等地获取知识及信息，是一种基本人权，是个人的文化发展权，表现为个体主体享有参与并不断丰富文化教育、体育、娱乐生活的权利，享有因从事文学艺术创作活动而在社会价值和经济利益上的更充分有效的保护权，以及在分享人类共有科技成果的基础上，各个国家和所有个人参与、推动科技进步和享受科技发展成果的权利。"发展权是关于发展机会均等和发展利益共享的权利。"① 图书馆是国家和政府为保障公民的知识权利而进行的一种制度安排，而知识及信息资源共享则是图书馆实现这一制度目标而选择的一种机制。

（二）从应然走向实然的 e-knowledge 获取权

读者、研究者首先关心的是资料、信息的获取权，他们应该享有充分的知识及信息自由，能够自由地获取科学发展、科学管理及社会需求的信息。"图书馆的存在价值在于保障人们获取、接受、利用图书馆中知识或信息的权利。维护公民的信息权利，是图书馆的基本使命，是图书馆参与社会民主建设的主要目标，是核心价值。这一价值，表现为维护知识自由或平等获取信息。"② 维护公民的知识自由权利是现代图书馆制度的最高使命。

1. 保持 e-knowledge 下垄断和自由的适度张力

知识产权的立法目的是保护知识创新和知识创新者的合法权益，以促进社会进步和科技的发展。但在垄断者手中，其演变成了获取垄断利益、阻碍技术进步的工具。过于严格的知识产权保护制度，在某些场合下已经成为知识及信息自由传播的障碍。知识产权制度所限制的主要是低收入人群获取知识及信息资源的自由，因此它成为社会知识公平的一种阻碍力量。

---

① 汪习根. 发展权含义的法哲学分析 [J]. 现代法学，2004（06）：3-8.
② 范并思. 图书馆资源公平利用 [M]. 北京：国家图书馆出版社，2011：49.

政府除了在资金上支持外，政策上的支持是非常必要的。政府在教育公平中的重要推动作用正是通过立法、政策等宏观干预，确保教育资源的合理配置。在如今的知识经济时代，人们已普遍认识到知识共享的重要性，也知道只有能共享的知识才有力量的道理，共享的知识将大家的智慧汇聚起来而不断增量和扩充。如果一种知识不经过横向或纵向的共享，就只能作为一种老化的知识残骸永远沉淀在历史的泥床里。经过共享的知识会增量、注入更多智慧的知识又会使更多的人受益。"流水不腐，户枢不蠹"，知识的价值就在于在流动中共享、在共享中创新。同样，一个组织的活力也在于组织内部和组织内外知识的流动和共享。但知识共享并不会自动实现，知识共享成本的存在就是知识共享的障碍。每一个民主国家或政府提供某种制度安排的原则是当市场或个体的分散力量无法解决某一社会问题时，国家或政府就有责任和义务采取制度措施加以解决。"信息自由权是公民自由地接受和传达信息的权利。按照联合国1946年第59号决议，信息自由被定义为'一项基本人权'。"① 消除知识自由的障碍，保证全体公民的知识自由权利，就必须采取制度安排的措施。

2. 平等 e-knowledge 获取权的实现

"区域发展权主要是指一国内的特定地方应享有的与其他地区平等的发展机会和从国家或其他兄弟地区获得援助的权利。"② 这项权利包括国家立法与政策的优惠，国家和区域的援助，受援权包括经济、教育、文化等内容。文化发达的地区，数字图书资源开发较早，技术力量强大，在建设数字资源方面积累了一定的经验，对一些落后的地区应该给予帮助。打开国家投入资金、力量多的高校的图书馆网站，明显地可以看出这些图书馆在资源建设、数字藏书、信息服务方面巨大的"数字优势"和投资较少的高校之间存在的"数字鸿沟"。在数字时代，地域已经不能限制知识在空间上的流动，网络可以实现在任何地方、任何时间访问被允许访问的资源，构成限制的更多的是制度、观念和利益的阻隔。数图信息富有的高校、图书馆可以适当给信息贫穷的高校师生开放一些资源，可以以发放账号、数据库赠送等方式先在高校内试行。在科研工作中，信息能提高科学交流的效率。科学研究与其他劳动最重要的区别是科学研究的"产品"不允许重复。为避免重复劳动，提高科研效率，科研工作者尤其需要全面的资料、信息检索系统，了解学科的进展与趋势，借鉴前人或同时代人的研

---

① 郑万青. 知识产权与信息自由权——一种全球治理的视角［J］. 知识产权，2006（05）：20-25.
② 齐延平. 人权与法治［M］. 济南：山东人民出版社，2003：101.

究成果。

经济的滞后影响了西部的发展，知识及信息的封闭又严重阻碍了经济的前进。先富起来的地区应承担一定的社会责任，而不是通过各种制度、政策进一步拉大这种差距，形成知识垄断。中国东西部之间存在"数字鸿沟"，我们首先应当强调 e-knowledge 资源共享，应当强调把信息化、知识化与西部开发结合起来，以信息化带动西部大开发。西部大开发战略强调东西部、城乡之间的合作和资源共享，如文化发达地区在经济、文化上采取多种形式对西部地区进行援助、缩小"数字鸿沟"，强调合作和共享可以相应地促进西部大开发。

经济分析更趋向集中于效率、生产力和利润，e-knowledge 共享的功能更趋向于一系列社会的、公民的和人文的关注，共享能提供一个大概的社会平等和法律平等。共享和市场并不是敌对的，两者我们都需要，关键在于对两者的平衡。它们应该由一个半透明性的障碍使之隔离，允许两者保留它们必要的完整和各自的活力。

在中国目前的情况下，中国国家图书馆、地方数字图书馆，只要注册就可以在其中获取部分资源，拆除了知识的围墙。落后地区通过网络远程便可以获取知识资源，已经向平等获取数字信息迈出了巨大的一步，对提高全民素质、对全民知识权利的保障做出了巨大的贡献。还有其他一些数据库，可借鉴对合理使用的判断标准，对使用信息是用以营利目的的如公司、律师事务所、咨询机构及网站，因其使用行为本身多不符合合理使用信息非营利性要求，则收费应当较高；而对于纯属个人学习、研究、欣赏之目的的信息用户，收费应当较低；同时，对西部及一些老少边穷地区的贫困读者、军人等特殊群体，应当免费。这样，以高补低，在收费总量上保障开支之用，针对不同用户发放含不同收费标准的网络阅读磁卡也是可行的。

（三）知识获取权是个人发展权的保障

国内的发展强调效率，忽视了对社会、公民的人文关注，忽视了社会平等。在西部比较落后的情况下，发展问题是首要的问题。知识产权制度只能拉大发展的差距，使信息贫穷的地方发展更慢，信息富裕的地方发展更快。这已经涉及一个国家内的平等问题和政治问题，应该引起关注。

Web2.0 时代的到来，学术研究人员的交流具备了共享和互动的可能。一些具有信息优势的高校和具有先进计算机知识的技术、信息富有者，通过传输文献、帮助查找资料、提供一些免费的账号在做着科研扶贫的公益，进行资料的循环利用，默默地传递资料以襄助学术，开放获取、维基百科等信息公益更使网民受益。西部开发应该关注 e-knowledge 援助，科研资源、图书资源、技术力量也是重要的发展资源。数字图书馆是采用现代高新技术所支持的数字信息系统，是没有时空限制的、便于使用的、超大规模的知识中心，能够成为 e-knowledge 援助的重要力量。

社会是发展的，人权应该获得同步发展，每个人都应该从社会发展中得到实惠，这就是个人的发展权，这已经在国际人权法律文件中得到肯定，发展权成为第四代人权的核心。"只有把人的发展和完善这一崇高目标宣布为一项重要的价值原则，并借助社会强制力来保证实行，才能创造出美好的社会制度，有效地促进人类进步。"① 基本人权应当尽可能使每个人在个性、精神、道德和其他方面的独立获得最充分和最自由的发展。智能信息时代的法律应该关注"信息"本身，即围绕社会与各种各样信息的相互关系来制定一套法律政策。由于 e-knowledge 具有可共享性、可复制性，e-knowledge 平等获取制度是一种可行的制度。数字人权的内容广泛，马长山先生认为："'第四代人权'——'数字人权'，它以数据和信息为载体，展现着智慧社会中人的数字化生存样态和发展需求的基本权利，具体包括数据信息自主权、数据信息知情权、数据信息表达权、数据信息公平利用权、数据信息隐私权、数据信息财产权等。"② 实行信息法治，必须具有相应的权利、人权保障，期待学界进一步的研究。

三、社交网络对于个人隐私的挑战

互联网的蓬勃发展和新技术的爆炸对隐私带来了挑战。人类进入了智能信息时代，信息的海量增长和高速传播，使大众媒体产生了质的飞跃。和传统媒体时代相比，人们在自由表达方面获得了更广的空间，但是，在隐私保护方面，人们一个个都成了潜在的受害者。社交用户的个人信息甚至隐私频频被泄露，成了犯罪分子实行诈骗活动的高发地，关于社交诈骗的新闻屡上报端。现实中互联网发生了很多利用社交软件，对周围的陌生人进行搭讪、结识，随后逐步骗取好感和信任，伺机进行盗窃诈骗等违法犯罪活动。越来越多的人喜欢在微博、微信上"晒幸福"。其中，不少人的智能信息手机还开启了定位功能，因此

---

① 夏勇. 人权概念起源——权利的历史哲学 [M]. 北京：中国政法大学出版社, 2001：49.

② 马长山. 智慧社会背景下的"第四代人权"及其保障 [J]. 中国法学, 2019（05）：5-24.

手机发布的微博能显示出具体的地理位置，殊不知这已经无意中暴露了自己重要的个人信息。沈阳一名23岁女孩因为微信发照片被歹徒跟踪，将其杀害后抛尸。① 许多国家仍然缺乏有效的技术规则对信息安全加以保护。社交网络的两个主要目的是建立和扩展人际关系。在社交网络中，参与者一个无意的举动，都有可能引起个人信息的泄露，套用网络俗语，"万万伤不起啊！"如何对社交网络的研究达到一叶知秋，引起对整个网络安全乃至国家安全的关注。

（一）社交网络——功能各异的圈子

美国《时代周刊》2010年度人物马克·扎克伯格，是美国社交网站 Facebook（2021年10月28日，Facebook 更名为 Meta）的创办人，被人们冠以"盖茨第二"的美誉。他认为我们正处在一场社交革命的开端，它不但会改变在线用户的体验，而且会改变我们整个的经济和社会。扎克伯格的计划就是要创造一个所有人都再也不会孤独的世界，一个人无论做任何事情，总是能与网络上的朋友相连接。互联网以及整个世界将更像一个大社区，你的同事以及现实中的陌生人都可能是你网络上的朋友。"随着 Facebook 以及其他社交网络的兴起，人们被鼓励以一种开放的方式同他人分享自己的现状与经历。"② 德国学者施尔玛赫说："如果我明天和网络或者电脑脱离关系的话，这可不仅仅是离开某种信息提供者这么简单的事情，它更是我社会关系的终结，这一结果将会使我非常痛苦。"③

社交网络形形色色，功能各异，每一个参与社交网络的人，并非怀着同样的目的，总体来说，有三大类型：（1）基于自我展现的目的，如腾讯的QQ空间、新浪微博。这种社交形式给用户提供了展现自我的舞台，突破了现实世界中身份、距离、时间等方面的限制，大大拓展了人们尤其是普通人展现自我的机会。（2）基于相同的兴趣爱好或者性别取向、宗教信仰等。这种社交形式可以将单个主题连接为群体，便于网络社区内群体之间交流爱好、互相学习，形成力量。（3）基于信息的共享，如各种分享型的网络空间。各种资料分享网站，经过注册成为成员，便可以分享每个人手中的信息资料，形成共享，提高资源的利用率。甚至不经注册的游客，也可以获得他们的资料。除了上述几种社交

---

① 张允峰."允许陌生人看照片"这个功能最好关掉［N］.潇湘晨报，2013-06-06（01）．
② 诺里斯.你的网络形象，无价［M］.钱峰，译.北京：东方出版社，2012：57.
③ 弗兰克·施尔玛赫.网络至死：如何在喧嚣的互联网时代重获我们的创造力和思维力［M］.邱袁炜，译.北京：龙门书局，2011：3.

网络之外，还有一种是将生活中原本就具有的各种关系如家人、亲戚、同事等通过网络连接起来，这种形式的社交圈子，不是新建的人际关系群，但是，它改变了这个圈子人们的交往形式，将生活中实在的、在场同步的交流变为虚拟的在场或者不在场的、同步或不同步的网络交流。各种形式的网络社交，交流的内容、频率和信息传播方式的不同，导致个人信息泄露的概率也有差异，但是，只要上网，就无法做到彻底的无痕，就会留下各种痕迹，无形中泄露个人信息。哪怕你只是浏览网页而不"做"任何事情，高科技网络公司也可以通过收集个人浏览的内容、时间长度、浏览习惯、路径等信息，分析出网络客的个人信息特征，从而有针对性地投放广告、产品推销，甚至将个人信息出卖赚取暴利。

（二）社交网络隐私的复杂性

站在网络社区经营者的角度，是谋求利益最大化。事实上，当我们随便打开一个网站，都能看到经营者绞尽脑汁的客户争夺设计和策划——将全世界四面八方的陌生人拉进经营者构建的网络社区。没有客户就没有流量，这是任何网络社区经营者都明白的道理。但从消费者角度来说，排除障碍就意味着安全防火墙的拆除，社区经营者热情欢迎背后的商业利用设计却被消费者忽略，结果便是，人们在享受交流的迅捷和愉悦的同时，他们的个人信息却被窥视甚至出卖牟利。最大的麻烦在于，网络加密技术的复杂性，使得社交网络中的隐私侵权同样呈现常人难以想象的复杂性。

1. 分享的陷阱和高信任倾向

网络社交中成员参加的目的在于分享和交流，交流就必然会涉及个人信息，包括姓名、性别、兴趣爱好、职业等，甚至包含了一些敏感信息，如家庭住址、身份证信息、银行卡号、手机号码等在某些情况下都成为进入社交圈子必须提供的信息。这就是圈子的连接因素——没有连接因素的圈子是不存在的。一般情况，用户可以选择是否填写准确的信息，每个使用者能够与真实的或虚拟的"朋友"联系，关注他人的更新状态，发布分享他们感兴趣的信息。用户可以发送消息、聊天、查看用户发布的媒体以及其他链接。总而言之，作为媒介，允许用户相互分享和使用信息。社交网络创造了一种独立于现实社会网络的虚拟社会网络，有些内容例如，个人信息会自动地与其他用户公开分享。实际上，每个人的姓名等个人信息被搜索出来以后会自动呈现，除非用户有意识地去修改个人信息设置。由于信息泄露之后不可收回，因此人们一旦将此类信息提供给网络社区成员，这些信息就在网站和社区成员的掌控之中。如果说法律意义上的隐私，必须是在权利人的保护之下的话，已经泄露的隐私，在权利人主动传递给成员之后就在于不再称为隐私，从而脱离隐私者本人的掌控。

很多社交网络的用户对自己所发布的信息哪些是私人的，以及对他们发布的信息的安全性是无知的。大部分用户并不知道他们网上发布的信息数量和信息内容，可能会泄露他们的个人信息。[①] 只有一部分用户更改了他们的隐私设置，只允许好友查看他的个人信息。为了能够真正融入特定的社交网络圈子，有些用户在个人资料中使用自己完整和真实的姓名，便于人们在网络上能够找到他们。但是，大部分用户并不能准确预测和控制未来他们的隐私信息扩散的方式和范围，也不了解这种泄露会带来多么严重的后果。

这是由于缺乏隐私设置的知识、不知道网络上哪些用户会浏览到这些信息、对网络的好奇心、对网络上任何人的信任，以及对这种网络冒险的后果无知。各种社交网络的信息发布平台及其各自特有的交互方式均能成为侵权行为的媒介和手段，侵权人可以将带有侵权性质的内容，通过登载、转载、转发、评论、置顶、排名、链接等多样化的方式进行传播，并且这些方式可以反复综合运用，使侵权内容迅速扩大。SNS 网站将个人通信与大众传播之间的中间地带扩大并且变得模糊化。私人言论被迫进入大众传播领域是 SNS 网站上个人领域与公共领域交错存在导致的结果之一。[②] 当信息呈现在互联网上时，许多人可能马上链接它、谈论它、拷贝它、重贴它，诸如此类。将个人信息放在互联网上，就像把肉丢向鳄鱼群，别有用心的网络客会在第一时间收集和传播这些信息。网络自身的特点决定了其信息传播具有极强的流动性和辐射性，极易得到扩散、放大甚至恶化。一篇带有侵权性质的文章或者图片，一旦通过网络方式传播，其所造成的损害范围和损害后果就很难被准确量化。在多种传播手段的交互作用下，可能会被迅速转载、转发、下载。损害行为一旦出现，便呈现不可逆转和不可控制的趋势，损害后果呈几何级数的扩散，损害范围不断扩展和叠加。一个侵权内容的发布，可能造成对该信息以转载、转发、评论等方式传播，使传播主体成为连锁的责任主体。"如今，社交网站的隐私泄露、用户个人的安全意识不强等非技术性的因素，已经成为收集、利用网民隐私的重要原因。而那些

---

① 耿延庭. 微博普通用户主动公开隐私现象分析——以新浪微博为例 [J]. 新闻世界，2014（02）：163-164.
在《微博普通用户主动公开隐私现象分析——以新浪微博为例》一文中，对5400条微博进行内容分析，其中含隐私信息的微博为1860条（占比34%）。
② 叶宁玉. 社交网络还存在隐私吗？[J]. 新闻记者，2011（07）：70-71.

木马、病毒、后门程序则成为它们收集网民隐私的辅助工具，而不再是主要因素。"①

侵权后果的严重性在于网络的易发布性和传播性，网络信息一旦发布，便注定具有了高速的传播速度及广泛的传播范围，极其可能造成用户个人私密资料的泄露，造成重大的物质损失，同时还可能给用户的名誉造成不良影响，给用户身心造成巨大的伤害。在传统的人际交流中，人们主要通过口语进行交流，这是一个很难还原的传播信息，除非一方抱有特殊目的进行录音。但在网络上的人际交流，一个截图软件就可以将人际传播的信息复制下来。特别是在社交网络中，很多人际交流的情境其实并非完全意义上的私密。传播者想当然地以为我只是说给某个特定对象听，但很可能说者无意听者有心（也有可能是旁观者），几秒钟之内，就可能"有图有真相"地传了出去，就有可能给传播者带来无尽的烦恼。尤其是图文音像等传播方式逼真再现，导致隐私被暴露得更加彻底。楚河—汉界乃是互联网，当个人信息传播到互联网上，它可以脱离掌控。就算它被张贴在默默无闻的博客上，但信息仍然可以出现在谷歌搜寻中的某人名下。

2. 加密技术的不可接近性

借着经营博客，你把自己放在那里，却往往未经过滤和未经编辑。因为你不能看到或接触你的观众，因为你在孤独的房间里，在深夜，在计算机前写博客，那看起来不像个表现狂。没有明亮的聚光灯，只有你和你的计算机。经营博客有个异常的方式，鼓励你丢弃你的拘谨。大多的时间，你会怀疑：有人在听吗？通常答案是没有。人们觉得好像他们在空无一人的礼堂内的舞台上展现自己。但是，由于互联网之故，在一瞬间，聚光灯照了过来，而礼堂可能人山人海。

设想一下，通过加密私人信息是否能够达到保密的目的？真实的答案是不能。因为成员之间的分享即便加密，也需要告知对方密码。一旦告知，信息就为对方了解。同时，对网站而言，用户的隐私资料本身就是公开的——因为这些信息本来就存储在网站的服务器上。超额利益诱导网络黑客不计代价地研发各种"挂马"和"钓鱼"程序，通过无缝不入的网络漏洞窃取网络社区成员的隐私信息。第三方加密技术似乎可以防止社区网站经营者对用户的隐私窥视，但这只是理论上的。2013年发生的举世瞩目"棱镜门"事件，使全世界知道了

---

① 孙继银. 网络窃密、监听及防泄密技术［M］. 西安：西安电子科技大学出版社，2011：75.

斯诺登，如家快捷酒店住客信息泄露，中国人寿80万保户个人信息泄密，东航泄露客户行程等。屡屡曝光的泄密事件甚至涉及了金融机构，"有媒体爆料说，国内知名社区网站天涯社区被黑客攻击，有近4000万用户的密码遭到黑客泄露，与之前CSDN被泄露的信息一样，天涯社区被泄露的用户密码全部以明文方式保存，但是数量之大的确令人咋舌。后来的事态又逐渐扩大起来，除了天涯社区之外，世纪佳缘、珍爱网、美空网、百合网等在内的众多知名网站也同样存在类似问题，甚至连新浪微博也出现了用户密码被泄露的情况"①。再一次验证了网络世界隐私保护和窃取之间"道高一尺，魔高一丈"的永恒逻辑。这一切既源于普通网络用户保密知识的匮乏，也因为网络保密本身的复杂性，在巨额利益刺激下获取信息赚取利益。

3. 信息的商品化加剧了隐私泄露的风险

社交媒体的本质就是监测和消费别人的信息。在《数字眩晕》一书中，作者认为："经过多年的秘密监视公众后，我们感到震惊，有这么多人居然愿意公开他们的住址、宗教信仰和政治观念、按字母顺序排列的朋友名单、个人电子邮件地址、电话号码、成百张自己的照片，甚至时时刻刻更新他们正在做的事情。"欧洲消费者专员梅格莱娜·库内娃在2009年3月曾说："个人资料是互联网的新石油，也是数字世界的新货币。"网络隐私专员迈克尔·费蒂克坦承："数字广告公司基本上不可能太过谨慎地对待隐私，因为用户是他们唯一可以出售的资产。即便创始人和经理们担心隐私问题，最终他们都不会有任何办法，因为另一面的经济利益太过诱人了。"从用户那里收集来的数以万计的诸如用户的姓名、性别、身高、人种、血型、健康、住址、职业、财产、婚姻等个人信息所组成的数据库无疑是各种商业机构可以利用的有利条件。随着互联网普及率的提高和网民对于网络应用的深入，越来越多的互联网用户将现实生活中的人际关系延伸到网络中，某些社交网站更是汇集了大量的个人信息与资料。②"卖信息"成为一项利润丰厚的"朝阳"产业。社交网络的个人信息在强大的商业公司和丰厚的商业利润的刺激下，实在是岌岌可危。

---

① 天涯大量用户信息遭黑客泄露 相关立法进程亟待推进 [R/OL]. 中国广播网, 2011-12-26.
② 当越来越多的人聚集在互联网发表、交流自己的观点时，实质是将现实生活中的街头巷尾的闲聊移植到网络空间，互联网将分散的个体组织、协调、聚合起来，社交网络从而具有了改变社会力量与国家力量的政治意义，形成了托马斯·霍布斯（Thomas Hobbes）笔下的"智能信息型共同体"——"一种拥有生命和聪明才智的自我组织系统"，自然就产生了伦理与法律责任，是很多用户未必能够意识到的。

117

我们——包括你、我以及"免费"的社交网络用户，实际上也是被强迫和诱惑的产品。也许我们就是社交网络公司正在出售给广告客户的个人资料，社交公司对我们的追踪越紧，他们的广告将越有效、越有价值。一些社交网站上，系统推荐给你一些"可能认识的人"或许就是社会关系数据库的整合呈现的结果。社交信息正在成为全球知识经济的"本原"，并且正是这场个人智能信息时代的革命阐释了当今社交媒体公司令人眩晕的估值。如果说20世纪的工业经济是由争夺石油的血腥战争所形成的，那么今天的数字经济正日益显露对个人信息这个本原的争夺冲突。同时允许社交网络用户与朋友、熟人使用，社交网络用户会根据自身的需求和价值判断，去"关注""分享""评论"和"转发"他们认为值得关注的事件，通过网络告知家人、朋友、同学、同事和网友等。究竟社交网络圈子是什么样的？大部分人拥有互不重叠的独立朋友群体，每个人都以独一无二的方式和多个群体的人们串联在一起，每个人都有小学同学，在外地读大学的同学，工作后的同事，具体的人是世界上唯一和这群人串联在一起的特定的人，信息便是经过作为链接者和节点的特定人从这个群体传导到另一个群体，从而使得我们作为"自媒体"可以与数百甚至上万人建立强联系、弱联系。[①] 人们在不同的团体或小圈子里建立彼此的人际关系。通常我们的信息会停留在与我们有关联的团体内，而且不会离开这条界限。与其计算多少人知道某个特定的信息，我们不如把焦点放在信息所传播的社交圈上。我们全都与各种不同的社交圈混在一起。我们有我们的朋友团体和我们一起工作的人、我们的家族。

阿伦·维斯汀（Alan Westin）在《隐私和自由》（*Privacy and Freedom*）一书中写道："隐私权应被定义为人们控制有关自己的信息的传播的权力。"因此，隐私权的核心是隐私控制权。在网络上，最容易被侵犯的也是这一权利。因为，人们提供个人信息时也许是自愿的，但是，一旦将这些信息提供给网站或商家，他就可能很难知道他的个人信息将如何被使用，也不知道这些个人信息扩散的范围和程度如何，更不知道这些信息在处理传播过程中是否完整、准确。一句话，他无法保护和控制自己的个人信息，因此需要冷静、理性认识到看不见的现实可能性。与隐私权相对应的权利是知悉权（the right to know），自由知悉权和隐私权既是自由社会极为珍视的权利，也是自由社会一对相互冲突的权利。

---

① 弱联系理论由美国社会学家马克·格兰诺维特（Mark Granovetter）于1973年提出。他的研究发现，紧密的朋友反倒没有那些平时很少联系或不怎么熟悉的人更能够发挥作用。互联网提供了让原本素不相识、地理距离和社会距离都很遥远的陌生人互相结识和交谈的机会，非常适合"弱联系"的建立和增长。

因此，如何协调隐私权与自由知悉权就成为一个棘手的两难问题。如果说隐私权与知悉权的冲突在现实社会中令人头痛的话，那么到了虚拟社会，二者的冲突则变得更加尖锐。数据泄露的技术安全风险，是指物联网、云计算、区块链高度连接而增加了大量的潜在受攻击点，从而造成安全漏洞。公民的个人信息如何保护，也在叩问着信息化的技术安全性问题。

（三）社交网络隐私权的保护

"隐私权包括积极意义和消极意义。前者强调个人私生活事务不受公开干扰的权利；后者则强调个人资料的支配控制权。"① 网络上信息隐私的具体内容，包括不受非法闯入、收集、窥探、公开、利用包括买卖的权利等。"信息的基本隐私权对于某些数据采集和扩散活动应是一种限制，数据主体有权使其数据以保密、准确、安全的方式得以维护。"② 真实世界中的隐私，套用美国一句俗语："拉斯维加斯发生的事情，留在拉斯维加斯。"而把信息置于互联网上，不是简单的茶水闲聊的延伸。"互联网还是个十多岁的孩子，还在学习建立互联网礼仪及礼貌规则。"③ 信息传播到互联网上，就脱离了隐私者的掌控，只有平衡隐私权保护和表达自由，通过法律制度的约束和网站及各类互联网参与者的伦理约束，才能构建一个富有活力的、规范的社交领域。"所有的社交，从私人社团实体、地方社区，到拥有单一民族的国家，最后再到整个国际社会，只有在繁荣开放的雇用体系和自由交流的思想体系中，在不受检查制度的消极作用妨碍时，才能发挥最好的效能。只有通过创建安全的环境来表达哪怕是偶有争议的观点时，我们才有可能激发出最有价值的观点。我们追寻的终极目标是一个自由的思想交流场所，它往往由互联网和社交网络工具来提供，只要我们这些新的网络世界的参与者都能对自己的行为负责，那么这一目标一定可以实现。"④

在社交网络，几乎所有的用户能够与他人通过网络连接，以数字化的方式发布、分享他们的观点和经验，形成一个虚拟的社会空间。例如，用户可以查看邻居发布的政治帖子、朋友最近聚会的照片，或刚出生的表亲的出生通告，

---

① 蒋志培. 网络与电子商务法［M］. 北京：法律出版社，2001：468.
② 理查德·A. 斯皮内洛. 世纪道德——信息技术的伦理方面［M］. 刘钢，译. 北京：中央编译出版社，1999：50.
③ 沙勒夫. 隐私不保的年代［M］. 南京：江苏人民出版社，2011：2.
④ 马修·弗雷泽，苏米特拉·杜塔. 社交网络改变世界［M］. 谈冠华，郭小花，译. 北京：中国人民大学出版社，2013：3.

并与之进行互动。大多数社交网络，不向用户收取任何费用，它只是通过销售广告赚钱。通过利用收集到的大量用户数据，通过广告商针对不同的用户群体进行不同的广告活动和发送信息。换句话说，用户通过交换时间、注意力和个人数据（而不是金钱）来访问社交网络。

众所周知，电脑运算法之精准是建立在有效资料学习的基础上的，故如何取得及应用数据资料必然成为兵家必争之地。谁能够掌握最多的数据，并训练出最好的算法，谁就会赢得未来竞争。大量的数据（data）已成为未来各企业能否真正地掌控数据，进而掌控网络安全与国家安全的重点。在5G人工智慧与物联网的时代，从智能手机到智能冰箱、智能家具、无人驾驶车、智能家电等智慧装置随时在传输数据。掌握大量的数据再配合AI算法，不仅成为企业间的竞争利器，更是未来大国竞争与博弈的基础。客观地说，谁掌握了数据，谁就掌握了未来。海量、丰富及持续更新的用户数据是新的石油富矿及竞争优势，这些数据使其能够全方位地整合用户及其好友、邻居、亲属、同事的兴趣偏好和活动情况，从而向数据用户提供其他平台无法提供的个性化服务和内容。

人工智能，是学习系统表现出的能力的总称，其功能包括语音、图像和视频识别、自主对象、自然语言处理、会话代理、说明性建模、增强创造力、智能自动化、高级模拟以及复杂的分析和预测；机器学习是一门无须明确编程就能让计算机行动的科学；深度学习是受大脑结构和功能启发，创建人工神经网络的算法。数据是机器学习的基础，而计算结果反过来又影响人们的生活。算法影响法律价值的推理方式，即算法正义。机器学习是通过学习数据和复杂化数据处理，为算法决策的合道德性提供技术论证。

当今时代，任何权利的保护，离开法律这一强有力的手段是不可思议的。因此，对于社交网络个人信息的保护，首选无疑是法律手段。

1. 国外社交网站的规范和相关立法

2009年，欧盟监管机构已经制定了社交网用户隐私保护指导规范，确保Facebook、MySpace和其他社交网遵循欧盟的隐私保护法，以消除用户对个人信息安全性的担忧。欧盟要求网站提示用户隐私风险，并限制这些网站根据用户个人信息发送目标广告的行为。欧洲隐私监管机构发布的指导意见称，社交网应该提高默认安全设置的等级，并允许用户限制向第三方团体暴露数据。此外，在用户删除了自己的账号后，网络运营者不能保留其个人信息，而且运营者应该删除长期处于未激活状态的账户，"每个人都有要求被忘记的权利"。即按新版数据保护法，今后在欧洲，在任何网站登记过个人信息的用户都有权利要求网站运营商删除自己的数据。

2009年8月,英国官方发布了《网上应用守则》,明确指出社交网对保持人与人之间关系的重要性,并要求工作人员在某种程度上必须保护信息安全、顾及机构的声誉和数据的保密性。澳大利亚隐私专员发出"保护你社交网站上的隐私"的帖子,提醒用户意识到使用社交网站的风险,并建议采取保护方法,包括阅读隐私政策,谨慎共享个人信息。在加拿大,公民隐私专员主动警告在社交网站上分享个人信息的危险,隐私专员制作了一个名为"一个朋友的朋友的朋友需要了解你"的视频,强调社交网络的危险。

2014年1月28日是数据保护日,欧洲议会和欧盟基本权利机构发布了欧洲数据保护法律的实践指南。数据保护日是每年为庆祝欧洲委员会签署的保护个人对个人数据的自动处理的周年纪念日,也被称为"108号公约",公约在46个国家实施。该公约是全球范围唯一具有法律约束力的数据保护与应用程序的国际文书,对任何一个国家开放,有成为全球标准的趋势。为适应新技术和实践,该条约目前正在更新。这个共212页的指南,是欧洲理事会和欧盟数据保护第一个全面的法律指南,兼顾到欧洲人权法院和欧盟法院的判例法,它解释了欧盟以及欧洲委员会"108号公约"中的数据保护手册,针对的是非专业法律人士、法官、国家数据保护部门和任何可能面对数据保护法律问题的人。2020年修订版《欧盟机构个人数据和电子通信指南》对原有建议进行了补充,提示要确保电子通信设备已加密到最高标准,并更新到最新的加密方案。

法律是个能够奏出微妙音调的乐器,但它与小提琴不同。显然,法律不能取代社会规范,社交网站有自己的规范,尽管这些规范处在婴儿期,但借鉴一下是有意义的。

2. 我国网络隐私的法律保护

2017年颁布的《中华人民共和国网络安全法》(以下简称《网络安全法》)的目的是"保障网络安全,维护网络空间主权和国家安全、社会公共利益,保护公民、法人和其他组织的合法权益,促进经济社会信息化健康发展"。该法主要从传统安全和非传统安全保护的角度提出了对网络空间不同主体的权益保护和经济社会发展保障两大目标。我国网络安全法对隐私保护的条款主要体现在第四十条到第四十五条的规定。一般来说,跟服务无关的个人信息是不允许随便收集的,并且在征集个人信息的时候必须经过当事人的同意。与此同时网络运营商自己也要注意维护网站的安全,因为一旦客户的信息随意被泄露,网络运营者也是要承担法律责任的。2017年3月,外交部和国家互联网信息办公室共同发布了《网络空间国际合作战略》,提出中国参与网络空间国际合作的战略目标包括维护主权与安全、构建国际规则体系、促进互联网公平治理、保护公民合法权益、促进数字经济合作和打造网上文化交流平台。该战略从我国参与网络空间国际合作的角度出发，从国家利益、网络法治、权益保护等方面提出了相应的网络空间治理目标。但在具体的细则方面还有待于完善，在法律的实施中需要加大监管和处罚力度。在我国，充分发挥指导性案例制度的功能与价值，继续完善最高人民法院发布的指导性案例制度，为实现我国就个人信息、隐私保护领域的司法与立法实践的互补共进奠定基础，这也是契合我国法律实际情况的现实选择。2022年2月15日《网络安全审查办法》实施，掌握超过100万用户个人信息的网络平台运营者境外上市必须向网络安全审查办公室申报安全审查。至此，我们可以看出，网络上的个人隐私，关系国家安全。

3. 提高社交网络成员的网络伦理

保护隐私的最有效方案在于信息市场和信息技术，法律的步伐永远追赶不上技术的步伐，任何法律都不足以防范所有的漏洞。互联网社交网络作为一种方便快捷的交友方式，其积极的意义是不言而喻的，因此，对于个人信息的保护，不应该因噎废食。"为了确保个人的安全和总体的安康，要有一个保护隐私权的道德命令或基本义务。"① 在强化法律保护的同时，提升交友社区成员的个人网络责任伦理也是必不可少的，网络责任伦理就是对网络风险的预警。

风险社会之下，风险频频爆发，对我们现有的社会机制不断构成新的挑战。在网络道德上，人们应该消除攻击性的意见评论，在谈论他人的私生活前，应当获得当事人的允许，或隐瞒其身份；在没有得到他人同意前，应该避免张贴他人照片；人们应该避免互联网式的羞辱。教育年青一代和网络新手在使用网络时，加强安全意识与隐私保护意识，在注册及选择社交网时，应加以甄别和区分，避免个人信息和资料泄露与被盗，甚至经过多渠道交叉而无序传递，导致信息失控、造成侵权、承担责任。不告诉群成员多余的个人信息；"将个人信息分类的做法很明智，这样你就会对向直系亲属和亲密朋友分享哪些信息、向更广泛的朋友圈（很可能包括客户和商业伙伴）分享哪些信息，以及向所有人（包括所有陌生人）分享哪些信息有一个比较清晰的概念"②。对于信息在可能的情况下尽量予以保密；传递信息的同时，力争通过截图、保留交流记录等方式留下证据，以便在发生侵权行为时通过法律手段维护个人权益。我国网民维护个人隐私的意识也是推动平台企业重视隐私保护的方式，虽然网络上随处可

---

① 理查德·斯皮内洛. 铁笼，还是乌托邦——网络空间的道德与法律[M]. 李伦，等译. 北京：北京大学出版社，2007：147.

② 诺里斯，钱峰译. 你的网络形象，无价![M]. 北京：东方出版社，2012：67.

见对平台企业不尊重用户个人隐私的现象,但拿起法律武器维护自身权益的不多。造成这一现象,一方面是由于法律制度跟不上技术的飞速发展,另一方面个人在收集、固定证据等方面的举证能力,与数字技术型企业相比,处于绝对的弱势。因此,降低个人遭遇数据侵权时的举证责任,在有必要时实行举证责任倒置,方能降低个人维权成本。

我国刑法规定了"侵犯公民个人信息罪",违反国家规定,向他人出售或者提供公民个人信息,窃取或者以其他非法方法获得公民个人信息的行为,最高可能被判处7年有期徒刑。我国在网络安全方面已经制定了《中华人民共和国国家安全法》《网络安全法》。2021年9月1日起正式实施的《中华人民共和国数据安全法》(以下简称《数据安全法》),2022年2月15日起正式实施的《网络安全审查办法》,以及2021年8月20日起正式实施的《中华人民共和国个人信息保护法》(以下简称《个人消息保护法》)颁布。《中华人民共和国消费者权益保护法》《民法典》等相继对公民个人信息保护做出专门规定,该法的出台对于个人信息的保护将具有重要的意义。这些制度也是我国迈入数字化社会在制度建设方面的责任和应有担当。

算法建立在个人数据及运算的基础上,并根据个体偏好的预测进行推送,这种推送有可能把个体推向信息茧房(information cocoons)。而不一定是对个体有益、中立、客观的信息,哪怕随机性的信息也是一种信息接收自由;算法还可能隐含信息歧视[①]与种种偏见。"我们必须共同回答今天面临的最紧迫的问题之一:我们将如何构思、设计、管理、使用和监管算法,从而为全人类谋福利?"[②] 因此,法律应从公开算法、赋权个人数据与反算法歧视对算法加以规制。由于算法是一个无法访问、无法理解的黑箱,因此,应当对算法的逻辑或规则进行公开,让公众知晓算法的中立性;由于算法是建立在个人数据的权利基础上的,因此,应当对个体数据赋予权利来规制算法、限定算法可以采用的数据范围;针对算法中隐藏的很多身份性歧视,应当规制算法歧视,所使用的算法技术需要被评估,符合伦理的算法技术才能被使用。同时算法技术应当被解释,当事人的知情权不可忽视,从而实现算法决策的中立化。

---

① 算法歧视来自"算法专政"或者说"算法霸权",算法霸权被形容为"数学杀伤性武器"(Weapons of Math Destruction, WMD),是一个丑陋的虫洞世界。凯西·奥尼尔. 算法霸权数学杀伤性武器的威胁[M]. 马青玲,译. 北京:中信出版社,2018:9.

② 卡尔提克·霍桑纳格. 算法时代[M]. 上海:文汇出版社,2020:406.

四、智能信息时代新兴法律问题

移动智能信息时代为远程工作提供了机遇，为灵活化和轻便化的雇用关系提供了更加适合的平台，拓展了很多就业机会，提高了工作效率，避开了交通拥挤与高峰，有效提高了员工的工作效率。远距离工作让传统劳动关系的认定变得模糊，对传统的属地、属人的司法管辖带来很大的冲击，这些变化就引发了更多新的劳动问题。更多的办公室将变成虚拟的，更多的员工将远程办公，而且非传统的工作时间将成为常态。用法治理念进行互联网管理无疑是正确的方向，但政府如何规制互联网企业的雇用关系仍是一个有待探索的时代课题。

本节从正在增多的远程职业工作入手，分析传统的《中华人民共和国劳动法》（以下简称《劳动法》）在与互联网工作空间中的远程工作相遇后，对员工的认定产生了理解上的新问题，并集中在工作环境和工作关系上，分析传统的法律对调整现代的互联网工作场所的足够性的影响程度，前瞻未来互联网工作地的法律问题：知识产权、隐私、数据权利、数字资产，面临的法律风险和挑战。

（一）弹性工作时间对传统劳动关系的影响

互联网行业中"平台+个人"的共享经济用工模式，逐步取代传统的"企业+员工"模式；不同层次劳动者对应复杂的薪酬制度；依托新技术手段的考勤、绩效考核、审批等管理方式，明显区别于传统的员工管理方式；行业内激烈的市场竞争、技术与商业模式的创新，压缩企业生存周期，使劳动关系的稳定性大大降低。

1. 互联网使远程工作成为可能

从历史角度看，信息革命正在经历着与工业革命相似的变化，互联网的出现已经迫使工商界经历一个巨大的、史无前例的管理变化。采用传统产业建立的公司，正在开始应付这种巨大的变化，其中一个变化是信息革命对职业关系的影响。数字化经济正在改变着人们的职业结构和工作性质。数字化经济让人们回到社区、回到家庭，把工作送给工人，而不是把工人送往工作。虚拟办公已悄然兴起，很多工作开始利用这个新的互联网的变化。远程工作方式是老板和雇员都利用虚拟工作、完成远距离的工作的一种新的工作方式。在信息革命的背景下，越来越多的企业管理人员和专业人士正借助以互联网为代表的新一代信息基础设施，以远程方式进行各种知识密集的工作，如管理监控、咨询、研究开发等。与传统的在家工作相比，信息革命背景下的在家工作方式更多的是在技术密集行业和白领阶层出现。居家工作具有自己的优势或便利性：劳动者在家完成工作，不受公司工作的限制，故工作弹性大，能够自行调节工作进度。居家工作也有自己的劣势：是企业间接雇用的不享受企业员工待遇的有报酬的经济活动。"司法机关面临的审判压力也很大：一旦认定了劳动关系，社会保险关系就随之而来，这对平台企业运营成本的影响巨大，似乎也与我国大力发展'互联网+'和平台经济的政策方针相悖；但若不认定劳动关系，网约工群体就面临着'劳动合同不签''社会保险不缴''劳动保障不到位'的'三不'现象，成了'权益隐形人'，而从工作性质来看，这个群体与普通劳动者又有类似之处，也应当得到劳动法和社会保险法的某些保护。"[1]

远程工作形成的组织形态正在围绕新技术进行重构，形成智能信息化、数字化、弹性化和项目化的组织形态特征。远程工作产生的数据和信息被物化和商品化，大数据时代的算法和分析呈现的结果被垄断和滥用于商业领域，因而导致了网络监视、个人隐私侵犯、算法偏见、假新闻、无偿数字化劳动、知识商品化等社会问题。互联网允许以节约成本、增加产量、较大的用工联合的远距离的雇用成为可能。当职业关系仅仅是数据的联系，而不是有形的身体的联系，双方的新的权利和义务变得不太清楚，他们不在一个屋顶下，甚至相隔数千里，虽有形的分离而技术在相连，雇主发现远距离工作能缩减成本、提高效率。然而，虚拟办公者也许发现他们处在正式员工和独立承包人之间的法律的灰色地带。

2. 互联网远距离工作模糊了劳动关系

在新业态模式下，企业用工具有灵活、流动、零散、工时弹性、组织相对松散等特点，用工人员与平台没有签订劳动合同的比例较高一些；新业态下从业者请求确认劳动关系、工资支付和社会保险等诉求越来越多；具有多种职业身份的"斜杠青年"[2] 对传统劳动关系、社会保障、劳动保护体系带来挑战；"众包"（crowdsourcing）等新兴法律关系的出现，不同于传统的劳动关系，对

---

[1] 娄宇. 平台经济从业者社会保险法律制度的构建[J]. 法学研究, 2020, 42 (02): 190-208.

[2] 斜杠青年来源于英文 Slash, 出自《纽约时报》专栏作家麦瑞克·阿尔伯撰写的书籍《双重职业》, 指的是一群不再满足"专一职业"的生活方式, 而选择拥有多重职业和身份的多元生活的人群。

劳动力市场的稳定性带来了冲击。当信息革命产生新的交流、管理和工作环境的机会时，或许它也逐渐削弱了员工的权利、用工者的义务。新的远程工作场所的产生，对调整由互联网激活的工作环境的法律提出了挑战。用工者和员工在形体上分离，也许实际距离相隔数千里，那么，通过互联网工作的人是否能够成为独立的签约人或企业的正式员工，便成为互联网与法律相遇所要思考和研究的问题。"网约车、同城速递、外卖等以 App 平台为企业经营和用工模式，劳动场所分散各地、工作时间弹性更大，劳动与薪酬管理方式更多样。新业态的企业平台资方多主张合作、劳务、承揽等非劳动关系，以利于促进社会闲散劳动力就业和企业的发展；而从业者多主张与平台之间是劳动关系，以利于保护平台从业者劳动权益。实践中的司法裁判需要根据多种因素进行具体的判断。"不同裁判理念，重视保护的利益不同，裁判结果大相径庭。"[①] 新型用工关系对劳动关系理论构成了新的挑战。在互联网工作场所，控制时间、方法和方式都呈现新的含义，因为远距离的职业模糊了职员和独立承包人的区别，但也为监视文化的产业提供了可能。一个用工者对远距离员工的控制比对处在物理空间上有形的、实际的工作场所的员工的控制要少，远距离的雇员经常拥有他们自己的计算机和设备，也许能够安排自己的工作时间。

一个远距离的工人是否属于员工或者独立的承包人是对寻求逃避惩罚和责任的用工者具有直接的法律意义的。远距离的雇员对经常不享受作为雇员的利益是有异议的。互联网已经延伸了职业的边界，远距离的工人成为还没有被最后划分的"不确定"的劳动力。因此，远距离的职业将怎样影响对雇主和雇员的分类，以及他们之间的权利和义务还不清楚。我们需要信息技术的远程职业者的共同关注。

一方面，政府应加快步伐对共享经济型企业的用工问题进行规范，出台政策清晰界定企业与员工之间的这种新型用工关系。《中华人民共和国劳动合同法》（以下简称《劳动合同法》）应把实现劳动关系的多元化定义、劳动合同的广泛覆盖当作重要任务，并且进一步关注互联网新型就业者的劳动保护及社会保险问题。同时，政府可以借助共享经济的力量重新利用社会闲置资源，将其转化为提供社会公共服务的有效途径。因此，政府有必要发挥引导作用，创新公共管理的制度规范，规划共享经济的发展路径，充分挖掘其正面功能。

另一方面，共享经济的实现除了资源分享者和资源享用者以外，还需要第

---

① 海淀法院课题组，张弓. 涉互联网行业劳动争议现状分析及对策建议——基于海淀区涉互联网企业劳动争议情况的调研分析[J]. 法律适用，2019（08）：94-107.

三方企业提供平台支持,在各方参与者之间建立连接。共享经济的供需人数众多,交易双方依据平台制定的基本行业规则进行资源共享,因此,通过建立行业规则来进行自律规范对共享经济下企业用工管理也是非常重要的。在缺乏法律明确规制的现状下,共享经济型企业很可能借助法律模糊地带来实现自身的迅速发展。为避免这种现象产生,共享经济企业应先自我约束,建立行业层级的声誉机制,对共享行为的基本约束底线达成一致。同时,为了减少政府和传统企业的抵制,共享经济型企业也应当以积极合作的姿态接受社会监督,主动承担必要的社会责任,处理好公共利益与私人利益之间的关系。

《劳动合同法》应进行制度创新,更具有包容性,不能直接将传统工业文明下的劳动关系规范强加在参与共享经济的各方主体上,用现行的制度框架去约束,否则,P2P用工模式将与企业传统用工模式别无二致,共享经济也将失去本来的活力和意义。"2005年,原劳社部出台《关于确立劳动关系有关事项的通知》(劳社部发〔2005〕12号,以下简称《通知》)。其时,平台经济尚未诞生,《通知》不可能预见到相关用工问题。以《通知》规定的劳动关系认定标准裁判案件,必然存在适用困难。但是,海淀法院并未退缩,更没有绕道而行,而是迎难而上,紧紧围绕《通知》规定判案,这反映出法院对于自身角色的正确认知,以及对于维护法律概念的坚定信念。"[1]

(二)互联网远距离工作对传统管辖权的挑战

1. 虚拟的到场对管辖权的影响

在对互联网工作场所案件的审判中,管辖权和管辖地是一个潜在的重要的议题,并影响其他以互联网为基础的权利的主张。临时解雇、民事侵权以新的方式出现。处理互联网空间的影响的诉讼的管辖已经出现。在传统的职业关系中,原告只寻求地域管辖将被告起诉到法庭,对这些管辖权是没有争议的。

网络空间对于传统的管辖权理论造成了极大的冲击。将地域管辖的标准应用到互联网已经挑战了法律,没有一个法律直接规定互联网工作场所的因特网的管辖权。网络漫游性空间的无所不在性,使司法管辖区域的界限变得模糊。因特网的外部设备是有形的,但这些外部设备绝不是确定网络空间界限的标志,因特网的虚拟到场与实际在场是否具有同样的法律效力,都是现行的法律所没有考虑的。

"以虚拟的到场的方法,一个人将信息放在因特网上,那个人便是存在于任

---

[1] 阎天. 劳动关系概念:危机、坚守与重生[J]. 中国法律评论, 2018 (06): 127-129.

何信息可得到的地方，因此，可以被信息传播到的任何地方所召唤。"在美国，位于康涅狄格州的 Inset 软件公司，向康州法院起诉位于马萨诸塞州的 Instruction 的技术公司，认为该公司在其网页上使用了侵犯 Inset 商标权的域名。被告基于其在康州没有办公场所和雇员的事实提出法院对此案没有管辖权。根据康州的"长臂管辖法"（long-armstatute），法院对于经常在本州招揽生意的非本州居民享有"特殊管辖权"（specific jurisdiction），唯一的要求是符合美国宪法第十四条修正案的正当程序的要求。在本案中，康州法院发现，被告的网页至少在过去的 6 个月里，持续不断地被用来招揽生意，大约有一万名康州居民可能受到影响，康州法院认为其对本案具有管辖权。法院进一步发现它对于管辖权的假设并没有违反正当程序要求的与法院地有"最低限度的接触"（minimum contacts）。至于何谓"最低限度的接触"，美国联邦第八巡回法院设立了五个检测标准，即与管辖区接触的性质、接触的数量、接触的原因、州法院就此开庭对本州的利益有帮助以及双方方便原则。法院认为，既然被告建了一个网页，能被全美国的任何人包括康州的用户接触，被告就应该合理地预见到他可能由于他的行为而在该州被诉，根据康州"长臂"法案和"最低限度的接触"原则，法院拥有管辖权。

2. 我国有关网络纠纷管辖的司法实践

《最高人民法院关于互联网法院审理案件若干问题的规定》自 2018 年 9 月 7 日起施行，第二条："北京、广州、杭州互联网法院集中管辖所在市的辖区内应当由基层人民法院受理的十种第一审案件。"① 2017 年，"北京市审理的首起'网约工'劳动争议案有了结果，北京市朝阳区人民法院经审理确认了双方存在劳动关系，7 名厨师分别获得了赔偿"②。2019 年 5 月到 6 月，全国人大常委会组织开展了《中华人民共和国就业促进法》（以下简称《就业促进法》）执法检查。8 月 23 日，《就业促进法》执法检查报告（以下简称"报告"）提请十

---

① 通过电子商务平台签订或者履行网络购物合同而产生的纠纷；签订、履行行为均在互联网上完成的网络服务合同纠纷；签订、履行行为均在互联网上完成的金融借款合同纠纷、小额借款合同纠纷；在互联网上首次发表作品的著作权或者邻接权权属纠纷；在互联网上侵害在线发表或者传播作品的著作权或者邻接权而产生的纠纷；互联网域名权属、侵权及合同纠纷；在互联网上侵害他人人身权、财产权等民事权益而产生的纠纷；通过电子商务平台购买的产品，因存在产品缺陷，侵害他人人身、财产权益而产生的产品责任纠纷；检察机关提起的互联网公益诉讼案件；因行政机关做出互联网信息服务管理、互联网商品交易及有关服务管理等行政行为而产生的行政纠纷；上级人民法院指定管辖的其他互联网民事、行政案件。

② 7 人诉"好厨师"非法解雇获赔［R/OL］. 中国法院网，2017-06-04.

三届全国人大常委会第十二次会议审议。报告指出，随着以互联网为基础的各类新产业、新业态、新模式不断涌现，灵活就业、兼职等新就业模式日渐增多，新就业形态从业人员日益壮大。据统计，淘宝平台有近1000万家卖家，滴滴平台有司机超过2000万人。"通过直播、短视频、社交软件等进行商业活动人员、网约车司机等是否属于现行法律调整范围尚无明确界定，劳动者的权益保障问题日益突出，相应的就业管理服务、用工制度和社保政策等还有很大完善空间。"① "从来治国者，宁不忘渔樵。"网约工这类新型劳动关系，不仅涉及法律的问题，还涉及政府、行业监管问题，对社会治理已经形成了新的挑战。我们不仅期待通过相关制度革新，以适应新型商业形态，更好保障网约工的相关权益，也呼唤基于商业模式变革传导下的法律关系的重构。

首先，从法理学角度看，"无论立法者多么高明，规章条文也不能网罗一切行为准则，不能覆盖一切具体案件。因此，在某种意义上可以认为：法律本身的天然局限性就是法律解释学的根源"。由于新规则的缺乏，通过法律解释等方法，在一定条件下，将原有的规则适用于网络案件似乎是一种必然的选择。在上述案件中，法院实际上通过扩大解释"侵权行为地"与"侵权结果地"，使得"侵权之诉由被告住所地或侵权行为地法院管辖"这条传统冲突规则得以适用。同样，在美国法院的判例中，法院也使用相同或近似的方法将其"长臂管辖权"延伸到了网络空间之中。

其次，我们知道任何法院都不愿放弃扩大管辖权的机会，只要这种管辖权的行使有利于国家或区域的利益，这一点在网络中更是如此。无论是海淀区法院的判决，还是美国法院的判例，都反映出法院试图努力行使对案件的管辖权。也是法官不轻易放弃自己的职能，积极行使司法解纷职能和展现法律智慧的表现。

最后，在适用传统规则之中，传统的管辖理论已经受到挑战，而新的管辖根据能否出现，这不仅仅是司法智慧的问题，还包括信息技术的发展，以及劳动理论和国际的实践问题。对于这个问题，中国只是刚刚迈出了第一步。尽管法院的判决并没有明确，但是网址作为一种新的连接因素的出现，也并没有被排除在外。

管辖权问题对一个国家而言一定程度上是主权问题之一，是国家的一项最基本的权利。"管辖权是指通常被称为'主权'的国家的一般法律权限的特定方

---

① 冯华妹. 新业态下劳动争议增多，立法机关或启动修法[R/OL]. 财新网，2019-08-24.

面"，是"国家对其领土及其国民行使主权的具体体现"。因此，管辖权是最具有政治属性的权力之一。梁慧星教授早已意识到政治自由主义在法律领域的延伸，他认为如果我国法律把物权法定原则改为物权自由原则，一些跨国公司和外国律师，就会利用这个原则把他们本国的物权搬到中国来适用，而中国法律必须予以承认。这会给中国的国家主权和法律制度带来巨大冲击。尤其在国际私法里，"国籍"是主权概念的法律化，而"经常居住地"是去国家化的法律表达，是自由主义的概念谱系，这些法律概念会以"个人自由"的姿态影响到一个国家的主权，需要清醒地认识和仔细地分辨，所以，我们对西方的理论研究是不足的，对西方的认识，大量的教材和研究还在自由主义的浪漫和追随中，没有对更多的流派有深刻的认识。所以，在某种程度上是对西方思想和理论研究不足。

3. 我国的相关立法

我国于2000年11月22日由最高人民法院审判委员会第1144次会议通过，并自2000年12月21日起施行的《最高人民法院关于审理涉及计算机网络著作权纠纷案件适用法律若干问题的解释》（以下简称《解释》）第一条规定了网络著作权纠纷案件中的管辖权问题。该条规定："网络著作权侵权纠纷案件由侵权行为地或者被告住所地人民法院管辖。侵权行为地包括实施被诉侵权行为的网络服务器、计算机终端等设备所在地。对难以确定侵权行为地和被告住所地的，原告发现侵权内容的计算机终端等设备所在地可以视为侵权行为地。"在这里，"侵权行为地"一词有了新的含义。一般情况下，"侵权行为地"是指"实施被诉侵权行为的网络服务器、计算机终端等设备所在地"，即侵权作品通向网络的临界点和实施侵权操作的计算机或服务器，大致属于"侵权行为实施地"的范畴。当以上两地都难以确定时，"原告发现侵权内容的设备所在地可以视为侵权行为地"，这等于把"侵权结果发生地"视为侵权行为地，这就与《民事诉讼法》的规定基本相同了。由此看出，《解释》对网络案件的管辖原则是以被告住所地和侵权行为实施地管辖为一般，以侵权结果发生地管辖为例外。

这条规定的产生还为此类侵权纠纷管辖权的确定提供了一条可以依据的法律，尽管该条的规定还较为原则且并不成熟，但至少它在一定程度上弥补了我国现行法律中的空白。

但是此条的规定似乎存在着问题。首先，互联网是无处不在的，一旦纠纷涉及境外，依照此原则我国很可能就丧失了管辖权，由于制度的缺陷而造成的体现主权的管辖权的丧失，会影响到我国的涉案利益，没有预设我国法院处于主动情形制度前提；其次，对侵权行为地的扩大解释，导致享有网络管辖权的法院数量的增加，这也就必然会增大产生管辖冲突的可能性。

互联网远距离工作地的出现，为现行法律提出了新的挑战。2010年，美国制定《远程劳动促进法》，对远程劳动的范围做了特别限定：劳动者利用信息通信技术实现在通常办公场所以外的地点完成工作，对于工作的质量要求、劳动报酬支付的方式、对员工绩效的考评均适用于传统用工方式的雇员。2011年制定了《远程劳动政府指南》，规定行政机关的职责、限定从业资格、签订书面协议、履行集体谈判义务等，其中针对安全管理、绩效管理、薪酬及请假管理等方面，提出了操作中的具体原则。同时，关于电传劳动，针对工资、休假、工作日程、绩效管理、招聘和留用等具体操作标准，列举了详细指导。欧盟、日本等以促进就业、灵活工作、提高工作效率为目标，均积极倡导并保护远程劳动，制定相关法律。这些法律对具有劳动关系的远程劳动，实行与一般劳动者同等的保护。而对于处于民事关系与劳动关系这个渐变过渡的远程劳动，尚无立法成果。从法理学角度思考，法律应该具有预见性，因此，对《劳动法》的修改应做出准备性的思考。

因特网为我们在互联网空间的交流和工作带来了新的选择，面对正在到来的信息社会，我国的《劳动法》《民事诉讼法》等也经历着如上所描述的局限性，法律应该发展以回应信息革命的发展。有没有一个更好的方法保护远距离工作者的权利？以确保公正，使他们享有和以前一样的工作权利。在信息经济时代，国家应该制定有关法律和政策保护他们的权利，在新经济条件下，使他们的权利得到公平的保障。2022年1月1日实施的《中华人民共和国工会法》（以下简称《工会法》）明确新就业形态、劳动者参加和组织工会的权利，工会推动落实企业社会责任，促进劳动、资本等生产要素共享企业发展，推动共同富裕。

因特网使节约成本、增加产量、较大的用工联合的远距离的雇用成为可能，但同时也带来新的法律关系问题，一旦发生纠纷不得不进行诉讼，司法管辖问题又是首要需考虑的。经济和技术健康平稳地发展，需要相应完善的法律保障体系。与科学技术不同的是，法律以限制和制约来实现一种平衡发展的状态。就未来互联网工作地相关法律而言，它是以通过调整远距离工作者之间的关系，限制对该劳动关系的随意性、破坏性的侵权为基本内容的法律规范。以现代信息技术武装起来的未来劳动者，在面临诸多法律问题和与之不完全适应的法律条款时，应强调并着手建立一个在宪法及基本法范围内，保障自身权益的条款。互联网远距离工作如果因为有形的分离而否定劳动关系，远距离劳动者的权益难以保障，势必不利于新型劳动关系的良性发展。用人单位对远程劳动者的加班管理，不应过于利用微信等平台要求劳动者随时有回音，甚至休息时间也形成隐形的被遥控状态，通过远距离的控制使劳动时间实际变长并处于紧张状态。①

数字平台企业的生产环境、组织结构、业务方式、业务法律关系（分包、外包等方式），正在从根本上改变企业的生存、互动以及它们为社会创造价值的方式。数字平台已经成为对各国政府和政策制定者非常有吸引力的经济发展战略，因为数字经济有创造收入和就业机会的潜力，同时实现组织运作的协调、高效运转。尤其是在2020年，为了防控新冠疫情，远程医疗、在线教育、电商平台、互联网金融等各行各业的数字化转型成为实体经济，打破信息障碍实现跨区域销售的突围之路。

如何保障"网约工"的权益？首先，保障他们的一些基本权益，如制定最高工时基准、延长工时基准、劳动定额基准等。其次，将这类灵活就业人员纳入工伤保险缴纳范畴。在德国法律中存在"类似劳动者"的规定，指具有经济上的依附性，且相比较于劳动者也需要社会保护的人，《劳动法》的部分规则也应对其适用；日本则把超过企业雇用范围，对企业来说是以承包、委托的形式从事劳动的人称为"契约劳动者"。资料表明，实际上20世纪80年代以后，劳动关系在全世界范围内都呈现非标准化的趋势。在我国，这已成为一个不可逆转的现实。未来要超越传统劳动关系的思维方式，去认识这种用工关系，将其完全适用于劳动法，或者民法，都不合适。这是我们需要研究的新问题。如果都认定为劳动关系，可能会对平台经营造成一定压力，影响产业的发展，甚至影响"网约工"的就业。

对于网络案件的司法管辖权，国内立法的实践有助于积累经验，虽然人们还在以传统的观念和标准诠释着网络管辖权，而且传统的管辖规则在经过变通之后，依然可以适用于网络空间，但各国、各地方政府都积极地关注，甚至扩张其管辖权的范围，而过分的扩张若导致管辖权的无序、冲突，则会扼杀网络商业化、网络资源共享的契机，甚至衍生出更多的争议。但我们不能排斥新的游戏规则的出现，因为新规则的产生需要成熟的网络技术，而这种相遇是必然的。

4. 如何破解算法中的"身不由己"

数字平台给国家的经济、劳动力市场带来了一些潜在的好处，但数字经济

---

① 为了逃脱过度连接的纷扰，一些国家及学者倡导"断连权"（the right to disconnect），来赋予员工在非工作时间管理和控制连接的自主权。陈雪薇，张鹏霞."不在线是一种奢望"：断连的理论阐释与研究进展［J］. 新闻与传播评论，2021（04）：39-48.

不能良性发展的主要障碍是缺乏适当的监管制度。数字经济有助于提供灵活、充分的就业机会，出租车、快递员等通过平台找到工作机会是人们最熟悉的例子。此外，还包括AI和机器学习的任务（数据收集、分类、内容审核、验证等），产品和服务的推广任务（内容获取、市场调研与评论、调查与实验等）等不为公众所熟悉的数字劳动。

灵活用工不仅让企业得以降低成本，因平台而产生的数据档案也是一笔财产和一种控制权力。同时，企业还可以通过数字平台将该项工作外包，或者利用这些数据进行机器学习和未来自动化的算法训练。鉴于数字经济的优势，许多国家致力于投资建设数字基础设施，以减小数字鸿沟、促进发展，提高经济收入和就业机会。因为科技是国家战略竞争的争夺点，美国作为数字化发展大国，数字经济规模遥遥领先（也是一些国家数字企业的持股者），紧随其后的英国、新加坡、韩国、日本等国家推行监管沙盒制度鼓励科技创新，在制度规则层面营造宽松的竞争空间。这也意味着，数字监管政策尚未充分开发。数字平台在很大程度上依赖自我监管，通常是通过单方面制定协议，该协议规定了平台及其用户（包括客户和员工）的责任。

算法管理、支配着平台上的不同操作，缺乏透明性导致了信息不对称，使得平台所有者对员工具有绝对的控制权。除了算法缺乏透明度，还包括任务分区、平台运营商和客户之间的沟通、对外包第三方平台的帮助和支持功能、限制获取信息的界面设计以及一些应用条款等。平台公司可以根据员工的行为改变算法，平台公司通过算法对员工施加更大的控制。对"数字工人"而言，关于发布任务、评估结果和奖励员工的算法是一个人无法访问的"黑盒"。他们常常不知道：自己是在什么基础上接受某些任务的、谁是他们的客户、评级如何影响任务的分配等。工人的数据是由公司收集的，这些数据对工人来说是不可见的或不可访问的，这使得数字平台对工人有更大的权力。

数字经济产生了新型经济关系。数字经济是由数据驱动的，而数据的收集、所有权及其管理对资本——劳动关系有着重大的影响。由于数据是数字经济的核心，拥有和控制数据、智能地使用数据的人，将获得巨大的控制优势。

数字经济的所有领域都以数据化增加为特征，经济活动过程是一个生态系统的协作与反馈的关系，而非简单的单向线性供应链。数字数据提供了不同参与者和经济活动的颗粒状和实时的、至关重要的和独占的信息，有利于数据的收集、处理、存储、使用和传输。数据的主要价值或经济效益是通过将数据转换为"数字智能信息"来获得的，可用于市场或经济交易。

这种将整个经济部门及其参与者的系统智能信息，嵌入数字平台中的方式，也可以决定和重组生产和消费，成为经济组织的中心机制。例如，在电子商务平台中，消费者的偏好、消费模式、品位等数字数据被转化为"智能信息"，用于对产品的上市、设计、价格、库存、物流等进行无缝的"经济决策"。

同样，在数字劳动平台上，从用户、潜在用户和生态系统参与者那里收集大量数据，然后用于识别模式、商业市场机会和知识缺口，以开发和实施算法，这些算法可用于平台的治理和管理目的。谁拥有这样的数据或信息，谁就会行使巨大的权力。在市场环境下，这种权力可以被用来进行利润积累，也可以造成资本和劳动力之间的权力失衡。平台在数字经济中扮演着重要的角色，作为数字数据的持续挖掘者，将其转化为数字智能信息，并利用这种智能信息来协调经济活动和参与者，使其达到比其他方式更高的效率水平。由于网络效应、数据锁定效应和数据聚合效应（随数据增加其价值就会呈几何级数增长），平台有成为垄断数据的趋势。

而产生数据的员工的权利，无论是工人、生产者还是消费者，如果没有他们，数据可能就不存在。虽然数据被强调是一种新的资本形式，可以被杠杆化、商品化和货币化，从而创造新的收入，但数据的价值和合法的经济权利等问题并没有得到太多关注。

国内已有的判决中，体现了司法的平衡技艺①。2019年12月，浙江省湖州市吴兴区人民法院就已经对一起外卖员撞伤路人引发的损害赔偿纠纷案进行了裁判。外卖骑手小王在送餐过程中，撞上了横穿马路的行人老杨，交警认定小王由于驾驶电动车车速过快，未尽到注意观察路面情况确保安全的义务，负事故主要责任；行人老杨由于违反规定横穿道路，负次要责任。双方未达成事故赔偿协议，行人老杨将外卖平台、外卖小哥共同告上了法庭。判决认为，外卖平台与外卖小哥构成雇用关系，理由：小王经注册成为该外卖平台外卖员，与外卖平台之间形成电子合同，双方形成雇用的权利义务关系，小王以外卖平台的名义对客户提供服务，同时遵守外卖平台相关制度，小王完成计件送达任务，外卖平台直接支付相应的报酬。注册当天，外卖平台还为小王投保了个人责任保险商业险，第三者人身伤亡保险限额为10万元。所以法院裁定，外卖平台与

---

① 目前对外卖骑手与配送公司是否构成劳动关系的认定争议较大，不同地区、法院的判决也不同，理论界也尚未达成共识。山东法院案例中有九例判决，其中前八件案件全部认定用工单位与外卖骑手之间存在劳动关系，并认定工伤，只有最后一件没有认定工伤。这些不同的判决，反映出数字企业与不同地域劳动者之间的利益关系和法律问题，反映出司法对数字企业的经济发展保护与劳动者保护的平衡选择，随着数字经济的发展，劳动法是倾斜保护弱者的，这必然是未来司法和法律的方向。

外卖小哥之间构成雇用关系。但外卖小哥和外卖平台没有固定的依附关系，双方可以随时解除这种临时性关系，双方之间不是按月支付工资的普通劳动关系。

在现有的法律对数字时代的新问题应对不足的情况下，这一较为温和的裁判技术扩展了传统职业的边界，既保护了数字平台员工的一定权利，平台运营者也承担了自己的社会、法律责任。对数字企业来说，雇用责任适应了数字经济的灵活性，但又不能忽视自己的责任；而对外卖员工来说，与平台企业之间既不是零工关系也不是劳动关系，而是介于二者之间的雇用合作工作关系，兼顾了数字经济的发展与对数字员工的保护。

可以说，非属劳动关系，为数字经济解除了较为严格的发展限制；非属零工，为平台企业施加了一定程度的责任。一方的权利可能与另一方的发展有冲突，双方都需要在枷锁与自由之间寻求发展与保护的平衡点。《工会法》将新态劳动者纳入工会组织，在工会组织强大的权力支持下，逐步通过平等协商和集体合同制度，推动对劳动者的各项权利的保护、援助和救济。可以说，《工会法》在平衡企业发展、劳动者权益上，将发挥平衡、弥合的积极作用。上述判决为数字平台的规则、立法提供了经验。然而，在这个充满变革的科技时代，如何反映广泛的社会利益，仍然值得人们持续不断地思考。

对智能信息时代劳动关系的论述，只是一个观察新兴法律问题的视角和方法。智能化的虚实同构、人机互嵌、算法主导缔造了新的社会生活和关系，对国际、国内的政治、民主、经济、刑事、民事、行政、文化等方方面面的法律关系，都带来了新的影响和变化，有些正在改变着、发生着，有些我们还没有认识到，尚在研究中。

5. 智能时代的网络安全法律问题

2012年德国提出工业4.0的概念，又称智慧制造。工业4.0是利用大量自动化机器人、感测器物联网、供应链互联网、销售及生产大数据分析，以人机协作的方式来供应全球价值链的生产力及品质。智慧制造可通过图像、麦克风、温度等感测器及技术，将工作环境、制成过程、失误、不良品及设备故障与排除等信息数字化，回传至云端，达成制程可视化，再运用AI优化或缩减制程，达到智慧化。此外，智慧制造亦可运用在供应链库存管理，通过系统整合，将供应链各站点和地区的仓库管理系统和运输管理系统进行结合，并运用GPS使库存与物流可视化，再由AI调节供应链库存，减少库存不均，达致整体最佳水平。同时，掌握供应链库存状况及运送情形，有利于减少生产规划、生产过剩或生产不足而导致承担的机会成本。AI科技之发展运用不仅会带来产业创新及新的经济功能与社会服务，同时也会影响人类直线型生产方式经济结构与生活方式，进入将实体物理世界与虚拟网络世界融合的时代。AI 在欧美皆被列为一项关键性策略产业，深受欧美及美国欧盟及美国重视，具有产官学之重要性。产官学结合（the Combination of Industry, Official and University），"产"是指产业界、企业，"官"是指政府，"学"是指学术界，包括大学与科研机构等。日本政府及学者专家与企业通力合作，实行产官学结合的体制，是日本战后经济起飞的重要经验，并被其他国家借鉴。例如，美国本来是推崇自由竞争的国家，但近些年来也加大了政府对科技发展，尤其是关系到国家核心利益的高技术发展的领导作用，密切了产官学的关系。在国家创新系统中，产官学实际上代表了这个系统中三个重要的组成部分，它们之间的相互结合直接关系到国家创新系统的功能和绩效。

2021 年美国的《人工智能与机器学习的现状》（*The State of AI and Machine Learning*）中指出：AI 预算从 50 万美元增加到 500 万美元，同比增长 55%，只有 26% 的公司报告预算在 50 万美元以下，这表明 AI 市场已经成熟；绝大多数组织都与外部培训数据提供商合作，大规模部署和更新人工智能项目；规模对于大型企业尤为重要，而数据多样性对于中小型组织更为重要；各公司都表示对数据安全和隐私有高度承诺，并愿意与他人分享数据；虽然 2021 年商界领袖和技术专家倾向于达成更多共识，但在人工智能伦理和解释性等领域仍存在一些核心分歧。在数据合作关系和不断增加的预算推动下，人工智能行业在 2020 年及 2021 年，将会加速发展人工智能战略。

人工智能行业正在欧美迅速发展，不断扩大的预算推动着这一行业发展。人工智能战略将继续扩大，因为越来越多的组织将部署实用的人工智能视为竞争的核心战略，而不再仅仅是单纯的实验。外部数据提供者的合作，显著影响了人工智能的交付。

工业 4.0 时代的数字化工厂、工业物联网、人工智慧、大数据分析及云端技术等，使工业制造再度掀起第四波革命。其优势在于生产者通过 AI 的大数据分析，充分了解消费者需求，依据需求设计产品规格，利用自动化设备生产定制化的商品与产品，送至客户后提供个人化售后服务，并增加客户满意度及黏着度，换言之，智慧制造是全球价值链走向自动化、扁平化、短链化、地方化的新经济模式。

众所周知，电脑运算法之精准建立在有效资料学习的基础上，故如何取得及应用数据资料必然成为兵家必争之地。谁能够掌握最多的数据，并训练出最好的算法，谁就会赢得未来竞争。大量的数据（data）已成为未来大国竞争最重要的基础性战略资源，而各企业与各国能否真正地掌控数据，进而掌控网络安全与国家安全，也将决定最终的胜负。在5G人工智慧与物联网的时代，从智能手机到智能冰箱、智能家具、无人驾驶车、智能家电等智慧装置随时在传输数据。掌握大量的数据再配合AI演算法，不仅成为企业间的竞争利器，更是未来大国竞争与博弈的基础。客观地说，谁掌握了数据，谁就掌握了未来。中美之间抖音与微信之争，实质是数据之争。阿里巴巴在2009年正式推出阿里云打造自我资料库，十余年过去，阿里云已经成了亚洲第一、全球第三的大云端服务商，并占中国50%以上的市场。

数字化时代信息爆炸，各种创新科技，在巨量资料的汇聚之下，不停地开发出新的应用市场；大数据构成的生态系统，对未来商业战略具有关键的价值和意义。庞大的线上产品与服务，公司利用搜集来的巨量资料进行分析与运用，也成为欧美竞争法所讨论的对象。加上2020年年初新冠疫情来袭，很多国家进行封城隔离，零售与电商市场生态变化更为剧烈，而企业的竞争也是国家的竞争。

新冠疫情似乎成为人工智能发展的一个加速器而不是一个挫折，在2021年仍然是这样的。事实上，新冠疫情传播带来的变化是基于消费需求，推动人工智能企业的被迫进步与领先。所有公司的人工智能项目成为优先考虑的事项，更多的资金和资源的投入，成为进一步部署更多人工智能项目的动力。日益增长的预算和向实际应用的转变，证明了更多的组织正在致力于如何让人工智能进入工作，并获得市场领先者的地位和竞争优势。人工智能行业欲获得持续快速增长，来自分配足够资源的公司，否则就会面临落后的风险。在这样的国际大背景下，国际网络新经济竞争、劳动法、算法，呈现复杂的发展与平衡关系。

伴随着企业的数字化飞速转型，企业也面临着易于遭受网络攻击的风险。网络攻击在不断地持续增长并日益成熟，有能力扰乱业务运作、消灭关键数据并造成经营或资产损害，对企业关键服务和基础设施构成威胁，网络安全往往被国家、企业视为与传统安全同等重要的地位。最新的网络攻击来自人工智能，与人类操作的网络攻击相比，人工智能具有前所未有的聪明和速度，同时能够避开区域内雷达的检测。

迈凯轮赛车中应用了网络安全人工智能。"暗溯"（或可以称为"黑溯"，追踪黑客流动轨迹）是网络安全人工智能的全球领导者，可使客户免受高级威胁，被《时代》杂志评为2021年"最具影响力公司之一"，迈凯轮赛车应用了"暗溯"的人工智能免疫系统。在职业赛车的世界里，速度不仅在赛道上很重要，在应对迅速发展的网络威胁时，网络安全回应能力也是至关重要的。迈凯轮赛车的首席数字设计师爱德·格林举了一个例子：一个周六下午的比赛，在巨大的压力下，车队根本没有时间去评估每一封电子邮件是否都存在威胁。每个车手都在飞速移动，因为你只有有限的时间来读取和响应数据，然后做出调整。车队访问来自赛车的数据流的速度越快，就能越早找到相对于其他车队的优势。比赛日的数据流正处于高峰期，这是进行模拟攻击的最佳时机。模拟攻击是一种试图模拟可以信任的发件人以获取数据或资金的电子邮件。

在这个特殊的周末比赛，迈凯轮赛车部署了防御型人工智能平台，该技术已经了解了在赛车日的数据流应该是什么样子。人工智能的自我学习能力——在没有事先了解的情况下发现全新的威胁类型。人工智能发现了一封在发件人、收件人和更多的组织之间，与正常互动模式不同的电子邮件，并锁定了电子邮件内部的可疑链接，因此任何试图打开它的人都无法点击链接。防御型人工智能不是依靠历史上的攻击来发现新的攻击，而是学习对一个公司来说什么是正常的，在没有事先了解的情况下发现全新的威胁类型。一旦可疑的、潜在的恶意元素和活动出现，就能立即检测监控出来——即使这种活动以前从未出现过。防御型人工智能通过"自我学习"，紧随快速变化又嘈杂的数据环境，保护司机免受哪怕是最轻微的干扰。

网络攻击的案例变化多端。黑客能够访问2.7万辆汽车的全球定位系统追踪器应用程序。因而拥有关闭这些车辆引擎的能力，即使这些车辆是在行驶中；2021年2月，黑客潜入佛罗里达州奥尔兹马市的市政水处理计算机系统，试图将供水中的化学物质水平改变到极端有毒的水平。该市市长强调，奥尔兹马市水处理系统本身具有冗余设置，一旦水中的化学品含量达到危险水平，将会自动发出警报。人工智能的防御，防止了一起危害公共安全的事件；电子邮件攻击者，利用当天的头条新闻以及可能激起的恐惧、不确定性、贪婪和好奇来引诱受害者，被称为"恐怖软件"攻击。新冠疫情期间，远程工作增多，一旦被攻击，就无法进行远程工作了，所遭受到的伤害也就越大，而犯罪分子利用的正是这一点。面对新的网络威胁和攻击，杀毒软件已经死亡，而基于机器学习的人工智能对网络攻击的防御，可以在没有看到过威胁的情况下解读威胁。

在互联网时代，随着黑客能够远程实施盗窃或造成伤害，保护资产和运营免受有意伤害和攻击，变得比以往任何时候都更加困难。随着威胁的不断增加，人工智能领先的国家，在网络安全方面与私人公司合作，开发网络安全人工智能产品。一些公司转向寻求人工智能的帮助，以加强对公司的防御。很多企业网络安全部门都在寻求自动化、机器学习等技术，以更易于高效、有效管理网络安全，并降低企业可能遭遇的各种风险。网络安全人工智能是一个包含机器学习和深度学习技术的总称。即将人工智能嵌入安全产品中，以及基于专有内部人工智能算法的网络系统中，允许组织使用机器和深度学习，实时检测、预测和应对网络威胁的能力。人工智能是学习系统表现出的能力的总称，其功能包括语音、图像和视频识别、自主对象、自然语言处理、会话代理、说明性建模、增强创造力、智能自动化、高级模拟以及复杂的分析和预测；机器学习是一门无须明确编程就能让计算机行动的科学；深度学习是受大脑结构和功能启发，创建人工神经网络的算法。

美国有保护信息自由的《信息自由法》，也有《反恐怖主义法》《情报改革和防止恐怖主义法》。1947年《国家安全法》、1978年《外国情报监视法》、2004年《国防信息保护计划》，以及散见于其他行政命令或条例、总统备忘录等中。在信息自由、国家安全等方面具有复杂的法律价值和程序的保护与平衡。强大、严密的法律制度保护了人工智能的技术发展与经济利益，技术的飞速发展反过来强化国家经济、制度领先地位的稳固。

我国在网络安全方面已经制定了《中华人民共和国国家安全法》《网络安全法》。2021年9月1日起正式实施的《数据安全法》，2022年2月15日起正式实施的《网络安全审查办法》，以及2021年11月1日起正式实施的《个人信息保护法》颁布。国家互联网信息办公室、工业和信息化部、公安部、国家市场监督管理总局联合发布《互联网信息服务算法推荐管理规定》（以下简称《规定》）自2022年3月1日起施行，《规定》是世界上第一部专门针对算法的法律文件，在信息安全、用户权益、弱势群体、产业发展、实效性等方面综合考虑，平衡各方面利益和制度价值，《规定》细化平台问责方案，包括注重事前规制、推进技术治理、强化主流价值导向、禁止干预信息呈现等，标志着我国数字经济的立法，立足中国本土国情和数字产业发展，开始迈向中国特色之路。

第五章

智能司法的辅助创新与不足

"枫桥经验"产生于中国的东方小镇,是法律多元主义的中国实践,在党的领导下,坚持矛盾不上交,通过网格化治理就地解决纠纷。"枫桥经验"是中国本土的法治实践,它积累了中国自己的法治经验,也遭遇了一些实际问题,在新的历史时期,如何在法治现代化和多元法律之间找到平衡,是时代赋予我们的新的历史使命。透过"枫桥经验",观察中国基层治理的活力、实验与问题,观察调解所起的柔韧沟通功能。

"枫桥经验"是中国本土探索的行之有效的治理经验。"枫桥经验"是中国本土的法治实践,它积累了中国自己的法治经验,新时代如何在法治现代化和多元法治之间找到平衡,是时代赋予我们的新历史使命。"法律多元主义者相信,这样的政治逻辑有助于平衡不同的认同和价值观之间的差异,而这种差异是无论地区一体化和全球化的诱惑有多大而所有社会都应当维持的差异。"[1] 目前我们的法治文明更多来自西方文明,然而一种文明想要持久,还需要不断吸收并综合来自本土文化和更多文化的馈赠。

一、预防性法律制度何以为宜

习近平总书记在中央全面依法治国工作会议上,提出完善预防性法律制度,坚持和发展新时代"枫桥经验",促进社会和谐稳定。通过预防性法律制度,提升社会治理现代化水平。发布劝导书、声明、告知书、行动指南等,以代替传统的自上而下的规则颁布、实施和执行活动,在生态管理和信息技术等领域,转向通过协作和动态规划来管理。创新治理和公民参与方式,使不同的利益相关者能够为治理项目做出贡献。完善预防性法律制度,坚持和发展新时代"枫桥经验",促进社会和谐稳定。这一预防性法律制度为何与中国相宜?

---

[1] CHIBA M, Legal Pluralism: Toward a General Theory through Japanese Legal Culture [J]. The Journal of Asian Studies, 1989, 48 (04): 798.

"枫桥经验"在东方中国诞生的同时,法律多元理论在西方萌发。对"枫桥经验"已有的研究,包括从软法、村规民约建设、地方性知识、中国特色的法治、替代性纠纷解决机制等视角的研究,是一种对"枫桥经验"多元法治视角的研究[1],学界对"枫桥经验"的关注,是对本土法律治理道路的经验总结与反思。这些研究以不同概念呈现,从不同视角研究"枫桥经验",相互之间貌似没有内在联系,呈现分散化、无关联化,多属于局部的内部研究,没有系统的理论统合,更没有将"枫桥经验"放在世界"法律多元"这一现象中进行系统研究、细致分析,不能站在国际视域建构法律文化理论自信和道路自信。这些研究未能看到"枫桥经验"用行动书写的中国特色法治与法律多元主义理论的不期而遇与不谋而合,没有看到二者的异曲同工之效。西方学者的法律多元主义理论贡献与"枫桥经验"的法治实践,共同诠释着一种法律多元之路,"枫桥经验"用行动坚持着中国人自己智慧开创的道路,坚守信念定力砥砺前行。如果将"枫桥经验"放在世界法律多元主义背景下,"枫桥经验"包含了哪些富有智慧的法治实践做法?这些做法中哪些符合法治,哪些与法治精神相背离?"枫桥经验"焕发着什么样的能够奔腾不息的法治文化精神力量?坚持和发展"枫桥经验"又具有哪些意义?

(一)法律多元主义的意涵

20世纪60年代"枫桥经验"如火如荼地实践的同时,美国、英国、德国、法国等法治发达国家,出现了"法律污染(legal pollution)""诉讼激增(litigation explosion)""律师过剩社会(overlawyered society)"等反感法律、司法过度商业化的现象,尤根·哈贝马斯论述法律涉及生活世界的内在殖民化论题。欧美社会法学派从社会现实出发,提出社会自治,解纷机制上表现为自主和多

---

[1] 从法律多元视角研究"枫桥经验"的主要成果有:著作类:汪世荣的《"枫桥经验"——基层社会治理实践》、范忠信的《枫桥经验与法治型新农村建设》、余钊飞的《社会管理创新的"诸暨之路"》、赵义的《枫桥经验:中国农村治理样板》、中央综治办编的《枫桥经验历久弥新》、绍兴市枫桥经验研究会编的《"枫桥经验"与新城镇社会管理创新研究》、《枫桥经验与绍兴社会管理创新研究》、周望的《社会治理创新的地方经验研究》。文章类:以"枫桥经验"为主题,共检索到2979篇文章。主要有:陈立旭的《地方性知识与现代法治建设——"枫桥经验"的启示》、韩永红的《本土资源与民间法的生长——基于浙江"枫桥经验"的实证分析》、谌洪果的《"枫桥经验"与中国特色的法治生成模式》、何青的《诸暨市枫桥镇创新矛盾纠纷化解新机制》、戴雨薇的《"枫桥经验"与中国特色法治模式关系探讨》、尹华广的《"枫桥经验"与调解法治化研究》、汤栃钧的《"枫桥经验"与构建中国特色的替代性纠纷解决机制》等。

元,提倡文化情境中的调解,以应对社会治理的"三重困境"①。卢曼的系统论法理学"既非从社会外部来看待法律,将其作为仅仅是实现某种社会利益的工具,亦非仅仅简单地认为法律是一个全然不顾社会环境的闭合系统,而是将其作为社会系统环境的一个功能子系统来看待,既关注法律系统的闭合自治,也注重对社会环境的吸收与反应"②。法律多元主义(legal pluralism)是社会法学派的一个分支,通过实地考察欧洲殖民、后殖民社会情形,发现在殖民地强行推行欧洲法的做法,并不受被殖民地区欢迎,被殖民地区原有的秩序与欧洲法律体系并存与对峙,共同构成法律多元现象。③ 法律多元主义学派的学术观点④是法律不应该集中围绕国家法律,批评国家法律的独占性、垄断性和排他性,主张应该对以法院为中心的司法解纷机制进行去中心化研究,探索在国家法律之外形成和存在的秩序,总结、揭示并尊重非正式的、社会性的法律实践,将

---

① 衮塔·托依布纳教授指出,社会的过度法制化或者畸形法制化导致了"治理的三重困境(regulatory trilemma)",即法制与社会互相无视,或者法制过度干预社会导致社会崩溃,抑或社会对法制提出过度要求导致法制崩溃这三种可能性,在国家权力、法律规范与社会秩序之间形成了某种"剪刀、石头、布"的关系。现代生活和社会的复杂性需要一种新的监管方法,即反身法律,这是一种能够促进与其他制度协调的法律,反身法通过影响其他社会机构来改革社会实践。作为自创生系统的法律体系运作上越封闭、专业,它就可以在认知上越开放。季卫东.法治社会的多元化纠纷解决[N].人民法院报,2016-08-31(05).

② 朱兵强.卢曼的法理学检视——一个系统论的视角[J].山东科技大学学报(社会科学版),2015(05):30.

③ 千叶正士这样描述法律多元的起源与概念:国家的法律,由于其作为人类社会唯一真正的法这一被人们确信不疑的本质,被正统法学简单地不加任何修饰词加以限制地称作"法"。当人们发现另外的法律体系与"法"一起发挥作用时,无论它们是相互和谐还是相互冲突(非西方社会就是这方面的典型,而且西方社会亦如此),法律多元的概念就出现了。它们被许多学者贴上各种各样的标签,比如,当关注其权威渊源或管辖范围时,就称作非国家法、非官方法、人民的法、地方性法、部落法等;反过来,当关注其文化起源时,就称作习惯法、传统法、固有法、民间法、初民法、本地法等

④ 法律多元的研究成果非常丰硕,笔者用"法律多元主义"在国家图书馆搜索,得到130个结果,其中图书46本。本部分写作参考了张钧.法律多元理论及其在中国的新发展[J].法学评论,2010,28(04):3-7;MERRY E S. Legal Pluralism[J]. Law and Society Review,1988,22(05):889-922;NADER L. The Ethnography of Law[J]. Current Anthropology,1966,7(4):527;BARZILAI G. Beyond Relativism: Where Is Political Power in Legal Pluralism?[J]. Theoretical Inquiries in Law,2008,9(02):395;哈贝马斯.合法化危机[M].刘北成,曹卫东,译.上海:上海世纪出版集团,2009:116,86;MOORE S F. Law as Process: An Anthropological Approach[M]. London: Routledge &K. Paul,1978:220;马新福.法社会学原理[M].长春:吉林大学出版社,1999(06):5;苏力.法治及其本土资源[M].北京:中国政法大学出版社,1996:41-58.

处理不同地域、国家等多个领域的、融合风俗习惯在内的多种规范看作法律。"在西方强势文化的冲击下，弱势文化被迫采取了放弃自己的传统，面向西方，欢迎西方强势文化进入的态度。对法治的选择也是同样的道理。而弱势文化从此也患上了'自卑症'，从而失去了对自己文化的欣赏能力和对西方文化的批判能力。"[1] 法律多元主义是弱势文化对强势文化的反思所出现的新法学流派。弗里德曼写道："一部新的法国法典远比一家钢铁厂、航空公司或任何需要税收的计划便宜，它还比重新分配权力或财富的计划破坏性小。"[2] 法律多元主义强调由于各种各样的身份和传统，不同的地域环境和风土人情会形成不同的法律文化和解纷机制，主张形成一种非国家法律和非诉讼主导的秩序。

第一，法律多元主义反对以法律现代化为目的的分析实证法学。分析法学认为，只有前现代的法律是建立在道德、习惯和历史事件上的，而现代法律的有效性是基于对规则的解释、承认、正式的授权和同意，但不包括习惯和实践。针对实证法学的主张，法律多元主义阐述了身份、传统和各种各样的道德是如何构成非正式法律的，并放在不同的历史语境中验证、挑战和解构正式的国家法律。尽管哈特以及他的思想追随者已经思考了如何将法律的不确定性限制到最小化，并对法律问题找到一个"正确"的解决方案，然而法律多元主义认为法律的不确定性，对怀疑法的不可预测性以及重新构造法律非常重要。法律多元主义认为法律的中心任务是解决生活中的冲突，是否愿意服从或者抵抗法律，产生于不同主体制定的多样化，甚至有些具有冲突规范之间的相互竞争、作用、解释和实施。

第二，法律多元主义是身份和法律实践的多元化。法律多元主义的一个理论分析范畴是身份，它对国家正式法律提出挑战并且扩大着法律的领地。法律多元主义认为，没有对法律场景和具体环境的理解，包括城市的、国家的、民族的或国际场景的理解，没有对各种社会结构中具体身份是如何形成并挑战法律的分析和理解，是无法做出令人信服的法律学术解释的。"当前对规范法律理论的一个挑战是，除非法律的（包括那些支撑起法治观念的）概念结构能够有效地敏感于法律阐释者自己的社会差异化经验，否则它在面对政治冲突时，对保护法律领域的统一性，就再无法维系旧有的主张。"[3] 法律不能与身份分离，

---

[1] 於兴中. 法治与文明秩序[M]. 北京：中国政法大学出版社，2006：14.
[2] 弗里德曼. 法律制度：从社会科学角度观察[M]. 李琼英，林欣，译. 北京：中国政法大学出版社，2004：258.
[3] 差异法理学，也被称为身份法理学，源于翻译的不同。罗杰·科特瑞尔. 法理学的政治分析[M]. 张笑宇，译. 北京：北京大学出版社，2013：249-250.

更不能与身份隔绝，这些身份构成了我们的个性：法律的遵守、响应和执行能力取决于不同身份的人。在实际社会中，不同身份的社会主体通过对习俗等非制定法的选择适用，从而用行动选择形成并定义着新的社会秩序，习俗在法律社会学中是主要的秩序，习俗提供一种可替代可选择的主张和实践。"法的过程是通过社会环境对法系统的'输入'系统对输入物的'处理'、作为处理结果的'输出'输出物对外部的'影响'和'效果'以及在此基础上社会环境对于系统的'反馈'等步骤而构成的。"① 在多元社会，身份的形成、建构等多种身份构建的过程，反过来也在重建或解构着法律，服务于特定社会的经济和政治利益。"实际上这意味着，国家应考虑如何建立一个正式制度与非正式制度之间的互惠措施"②，最常见的情形是，并未改变政治权力的基本结构，但事实上改变着对政府的公共权力和产品的分配。

第三，法律多元主义关注在法律领域内被国家中心权力排斥和边缘化的力量，它们是以何种形式针对权力主导者的，也可能是针对某个群体成员内的力量的反抗。差异法理学派阐述了身份是如何影响法律规范、法律制度和司法行为的，批判法学中的种族学派和女权主义学者"将种族霸权和父权制这样的政治权力引入研究中"③。而国家又如何在一个法律多元背景下还能保持主导，如何通过个人权利和集体权利，通过变革政治权力关系实施新的限制等各种策略，将国家的一些权力输送到各种区域。无论是作为一个意识形态的认识论产品还是作为日常实践，法律多元主义更大程度上是一个重要的策略，由国家控制和使用的策略，通过放弃一些政治统治，通过对地方和全球的代理角色关系的改变，以构建其政治统治的权力关系。这些代理人可以表现得更传统，例如，民族地区或土著社区的成员，在当代也可以表现为跨国公司的形态。

第四，多元的法律组成必然导向多元的纠纷解决机制。纠纷解决机制涉及谁有权裁判，依据什么样的法律裁判，法律或规则代表了谁的利益，例如，在诉讼中，同一个案件选择行政诉讼或民事诉讼，其诉讼费用不同、证据规则不同、法律依据不同，因而其诉讼结果不同；同样地，该诉讼与调解之间，也存在成本费用、证据规则、诉讼中当事人的自主选择权不同等。"在近代的早期，西方的国家就以民族国家的形式实现了政治上的中央集权。这种民族国家建立

---

① 季卫东. 法治秩序的建构 [M]. 北京：中国政法大学出版社, 1999：329.
② FORSVTH M. A Bird that Flies with Two Wings: Kastom and State Justice Systems in Vanuatu [M]. Canberra: ANU E press, 2009：256.
③ 罗杰·科特瑞尔. 法理学的政治分析 [M]. 张笑宇, 译. 北京：北京大学出版社, 2013：220.

在正在出现的资本主义市场之上。作为与官僚法和国家的法律体系相对应的习惯法，它的统一，既包括采纳习惯法也包括摒弃习惯法，有助于推进政治上的中央集权。其结果是在形形色色的习惯法中，地方性的习惯法被国家中央政府剥夺了其法律上的有效性，其他习惯法则由于与法律规范的管辖范围无关而被清除到事实世界中，或者总体上从法律中分割出去，尽管在事实上认可了它们和国家法一起起作用，如教会法。正是在这些基础之上，主权国家才有可能获得不可侵犯的垄断权。"① 国家获得对司法权的垄断过程，伴随着国家法对习惯法的选择，包括认可、吸收、摒弃。司法权的垄断过程，是由国家主导和推动；而对非国家法的选择，是由基层民众主动适用或抛弃，是以自身利益为标准的一种选择。

法律多元理论昭示出，任何社会秩序的形成都不只是单一的制定法。在制定法之外，实际起作用的还有其他形态的规范模式，稳固、运作着社会的各种大大小小的秩序。"即使是在当代最发达的国家，国家法也不是唯一的法律，在所谓正式的法律之外，还存在大量的非正式法律。"② 法律多元主义，重点关注法律的民族性。为了国家的经济、政治、文化利益和安全，各国都开始依赖政府政策，"当代世界普遍趋向于'法律多元主义的实质法治'"③，而"法社会学"重点关注国家法在实施中的实效问题，法律的民族性关乎一个民族国家建构自己的法律文化，二者侧重点不同。

在社会运转系统中，包括民间法在内的各类规范机制，在自己的领域、地域管辖范围内各自起着作用，它们之间有时互相交叉重合、有时相互竞争发挥自己的作用。中国的多元法学研究有法社会学、传统法律文化、法律本土学、社科法学、法律人类学等，尽管它们具有不同的名称，但实质都属于一种多元法学的研究，只是侧重点不同、关注点不同，有的关注个人身份，有的关注不同的团体、族群、国家，共同点都是关注差异与不同。"从现实社会来看，非国家法对国家法有多方面的作用。当两者价值取向一致且适用成本相当时，国家法实施顺利，得以加强。反之，当二者不一致且适用成本高时，非国家法会造成国家法实施的困难并增加推行成本，在执行时被规避、被削弱。然后这种规

---

① 千叶正士. 法律多元——从日本法律文化迈向一般理论 [M]. 强世功，等译. 北京：中国政法大学出版社，1997：54.
② 梁治平. 清代习惯法：社会与国家 [M]. 北京：中国政法大学出版社，1996：28-32.
③ 强世功. 党章与宪法：多元一体法治共和国的建构 [J]. 文化纵横. 2015（04）：20.

避产生的效果对于当地的社会关系的稳定有着某种积极的作用。"① 如果从形式法学立场看，多元选择构成法律规避；如果从实质法学立场看，为实现实质正义，法律多元主义给党规、政策、习惯等多种实际起作用的制度发放通行证，给予对未来社会关系有积极意义的多种选择，并且选择的利益是在互动中变动的。"司法实际上是一个在多元构成中寻找更佳解答或更佳组合的试错过程。在无数的普遍性原理的各种组合方案中，能够发现并获得在一定情境中比较起来更加正确的解答，几乎永远没有唯一正确的解答。"② 多元法学认为，法律是通过各种法律实践主体和其他社会力量之间的谈判，通过身份、政治互动的动态过程中产生并再产生，因为各主体的主张经常处于相互冲突中，各种社会力量反映着不同民族、种族、宗教、性别、经济和阶级在各种组织形式中的经验和利益。

多元法学出现了涂尔干、埃利希、韦伯、霍姆斯、庞德等重要的法学家。在古代中国，更是法律多元主义，礼与法共同形成维持社会秩序的规范，包括：古代中国的国家制定法（表现为"律令格式"，相当于现代的刑法）、内涵丰富的"礼"（最初表现为外在的礼仪规范，后写入"经"发展为"礼治"，如唐代的《仪礼》《礼记》）、中国古代习惯法。当代学者中，苏力的法治"本土资源"论，梁治平、王志强等学者对清代习惯法和国家法的研究；王启梁、陈柏峰、张晓辉等的田野调查，强世功的多元法治论，季卫东倡导的"议论的法社会学"③，范愉的多元解纷机制，在法律人类学、法律社会学、法律史学、诉讼法学以及部门法哲学等学科中发挥着越来越重要的作用。苏力在《法治及其本土资源》中借助社会法学的"法律多元主义"概念论证的命题是"中国的法治之路必须注重利用中国本土的资源，注重中国法律文化的传统和实际"④。强世功从政策、党法在法治秩序建构中的主导作用，论证法律始终是执行和落实党的政策的有效工具，法治是实现社会治理的工具。徐爱国对中国法律多元的表述为"以法律理念角度看待中国当下法律，它既有传统的中华法系属性，又有社会主义法律印迹，还有现代西方法律的印迹。三者共同构成了中国法律的多

---

① 张冠梓. 略论中国的法律多元与文化多元 [M] //张冠梓. 文化多元与法律多元. 北京：知识产权出版社，2012.
② 高志刚. 司法实践理性论：一个制度哲学的进路 [M]. 上海：上海人民出版社，2011：63.
③ 季卫东. 法律议论的社会科学研究新范式 [J]. 中国法学，2015（06）：25-41.
④ 苏力. 法治及其本土资源 [M]. 北京：中国政法大学出版社，1996：6.

元属性"①。从法律多元主义视角研究"枫桥经验",包括从软法、村规民约建设、地方性知识、中国特色的法治、替代性纠纷解决机制等视角的研究,是一种对"枫桥经验"的中国化法律多元主义视角的研究,"枫桥经验"用实践讲述了社会治理法治中国化的故事。

当代的"枫桥经验"是一种司法、行政、行业、律师、民间力量联合治理的模式,包容并积极引进、购买多种形式的调解力量,认为制定法之外的道德、政策、风俗习惯也构成法律的渊源,成为司法治理可以选择的依据和考虑因素。从政府积极作为和治理的角度讲,让治理可选择的人力、物力、财力资源更具有开放性、吸纳力,对处于不断变动中的社会生活和时代也更具有司法适应性,让法律所追求的正义具有过渡性、渐进性和灵活性。然而从相反的角度看,这种多元化、开放化模糊了法律职业共同体的界限,减弱甚至抹淡了法律职业的自足性和专业性,既不利于法学学科作为一个独立的学科的发展,同时还可能导致立法的被置换、搁置和虚空,相应地,法律权威就可能有被削弱的风险。

(二)"枫桥经验"中的法律多元实践

什么是"枫桥经验"?为什么"枫桥经验"不仅没有过时,而且成为中国文化巨大的精神财富?"发动和依靠群众,坚持矛盾不上交,就地解决"的实践做法,在政府每三年工作计划行动中,就会在"坚持矛盾不上交,就地解决"的核心内涵基础上,增加从现实新做法中提炼出来的新内涵。浙江省第十四次党代会上提出:打造"枫桥经验"升级版,建设平安"中国示范区"的目标。"枫桥经验"不断地与国家战略部署嫁接,创新"枫桥经验"内涵,政府用行动使"枫桥经验"保持时代鲜活内涵。汪世荣从社会治理和多元法学角度将"枫桥经验"定义:"以预防和调解解决社会矛盾纠纷为切入点、以社会治安综合治理为主要治理技术、以平安创建打造稳定的社会环境为目标,强化党委、政府对村民自治的领导和监督,通过加强党的领导和村级组织建设,以规范基层社会治理,实现社会和谐稳定的一种经验。"② 这一概念总结了中国社会主义法治在基层实践中,采用实质法治理念与社会主义理念,形成的法律多元主义新法治观。

"枫桥经验"诞生之初,用温和的方法改造特定时代的特殊政治身份,让它

---

① 徐爱国. 法理念的文化冲突与中国法律的多元属性[J]. 社会科学研究, 2014 (06): 69.
② 汪世荣. "枫桥经验"——基层社会治理实践[M]. 北京:法律出版社, 2008: 7.

们回归生产，从阶级斗争转向生产劳动，具有积极向上和良善温润的力量，是一个使消极因素化为积极因素的政治品质和机制，也为多元治理打开了一线明亮的天机，为现代化中国留下了一笔巨大的精神财富。在国家中心任务转为经济建设后，"枫桥经验"具有的包容、宁静、祥和的治理和调解风度令人瞩目。习近平总书记强调，创新工作方法、善用法治思维方法解决问题，也为"枫桥经验"指出了法治道路。

第一，"枫桥经验"中的依靠群众，成为法律多元主义的萌芽。2013年10月，习近平总书记就"坚持和发展'枫桥经验'作出重要指示"：把"枫桥经验"坚持好、发展好；把党的群众路线坚持好、贯彻好。20世纪60年代初，诸暨枫桥镇干部群众创造了"发动和依靠群众，坚持矛盾不上交，就地解决，实现捕人少，治安好"的"枫桥经验"。在特殊时代的政治身份的改造中，摆事实讲道理并允许辩论，而辩论中的理，是双方共同认可的、由历史发展形成的内生文化，被激活的内生文化包括深厚的儒学文化、程朱理学文化和耕读文化，在变迁中保持了传统文化一定的稳定性、持续性。源于革命文化的"发动群众"，让群众具有一定的自主权和裁量权，即国家的战略方针无论怎样变化，社区或基层有自我治理的空间和动能，"枫桥经验"保留了社区的一定自由灵活性，也为儒学、理学文化发挥民族文化权力留出了空间，是一种对传统文化的护持。群众共同认可的道理，以民族文化、传统、道德、风俗习惯等方式呈现，形成与国家正式的法令竞争的、可以选择的非正式法源。在当时的历史条件下，当地公安系统找到一个可以发动群众，让群众和正式权力机构一起承担社会治理任务的有效工作机制，同时也是民族文化、传统、道德、礼仪、风俗习惯等在一定意义上发挥作用、代替国家法令的法律多元主义萌芽。时移空转，绍兴市根据党和国家的中心任务，在积极贯彻执行国家法律政策和文件的前提下，不断地总结、提炼着群众智慧和地方经验，这一带有关怀群众、礼貌工作、温润人心的工作经验，包含着群众从热气腾腾的生产生活中冒出来的良善灵感、从长期持续的生存合作与互助的反复实践中总结出来的生产、生活智慧与经验，着眼于群众未来长远而有尊严的生活，将人民群众的美好生活和未来光明前景，融入了对国家政令的执行，不断丰富、发展、创新着"枫桥经验"，赋予其新的内涵。重新审视由"莲文化"滋养的"枫桥经验"，道义价值为法治增添了道德底蕴，这一经验体现了党和政府工作人员尊民爱民的知识、礼貌和修养。

近年来的"枫桥经验"，走上了制度建设之路，如枫桥镇陈家村与中南财经政法大学合作，对村规民约进行修订，建立村民自治章程，提升了村镇治理的法治化水平。突出村（社区）的实际情况，充分体现因地制宜、一村一策、注重实效的务实性做法，达到规范和约束行为的目的，如赵家镇的宣家山将香榧采摘季节的管理纳入村规民约等。① 村规民约作为约束规范村民行为的一种规章制度，保障了靠香榧致富的5万农民的生活生产秩序，并在司法实践中有效利用，综合运用正式制度和非正式制度，最大限度缓解、化解、排除生产中的冲突，服务经济发展，尽可能把矛盾解决在基层、消灭在摇篮里。

第二，"枫桥经验"中的身份多元，是法律多元主义实践的出发点。在法学领域，身份一度不被看作一个建构和影响法律关系和结构的常量。然而，法律多元主义中的身份法理学派将身份看作一个既随时间变化又影响法律行为的常量。从法律视角解释，身份是通过植入社会阶层、种族、性别等因素而构造法律理论的，越来越多的民族国家意识到，多样化又活跃的不同身份等多元因素是对国家主义法律的一种挑战。身份法理学挑战法律并改革法律，通过诉讼、动员和立法等法律策略达到一种实质正义。"在革命建国后社会主义改造和探索社会主义建设道路时期，面对像'四类分子'这样一个政治上的边缘群体，中共选择了改造、提供出路的社会秩序建设思路。在当时的历史条件下，给农村社会的边缘群体一个上升的出口，是维护农村社会稳定的很重要的方面。"② 尽管对特定历史时期特定身份的改造，源于从政府所承受的经济负担与人力消耗转向创造财富，实现了改造与发展生产的双赢，也给予这个在政治上被边缘的群体，在经济上开始用自己的劳动创造了一定的财富，占有一定资源，以一种微妙的温度引导特殊群体参与经济建设，挪移消融着僵冷的打压。在今天，解决实际问题时，身份仍然是一个突破口。在我们调研中，老杨说："调解中，因人因事因地制宜；对孩子采取训导的办法，对年轻人采取疏导的办法；调解婚姻纠纷往往把介绍人请来，也把懂法的亲戚请过来。""娟子工作室"以女性名字登记，以妇女维权为主，标志着对妇女"身份"的特别关注与利益保护。对"外来人口"的问题，则采取了"老乡管老乡"的身份与情感转接沟通办法。"枫桥经验"在调解中，注重对不同身份形成的不同矛盾，包括个体经营户、企业职工、外来务工人员、农村村民等，在调解中针对不同的身份选择不同的情感策略、文化策略、制度策略等工作策略，在衡量多种选择后，以经济节俭的解纷方式，以有利于邻里熟人生产合作、未来生活的善意，在对形式正义与实质正义、经济成本与情理得失等多种选择进行权衡后，达成一种都能接受的正

---

① 中共诸暨市委，诸暨市人民政府. 坚持发展"枫桥经验"资料汇编（内部资料）[C]. 2017: 48.
② 赵义. 枫桥经验：中国农村治理样板 [M]. 杭州：浙江人民出版社，2008: 47.

义追寻。

　　曾经的古镇枫桥，如今也携带着工业现代化、信息化的技术与文化。今天，这里的工厂引进了织袜智能信息机器人，政府工作用上了智能信息移动 App，并形成了网格化管理体系，调解室配备了视频。新型农民群体，尤其是年青一代伴随着信息技术带来的知识分享，成为有文化、有思想、有技术的一代；个体经营户，无论是承包农林山池，还是从事小经济实体，均具有了市场经济的行为和意识；企业职工，虽居住在村落，但工作在现代企业的组织网络中，生活在现代工业、传统文化的多维度、多点交织的复杂关系中；外来务工人员，由于其身份流动性从而成为最复杂的一个群体，也是矛盾纠纷的多发群体。不同的身份，形成不同的矛盾。"综观公民身份概念的历史，不论在什么时代和何种背景下，它都始终贯穿着某些共同的要素，如成员资格、权利、义务、德性、行动等。这些要素构成了公民身份概念的基本内涵。"① 身份不同，调解的方法、策略不同，以实现社会正义和法律实效。"我们研究的结论是身份可能损害正义，也可能促进正义。一般而言，法律制度中的形式正义需要超越身份，法律制度中的实质正义需要通过身份。身份并非天然背离正义，许多身份机制恰恰是达到实质正义的有效工具。"②

　　第三，"枫桥经验"的政治生命在于坚持党的领导。"枫桥经验"在每五年的纪念活动中、宣传文件中、政府每三年的实施计划中、各种报告总结和宣传中反复出现，与国家的战略方针嫁接，不断地被赋予新的内涵，获得与时俱进的政治生命。"枫桥经验"的诞生，源于毛泽东的敏锐发现，这一经验的试点、推广、发展、宣传都是在党委领导下行动的，"枫桥经验"中各种基层治理的组织建设，既包括执政党的农村基层组织，也包括自治组织，都是党组织在基层的延伸，包括村两委组织、调解委员会、工青妇组织等和个人（如村民代表、党员）等。这些组织和人员得以运转、维持的经济来源是财政。在老百姓中流传着"有事找老杨"，调解不收费，这个在全国都有一定名气的"老杨调解中心"，工作人员的工资来源于财政，调解员多是公检法司退休人员，同时具有群众威望。从调解员的身份来看，既具有我党组织的多年培养和体制内工作经验和社会资源，又须得到群众内心的认同与尊重。强世功提出多元主义法治理论，"在这种法治观之下，党规党法和社会习惯法与国家律法处于同样的重要地位，而党的政策、国家法律和公共行政，甚至比法院救济具有更重要的角色和地位，

---

① 郭忠华. 公民身份的核心问题［M］. 北京：中央编译出版社，2016：67.
② 童列春. 论身份正义的诉求与实现［J］. 甘肃政法学院学报，2011（02）：63.

由此才能真正实现党的领导、人民当家作主和依法治国的有机统一,法治国家、法治政府和法治社会的统一,依法执政、依法行政、依法裁判和依法行事的统一"①。通过党的政治动员获得情感与民族文化理论上的政治认同,而这正是法律多元主义对形式法治观的拓展和提升。枫桥镇的"网格化"管理,调动了公众参与治理的热情,畅通了信息传递、共享的渠道,这种精细管理取得了良好的实际效果,但同时也便于党和政府的控制,政府应在加强行政控制与民众一定自由生活氛围之间寻找恰当的平衡点。在综治领导层,诸暨政法委的陈善平同志,本身就是"枫桥经验"相关书籍的作者和研究者,是"枫桥经验"展览馆的建设者和贡献者,既是官员又是这一理论的守护者、发展者。诸暨市政法委的另外两名年轻同志,均具有教师经历并在基层做过乡镇镇长,非常熟悉基层工作中的问题,不仅具有丰富的基层工作经验,而且具有较高的理论水平,是"枫桥经验"在基层活力与理论创新之间张力得以平衡的人力资源和组织力量。"枫桥经验"在组织领导力量上,既注重党员的基层工作经验又注重知识能力。在作为基层乡镇的枫桥,党的领导、中华法系传统是"枫桥经验"法文化中的主体因素,同时吸收西方现代法律文明,兼顾当地风俗,形成富有中国智慧的法治道路。

现今的"枫桥经验"经过六十年的发展演变,已经具有了健全的规章制度和组织机构,运用移动互联网新技术,创新多元化解纷机制,同时加强镇级党政对于村民自治的领导和监督,加强村级组织和制度建设,完善村规民约,为村镇经济发展、村民生活提供良好的环境保障,形成了一整套多元法治治理的成功经验。

第四,在智能信息时代,"枫桥经验"从矛盾源头发现问题。党的十九大提出,打造"共建共治共享"的社会治理格局,枫桥已出发,并走在了实践探索的前列。建立了依靠传统的群防群治力量收集信息,还运用"古镇枫桥"的微信公众号,除了网格长、网格员②,还有"红枫网友"。遍布全镇的网格长、网格员和热心群众,用移动智能信息手机共同织起了一张覆盖全镇的信息搜集网。通过微信等手机App,"枫桥经验"使随时随地依靠群众成为可能,变得更加智

---

① 强世功."法治中国"的道路选择——从法律帝国到多元主义法治共和国[J].文化纵横,2014(04):47.
② 2016年,全市共划分网格2881个,配备网格员8345名,为村主职干部、专职网格员配备"平安通"手机终端3226只,平安浙江App注册量129600个。市级平台办结率百分之百。中共诸暨市委,诸暨市人民政府.2016年社会治理"两网融合"工作总结[C]//坚持和发展"枫桥经验"资料汇编(二).2017:461.

能化、信息化。① 公安实战中心、指挥中心、情报中心形成三者合一的共享"110"体系，打通信息壁垒，利用大数据、移动智能信息、网络互联创造出一套独特的信息共享机制。诸暨已建成市镇两级"一张网"信息指挥中心，组建了"全科型"网格队伍（全科网格员承担社会矛盾、公共安全、违法监管和公共服务四大职能），治安"天网工程""雪亮工程"、综治视联网，实现了城市公共场所道路、重点区域视频监控全覆盖，共享信息。利用信息技术之翼，解决了过去群防力量分散、信息沟通不畅等难题，问题发现得早，就能得到早治理，提高了案件预警、处置和侦破效率。当镇综合指挥中心汇集各种信息后，再通过线上、线下两张网的协同处理。对重大矛盾纠纷、重大问题隐患、重大涉稳事项，进行预警信息收集、汇总、梳理、研判，确保第一时间精细分析、精确研判、精准处理，主动预测、预警、预防。诸暨的平安建设信息系统软件，贴近实际工作，根植乡镇现实工作，联合阿里巴巴研究应用大数据进行人口管理。在技术引擎下，这里的信息化法治实践让人耳目一新。

随着互联网发展及区块链技术的成熟，人类社会的经济结构、地缘结构、文化结构、社会结构都受到了深刻的影响。杭州华泰一媒文化传媒有限公司诉深圳市道同科技发展有限公司侵害作品信息网络传播权案，2018 年浙 0192 民初 81 号判决，是杭州互联网法院在全国首次对区块链电子存证的法律效力进行认定的案件，明确了认定区块链存证效力的相关规则，推动区块链技术与司法深度融合，完善信息化时代下的网络诉讼规则，促进区块链技术发展。对于电子数据，则规定当事人可以通过"电子签名、可信时间戳、哈希值校验、区块链等证据收集、固定和防篡改的技术手段或者通过电子取证存证平台认证"②。2019 年，国家互联网信息办公室颁布《区块链信息服务管理规定》。区块链等技术手段，改变了传统线下诉讼的证据证明方式，司法的剧场化迈向司法的网络化，中国信息通信研究院发布的《区块链白皮书》指出，区块链是一种由多方共同维护，使用密码学保证传输和访问安全，能够实现数据一致存储、难以篡改、防止抵赖的记账技术，也称为分布式账本技术（distributed ledger technology）。因此，区块链是一个安全的数据库，该数据库包含已通过网络验证的所

---

① 智能信息社会中的新媒体时代，微博反腐、异地监督、立法的公众参与、某些项目的广泛听证等，各种社会组织和普通公民的高度参与，诞生了政府之外的各种社会组织的多种新自主治理和社会自治，治理主体和治理模式的多元化，成为重要的社会风险预防的力量，带来了如何规制公众参与的非理性和无序等新课题。
② 胡昌明. "司法的剧场化"到"司法的网络化"：电子诉讼的冲击与反思［J］. 法律适用，2021（05）：74-83.

有公共日志。区块链不仅仅是一项纯粹的技术创新，更重要的价值在于推动智能信息时代的制度创新和观念变革。司法面临新的创新，同时司法安全也受到新的挑战。

"所有的社会治理模式皆以解决社会矛盾为目的，对于矛盾源头的探究，成为社会治理者的重要任务。而发现矛盾源头的难度也决定了社会治理的难度。"① 高效的信息采集、处理，便于帮助当事人在最早和最佳时机达成协议解决纠纷，更有利于接近正义。"信息化时代背景下，互联网、大数据等信息技术手段以其高速度、大容量、交互性和开放性的优势和特点，成为基层治理的重要手段和方式。"② 智能信息时代的"枫桥经验"借助互联网之翼，实现了及时化信息传递、共享。

第五，"枫桥经验"中的多元解纷机制。枫桥经验的调解是一种大调解机制，党政领导、多部门联动的"大调解"格局和机制，是在实践中探索出来的。"'大调解'是在各级党政机关领导下将人民调解、行政调解和司法调解有机结合起来的纠纷排查调处方式，目的在于把各类矛盾纠纷解决在当地、解决在基层、解决在萌芽状态。它是一种党政主导、主体多元、手段多样、方式灵活、反应灵敏、协调顺畅的矛盾纠纷的协商和处理方式，强调解纷主体的多元化和联动化，强调纠纷的事前预防与事后解决并重。"③ 产生于乡土邻里之间的矛盾，采用诉讼的方式不仅成本大，而且容易激化矛盾。而调解关注的是具体的人的性格、气质、情境，寻求看似不平等却实际是一种实质正义，可以利用感情、面子、人情的收获等策略，散结驱障。枫桥调解机制的形成，是枫桥人一次又一次地经历法律和民间的风俗、习惯、惯例之间的相互调适，在实践中摸索总结的具体做法。诸暨市人民法院枫桥人民法庭调解劝导书，以善意的劝导、温和的语言阐明调解的优势和好处。诸暨调解发展到今天具有多层次、专业化、全覆盖的特点。"现我市已建成以人民调解为基础，整合司法调解、行政调解、仲裁调解等资源，由政府力量、群众力量和专业力量共同参与的'枫桥式'矛盾纠纷大调解工作体系。"④ 调解激发出当事人的沟通理性，关注当事人的未来

---

① 申欣旺.淘宝互联网纠纷解决机制——结构化维权及其司法价值［J］.法庭内外. 2016（03）：7-11.
② 褚宸舸，史凯强."网上枫桥经验"浙江实践及其创新［J］.浙江工业大学学报（社会科学版），2019，18（02）：151-156，178.
③ 陈柏峰.乡村司法［M］.西安：陕西人民出版社，2012：14.
④ 中共诸暨市委，诸暨市人民政府.坚持和发展"枫桥经验"资料汇编（内部资料）（二）［C］.2017：53.

合作与发展，考虑情感与习俗，为纠纷解决提供一种可选择的方法，允许当事人表现出大度、宽容。法律本身也是在生长的，当社会发展的速度超出了立法的速度，调解有可能做到弥合二者之间的不同步带来的法律真空和时空距离，综合考虑、平衡各方利益，实现因身份差异而导致的形式上的不平等，寻求实质平等即差异平等。调解制度可以发挥制定法与非制定法之间营养运输的作用，使得两种机制的有益部分呈现效用最大化发挥。季卫东教授认为，调解的过程可以"通过规范的竞合和选择，提供法律发展的契机，以弥合实体法与生活规范间的裂隙"①。在调研走访中发现，无论是作为政府、司法机关，还是乡镇村的各种官方半官方的调解室，以及企业管理者及工作人员、文化工作者，他们都对"枫桥经验"这一精神财富报以尊重，并积极献计献策献言，参与这一经验的创新、发展，这种认同本身就是"枫桥经验"能够不断生长着的沃土与民心所向。

"枫桥经验"的实践者面对多样化的新型矛盾和多元的价值观、利益诉求，用朴素的语言总结出：小事依规（村规民约、厂规厂纪）、大事依法（国家法律）、网格管理（社会综合治安管理机构）、知良树德（以文化人，以德润心）；就地化解矛盾、基层解决问题。调解根据简易、一般、疑难的程度，在村委会居委会、调解室、派出所等不同机构进行，无法调解的，建议走司法程序。诸暨市在调解制度中创造了富有独特个性的具体做法：自愿基础上达成协议、履行后签字确认，并形成有一套完整的记录调解过程的档案，调解现场的录像和视频记录，对于当事人认真思考、做出严肃的决定都起着记录见证的作用，也使得调解的公正、理性在视频的记录、回放中得以确认、尊重，这是诸暨人在智能信息时代的领先性、技术性创新。"一个社会的'法'观念，既是'多元'的，又是'一体'的。或者说处于不断地从'多元'到'一体'的矛盾运动之中。因此，在研究一个社会的'法'观念时，应具有'多元一体'的观念。"②在法律多元、价值多元和文化多元的背景下，在身份多元、利益多元的场景下，他们不回避矛盾，而是将调解制度看成一种温馨讨论处理问题的方式，运用互联网、移动智能信息技术等，在基层群众的参与、推动、创新中，"枫桥经验"依然活力四射。

---

① 季卫东，易平．调解制度的法律发展机制——从中国法制化的矛盾入手［J］．比较法研究，1999（Z1）：9．
② 严存生．我国先秦"法"观念的"一体多元"结构［J］．学术研究，2020（01）：68-78．

(三)"枫桥经验"多元法治实践的意义

"法治现代化"这个词（隐含着法治的西方化、法律的霸权化），会给人一种现代的想象，就是有一种最好的、最先进的法律制度，并且放之四海皆准。实际上包含社会主义核心价值观的法律制度，不仅仅是具有美好的价值目标，还应该在不同地域的不同基层法治目标下进行法治的适应与创新，没有一个一劳永逸、适用于所有社会条件和环境的好法律。让良好的法律制度真正在民众中枝根成活、伸展繁茂，而不是把法律当作法律风景装饰的塑料花。基层经济快速发展，社会急剧转型，应该认识到坚定地走中国人用智慧创造的法治道路的意义，认识"枫桥经验"的法治实践意义。

第一，"枫桥经验"是一个中国基层法治故事。现代法治理论是一套西方话语的引进，西方法律故事、理论书籍大量翻译引入，对我们学习域外法治经验具有一定积极意义。习近平总书记指明法治中国道路，在法律界讲好中国故事，就是讲好中国法治故事，讲好在基层实践中创造的中国法治经验。"枫桥经验"的法治理论研究，在新时代中国特色社会主义建设中意义尤为重大。"中国法治实践的内在机制研究，就是要对法律在社会中实践的过程、机制和后果进行揭示、理解和解释。"[①] 在诸暨漫步千亩荷池，浮现出周敦颐的《爱莲说》高洁自持、清廉美丽的意境和故事，越剧《平安枫桥》唱出了调解员杨光照的传奇，以及我们调研中接触的各种案例、故事以及故事的主人公，都有待于理论界的发现和讲述。这里的法治文化，积极拥抱现代法治，同时护惜优秀传统文化，稳健进取、包容多元、共构互补。这里的法治故事，寻找着中西文化共通、暗合的法哲学境界。"尤其是，在现代国家必然是民主法治国家通过法律的社会治理，之所以备受政治家青睐，是因为法律讲求'治国之道、治理之术'，讲求准确、实用，是国家治理有效的方式，能够为国家的根本任务和根本利益提供'优质'的服务。"[②] "枫桥经验"的法律治理经验，不仅属于中国，也应该属于世界，为世界法治理论贡献中国的智慧。

第二，"枫桥经验"是对盲目西化的法治道路的反思。在经济领域出现全球化与反全球化的同时，法律领域也出现了法律的全球化与反全球化、西方化与非西方化、法律一元论（也叫现代化、国家化、集权化）与法律多元论。法律多元主义理论认为，法律除了国家法律外还包括社团、社会组织的参与和实际

[①] 王启梁. 迈向深嵌在社会与文化中的法律[M]. 北京：中国法制出版社，2010：2.
[②] 杨建军. 通过司法的社会治理[J]. 法学论坛，2014（02）：14.

起作用的多样化的法律。"法律多元主义"是非西方国家超越西方的"现代—传统"二分法的一种法学研究方法和概念,也是西方法学文化与非西方法学文化之间的"普适性—特殊性"之争的范畴原点和方法论工具。苏力强调了"法律是实践的,是要解决问题的,是要解决我们的问题的,是要解决我们眼下的问题的"①。并论述了乡村基层司法的面子、策略、村干部身份等因素所发挥的实际作用。当法学理论界还在关注"社科法学与法教义学"之争的阶段,"枫桥经验"早已在多元法治之路上探索,这是对盲目西化的法治道路的反思。

过于注重形式化的法律,会导致与现实生活相去甚远,甚至脱离了人民大众的思想、感情、心理、希望、追求、憧憬和意志,成为华丽与高雅的形式追求,沉浸于自弹自唱。诞生于民间的音乐和歌曲有"民俗歌谣之诗""国风"之美称,体现了民族情感、智慧、风采和精神,颇受民众欢迎并经久不衰,具有丰富内涵、表现力和哲理,成为世界音乐大家族中的富有民族特色的璀璨之星,而民俗、礼仪、习惯蕴藏的丰富美亦如是,并成为这些传统法律文化的"火种",只有具有美好价值和优秀文化基因,传统法律文化方能生生不息。

第三,"枫桥经验"是中国自己的法治经验。党的十九大提出,坚持以人民为中心。人民是历史的创造者,是决定党和国家前途命运的根本力量。必须坚持人民主体地位,坚持立党为公、执政为民,践行全心全意为人民服务的根本宗旨,把党的群众路线贯彻到治国理政全部活动之中,把人民对美好生活的向往作为奋斗目标,依靠人民创造历史伟业。拥有近60年"枫桥经验"的枫桥,作为以"村、镇"为主体的基层组织,在基层工作中不断创新、积累、总结的一套实践和做法,是中国法律多元实践中的一支重要力量,枫桥探索"三治合一",即法治、德治、自治相结合的治理之路,融合传统与现代、党治与自治。

第四,"枫桥经验"是新中华法系的构成部分。我国引进和吸收西方的法律文化,但几千年历史沉淀的儒家法律文化是我们的民族基因,它仍然渗透在社会的各个方面,我们也不能丢掉这个文化基因。传统儒家文化产生至今并不是一成不变的,它是一种动态发展的文化。它的内涵不断地丰富,使得它能与现今社会政治经济生活相适应。社会主义核心价值观、儒家的仁义礼智信等价值理念,在当下不仅可以作为道德理念,而且可以作为企业、商业、职业、环境伦理,发挥其重大作用。儒家的传统伦理经过创造性的转化与批判继承,与现代新的伦理价值整合起来,不但可以提供价值指导,而且可以为解决人类面临

---

① 苏力.送法下乡——中国基层司法制度研究[M].北京:中国政法大学出版社,2000:12.

的许多冲突和问题提供重要启示。

我国法律现代化的进程,随着国门的被动打开与主动开放,在国际经济贸易往来中,既有被动地规则接受,也有主动地对法治文明制度的移植和学习,并且国家积极自上而下加以推行。外来文化与传统文化从初次相逢,经历了解、磨合、冲突后,是欢迎、融合还是选择部分接受?枫桥古镇以"留得住乡愁、望得见发展"为精神依托、家园建设目标,其定位既不同于一线、二线城市,也不同于经济落后、封闭的古老村落,在这个山水柔和、静谧、精致、秀丽的美丽小镇形成的一套治理模式,带有窈窕江南的社会治理气质、风格、模式。"枫桥经验"的坚守对中国本土社会治理法治的贡献尤为值得总结、推广,用司法服务于良好的社会治理。基层调解人员认为,美国的商业调解培训不适应中国社会。党的十九大强调"坚定文化自信""道路自信""深入挖掘中华优秀传统文化内涵",提升中华文化的世界话语权与影响力,而法律文化也应该贡献一份力量。也许"枫桥经验"中那些依然没有被看到、没有被总结,隐藏在民间的经验和智慧,正是群众路线的意旨。"'枫桥经验'是作为矛盾纠纷化解的典型经验而闻名于世的,其成功的背后就是对纠纷解决中利益平衡原则的娴熟把握,从而较好地体现社会治理的多元价值追求。"[1] 在法治的现代化与快速转型中的乡村法律多元化之间维持平稳,是新时代"枫桥经验"道路探索不断面临的新任务。

"全面依法治国是一个系统工程,要整体谋划,更加注重系统性、整体性、协同性。"[2] 法治借助信息技术的力量,生产出了新的法治文化和法治技术资本,使得法治问题更富藏智慧。

西方媒体对"枫桥经验"的曲解与指责,可以用这句作为注解:"具有讽刺意义的是,今天我们面临的经验事实,不是崛起大国所带来的国际秩序的'修正主义变革',而恰恰是主导型大国为了遏制崛起大国的发展,从战略到理论、从政策到规则,都在竭力把中国这样的崛起大国丑化成为'修正主义国家',从而为美国维持自己的霸权地位、遏制中国崛起的私利寻找国内和国际的合法性。"[3] 西方文化中有很多对人类文明做出重要贡献的价值与追求,值得尊重;但在没有全面实地了解的情况下,只通过一些碎片化的信息对中国进行片面报

---

[1] 冯卫国,苟震.基层社会治理中的信息治理:以"枫桥经验"为视角[J].河北法学,2019,37(11):72-82.

[2] 习近平在中央全面依法治国工作会议上发表重要讲话[EB/OL].新华网,2020-11-17.

[3] 朱锋.国际秩序与中美战略竞争[J].亚太安全与海洋研究,2020(02):1-22,133.

道，是不利于西方新闻公正、客观的良性发展的。"枫桥经验"就是一套基层社会治理的具体操作办法，是以法律管理为依托，兼顾经济发展的综合治理。预防性法律制度，首先是法治宣传、综合运用心理疏导和危机干预方法、常规与紧急时的安全检查、企业合规管理、普查或者排查矛盾纠纷、重点人口管理、刑事案件侦破的协助等多种柔性—刚性、浅度—深度制度。从地方区域层面看，"枫桥经验"具有的软实力已经达到区域的社会和经济目标的能力，具有区域文化生产力。其在全国地方司法文化中的竞争力、社会价值、感召力、吸引力、效仿力、经济价值已经遥遥领先，产生诸多关联效应。无论是从实践经验还是从理论生命上，"枫桥经验"始终要保持人民性，在创新中永葆活力，不断完善问题，同时吸纳国际经验，才能真正不负初衷，始终具有生命力，并走向国际。

任何制度与经验都有时代性。"在锦标赛体制下，由于典型所暗含的资源容易诱发地方政府的过度竞争，为树立典型而树立典型，过度拔高或制造虚假典型，这些偏差的政府行为不仅会造成有限资源的极大浪费，而且容易致使政府治理失效。因此，典型塑造要根植于现实，任何脱离现实而树立典型，即使在政府支配下能成为一时典型，但随着时间推移也终究会尘封在历史的档案之中。"① 作为学术研究，"枫桥经验"在全国其他地方的实效程度，又因具体情况不同具有哪些新的问题，哪些做法随着时代发展需要不断创新，这些都是值得学术界继续关注的问题。"对于中国这样的处于社会转型期并且发展不平衡、区域差异显著的大国而言，基层治理模式必定不可能一劳永逸、固定不变，而是需要随着基层形态、基层需求以及基层矛盾的变化而调整，唯有如此，才能保持对各个时期基层治理问题的有效回应。"②

陕西铜川市王益区公安分局在治安调解领域的诸多创新，形成了"因地制宜、依靠群众、充分动员、协调联动"的治安调解"王益经验"。"'王益经验'对推动我国基层治理不断发展也带来了诸多启示，包括深入预警化的发展方向、提高信息化的发展水平、拓宽体系化的发展向度、树立弹性化的发展思维、深化专项化的制度供给等。"③ 延安市从延安时期红色治理资源"十个没有"的成功经验中汲取营养和力量，在新时代治理模式创造性转化和创新性发展的过程中，在宝塔区先行先试、取得经验的基础上，确立了"努力重现延安时期'十

---

① 卜清平."枫桥经验"何以长青？[J]. 开放时代，2020（01）：134-160，8-9.
② 刘磊. 通过典型推动基层治理模式变迁——"枫桥经验"研究的视角转换[J]. 法学家，2019（05）：1-16，191.
③ 马成，荀震. 治安调解的完善及其基层治理价值研究——以陕西省铜川市"王益经验"为视角[J]. 中国人民公安大学学报（社会科学版），2020，36（03）：69-76.

个没有'良好社会风气"的目标任务，以各领域、各行业实现"十个没有"为目标，全面开展"深化平安建设，实现十个没有"系列创建活动，努力把红色资源利用好、把红色传统发扬好、把红色基因传承好，推进市域治理现代化。"十个没有"是一个根据新时代社会治理领域存在的重点问题，因不同行业的不同发展阶段而不断纳入和排除的治理方式，其实质是在社会治理上的实事求是的探索：权力下放、因地制宜、灵活民主。通过让更多参与者参与社会治理的各个阶段，扩大了参与决策的主体选择，这些新参与者带来的专业知识和经验也多种多样，让多个参与者参与并使公民从被动角色转变为主动角色的制度。如果说法律是为了保证统一，那么"十个没有"就是为了保证差异。卢曼和托衣布纳的系统理论强调，社会是由多个子系统构成的，系统与环境具有渗透性、交换性，系统本身具有自我维持并与环境互动的功能。子系统的封闭设置了独立和自治，开放使子系统与外界环境互动。系统论的核心思想是系统的整体观念，即认为系统是由相互联系、相互作用着的一些要素组成的整体。规范上封闭的系统可以通过结构耦合，实现认知上的开放，以便系统再产生并创造新秩序。法律的开放与封闭，源于规范的封闭与认知的开放。法律的功能在于规定的一般化和稳定性，系统的协调主要由沟通完成，而要进入系统沟通，"十个没有"的开放性，根据社会发展的情势，适时地进行纳入与排除，成为沟通法律规范与社会生活的二维码，形成法律系统与治理系统之间的材料、信息的激扰和解读沟通。"十个没有"各个要素与外界环境相互作用，既形成免疫反应，又能够使稳定化过程充满活力。

多元主体参与法律的制定和实施、社会治理的许多层次，在社会管理机构中发挥多样化的作用，增强公民参与政治和公民生活的能力。社会治理解决了法律法规的理想目标和治理能力需要灵活和变化之间的耦合关系，从而避免了实体法的主要缺陷。社会治理方式从根本上将法律控制转变为动态、回应和灵动的方式，促进了法律与其他社会领域（或子系统）的相互作用，以及法律内部自我调节的能力。治理模式意味着，将传统的国家制定的法规从其特权位置转移开来，巧妙地整合了法律、经济学和民主的需求，使之相辅相成，让主张集中监管与放松管制的人之间重新进行对话。

治理的概念是开放的、动态的并且具有内置的时间维度。在法律被概念化为以制裁为目的、自上而下的国家法律的情形下，"枫桥经验""十个没有""王益经验"等法律实践指向一种新的范式：治理模式。治理模式是巧妙地将理论和实践融合，将不同思想学派的要素汇集在一起。治理表征了公共和私人行为者在促进社会、政治和经济目的方面的活动、职能和控制的范围。治理的实践重新定义了国家与社会之间的互动,鼓励多个利益相关者共担共享传统的治理角色。新的治理模型基于政治和经济的目的,更具参与性和协作性。在治理模式中,政府、行业和社会共同承担实现政策目标的责任,从自上而下的命令和控制转变为协同性、反思性治理方法,该方法以过程为导向并根据当地情况量身定制。随着经济、社会和政治格局不断变化,法律思想和实践必须转变自己,以适应新的现实。需要新的治理方法来应对经济和社会日新月异的变化。灵活性和适应性是在全球化市场中保持竞争力的关键。通过协调政策边界,建立新的公共与私人合作伙伴关系,以政策策略(议定规则、自我监管、绩效规则、动态解决问题、披露制度)来实现与法律的协调和永久性创新。广泛的社会问题,需要采用各种各样的组织形式和政策。今天,不存在单一的社会组织模型,因此不可能对统一的社会领域和环境进行统一的构想。对于国家监管面临的挑战,没有一种万能的解决方案,没有任何标准法规可以有效地管理社会行为运作的多种环境。

二、注重关怀与沟通的在线调解

在一个追求"时间就是金钱和效益"的经济高速运转的时代,缓慢、拖延、延迟的解纷方式,成为对法院权威的挑战,形成对司法系统的重压。拖延、缓慢的解纷方式,不仅成为公民对司法抱怨、不满的原因之一,对不熟悉复杂又专业的法律制度的当事人而言,举证时限、证据交换等法律规则也是一种负担和障碍。

当"程序正义"被作为司法所追求的正义,一次诉讼启动后,若以蜗牛般的速度进行,经过长时间的拖延,即使一个简单的经济索赔或商业诉讼案件,都需要很长时间才能做出决定;一个已经生效的司法判决,经常处在执行的"达摩克利斯之剑"下。这对当事人来说不是好消息,特别是还要继续生产的企业、天天要持续生活的公民。和平、快速、有效地解决商业纠纷,对任何企业的繁荣都是必不可少的,对地方经济的发展是至关重要的。因为每一个商业纠纷都可能是具有潜在合作可能性的生意和业务,纠纷的对象既可能是曾经和现在的合作伙伴,也可能是未来业务中的客户。当解决纠纷本身变成生意,关心终极价值的哲学家的目光饱含忧郁和思虑。

在线方式调解,是司法机关、各种调解组织通过线上软件向有解决纠纷需求的当事人,提供网络在线调解、仲裁等的一种电子化的非诉讼纠纷解决方式。

为了吸纳更多力量化解矛盾，司法机关以向社会提供更多可选择的调解员，申请人、当事人无须离开他们的家庭或办公室就可以自由选择调解员解决自己的矛盾，自愿进行与线下传统调解、仲裁同样的调解和仲裁。但其利用现代信息技术实现了发动、申请调解的自助化与实时性，显著提高了纠纷解决的效率，是一种高效的纠纷解决方式。在线调解就是使用了网络信息技术的调解，主要是在一些距离较远、争议金额较小的纠纷中适用广泛。

（一）背景

为响应《最高人民法院关于人民法院进一步深化多元化纠纷解决机制改革的意见》，2018年1月，浙江省综治委制定了《关于在全省部分地区开展在线矛盾纠纷多元化解平台先行上线运行的工作方案》，并确定诸暨市为全省"在线矛盾纠纷多元化解平台"先行运行地区。随后，诸暨市综治委出台了《关于推广运用"在线矛盾纠纷多元化解平台"的实施方案》（诸综委〔2018〕2号），法院与公安局、司法局联合出台《关于调解协议司法确认工作实施细则（试行）》等文件。

在"枫桥经验"发源地的诸暨法院，承载着社会治理"样板"的光环，肩负着崇高而神圣的使命。"枫桥经验"在司法中表现为依靠来自人民群众的各种调解组织和力量。诸暨法院将"枫桥经验"嵌入"在线调解"，推出了ODR（在线消费纠纷对决），成为ADR（非诉讼纠纷对决程序）、诉讼等纠纷解决的替代机制，使解纷制度更加具有活力，为解决争议的人们提供了一种新方式，具有诉前纠纷管理和解纷方式替代机制的功能。对当事人而言，多了一种程序选择权；对法院而言，多了一份对当事人程序选择权的尊重。

随着分散式区块链技术[①]的兴起，依托ODR平台，诸暨法院探索构建了具有诸暨地方法院特色的"分调裁审"新格局"区块e解"。在ODR平台形成的解纷链基础上，诸暨法院整合"纠纷分类分流""诉调对接""立案调解""繁简分流"四个区块，打造"四块一链"为特点的"一站式"多元化、信息化、智能信息化解纷模式。

[①] 区块链技术可以完整记录网络空间所发布的信息内容的流转过程，任何篡改都会被记录，包括由谁制作上传和转发，均可以精准追踪到。区块链在司法领域得到重用，目前有最高法院的"人民法院司法区块链统一平台"，杭州互联网法院的"司法区块链""区块链智能合约司法应用"，北京互联网法院的"天平链"，广州互联网法院的"网通法链"等司法区块链，其所存证据的效力也在《最高人民法院关于互联网法院审理案件若干问题的规定》中得到确认。

161

（二）做法

1. 承载司法治理的在线调解

诉前化解劝导书。为让具有诉求的当事人尽快了解和掌握在线调解的相关知识、平台功能和操作方法，诸暨法院建立了在线解纷诉前"三导"制度（引导、劝导和指导）。对符合诉前化解的简易民事纠纷，立案工作人员应当劝导其通过"在线矛盾纠纷多元化解平台"化解矛盾纠纷，并向其发送诉前化解劝导书，对同意通过"在线矛盾纠纷多元化解平台"化解矛盾纠纷的当事人，由导诉台工作人员指导其在手机上下载平台用户版手机App，并发放《用户操作手册》。"三导"制度的建立为进一步推广"在线矛盾纠纷多元化解平台"的运行提供了有力保障，也是体现司法为民的一项重要措施。

调解的"三线三明"法。总结出适用于在线调解的"三线三明"法，在调解员的培训中进行推广普及。"三线三明"法具体是：接线说明，是指调解员通过电话或微信的方式联系当事人，说明人民调解的好处和通过平台进行调解的优势等；连线表明，是指调解员通过平台接通双方当事人，让当事人通过视频面对面充分表达自己的意愿，表明自己对调解的态度，以及提出解决纠纷的方案等；在线阐明，是指调解员通过平台阐述处理纠纷的建议和法律依据，消除矛盾，促成双方当事人达成共识，形成调解协议。

在线调解小剧场。为让调解员尽快掌握在线调解的技巧，诸暨法院还制作了在线调解小剧场，以影像化的方式展现平台的操作流程。同时，还制作了平台操作演示录像，通过剧情观摩、录像演示、现场指导等多种形式，提高调解员运用平台的技能水平，促进人民调解组织在线化解矛盾纠纷的高效性和便捷性。

2. 在线调解的诉源治理

诉源治理样本。在线纠纷化解平台，与传统调解方式相结合，扩大了就地化解矛盾的范畴，有效缓解了案多人少的矛盾。依托ODR平台将四大解纷区块互联互通，让当事人自己在"一站式"解纷链中选择调解或是诉讼，符合了"枫桥经验"内涵的具有诸暨特色的诉源治理样本。调解是我们宝贵的法律文化，根据法律规定释明双方当事人的行为后果和责任，将最终决定权交给当事人，有选择的放弃是一种与世界和解的文化智慧，妥协有时候是明智的选择。路不通学会拐弯，心不畅学会看淡，不纠缠过去，不畏惧将来，也是一种可以选择的格局。人与人的和解、心灵与现实的和解，有时候能带来一种幸福。

诉调对接的网络化。诸暨法院以"在线矛盾纠纷多元化解平台"建设为契机,不断整合社会调解资源,建立了"1+5+13+20+27"的矛盾纠纷多元化解工作机制,并利用互联网与各调解组织建立在线对接平台和机制。"1"指的是1个法院诉讼服务中心;"5"是指5个基层法庭诉讼服务中心;"13"是指市级13家专业调解委员会;"20"是指20家律师调解室;"27"是指全市27个镇乡（街道）人民调解委员会。法院诉讼服务中心通过"在线矛盾纠纷多元化解平台"与市级13家专业调解组织、3个街道调解组织及20家律师调解室建立网上委派、网上指导调解、网上司法确认的网上对接工作平台;各基层法庭诉讼服务中心通过在线矛盾纠纷多元化解平台与24个镇乡调解组织建立网上委派、网上指导调解、网上司法确认的网上对接工作机制。"通过'在线矛盾纠纷多元化解平台','诉调对接'在诸暨已经实现了'线下引导'到'线下引导与线上分流相结合'的创新发展。"[①]

多元力量参与调解。尝试采用抢单与预约并存的模式推动律师参与平台运用的积极性。专班工作人员与全市104名平台注册的律师调解员建立了微信工作群,随时把适合诉前化解的案件数量、类型在律师调解微信工作群中公布,以先报者优先。这种抢单与预约并行的模式激发了律师参与矛盾纠纷化解的积极性,同时也推动了平台的运行。诸暨法院在ODR平台自身具备的智能信息咨询和智能信息评估的功能中,还引入了"新实力",即中国民主同盟,通过整合民盟中的法律、科技、教育、卫生等优势资源,以第三方的身份对知识产权、医疗纠纷等疑难案件提出专业化的指导意见,助力提高复杂案件的调解成功率。

3. 融入枫桥经验的在线沟通

在线调解的灵活简便。当事人之间、当事人和调解员之间都可以自行选择适当的时间、地点使用网络通信工具进行交流,申请、举证、质证、调解、开庭以及送达文书等程序均在线完成,减少了诉累,节约了成本,效率大大高于传统纠纷解决方式。尤其对于标的额较小、当事人间物理距离相对遥远的调解,用诉讼和ADR来解决纠纷将遭遇"成本高于标的额"等现实问题,选择在线调解成为首选的捷径。原告常某是省外人,受雇于诸暨某公司,工作中不慎从钢铁架上坠落,造成右跟骨骨折。经司法鉴定,伤残等级为十级。诸暨市人民法院受理此案后,对案件进行了初步审查,认为本案事实较为清楚、证据较为充分,双方存在和解的可能性。但常某已经返回老家,如果等待他返回诸暨再召

[①] 朱继萍,梁凯凡. "诉调对接"的"枫桥经验"及其在新时代的创新发展[J]. 人民法治,2019（04）:44-51.

集双方调解，案件处理时间将延长，不利于尽快解决纠纷。法院立案庭在征得当事人同意的基础上，决定通过 ODR 平台远程视频、实时录音录像、电子签名等功能，将案件交由调解员名录中的律师进行在线调解。律师及双方当事人在各自手机上登录 ODR 平台进入在线调解页面后，半小时双方便达成调解协议，当场对调解协议进行在线确认，完成电子签名，纠纷顺利被解决。

在线调解的准公共服务性。平台整合各种调解资源，所有调解机构均可以机构在线，调解员注册后就可以被选择，为社会民众提供免费的调解公共服务，调解员的工资由政府以奖代补的形式发放。在线调解的需求是由市场决定的，其提供的在线调解服务更具选择性、针对性、创新性和效率，服务范围也更加广泛。在线纠纷解决支持当事人协商选择调解员，通过简易方式或结构化数据进行纠纷描述，以在线方式交换证据、参与调解、申请司法确认，调解结束后可以对调解员和调解过程进行评价反馈。当事人通过在线纠纷解决平台可以获得司法机关认可的标准化解纷流程，并根据纠纷类型特点、案件管辖区域在大量解纷资源中选择合适的服务。

在线调解的类案同调。最高人民法院出台《最高人民法院关于进一步推进案件繁简分流优化司法资源配置的若干意见》后，诸暨法院开通简易案件的"快车道"。在诉讼服务中心，诸暨法院设立了三大速裁团队，分别主攻金融借款纠纷、物业纠纷和道路交通事故纠纷等。繁简分流优化了效率和质量，速裁中心 80% 以上的案件在 20 日内结案，比其他审理程序至少减少了 35 天，3 个速裁团队受理的案件接近民事案件的 60%；法官有时间和精力对疑难复杂案件进行深入研判、精雕细琢出精"作品"，案件质效公正指数不断提升，展现出司法人解决复杂问题的能力和审慎、法官的高水平和智慧，有利于提高司法公信力。诸暨法院速裁团队在审理中不断提升办案质效的一大法宝是"个案指导，以判促调"。每一季度，诸暨法院都会梳理出同类案件的典型指导判例，统一上传到 ODR 评估模块。调解员和审判员在调判之时从中调取类案判例，作为指导和借鉴，快速高效地进行类案同调。

（三）启示

在线调解并入移动微法院后，掌上调解只需"认证+调解"两步。微法院调解打破了传统的纠纷解决模式，实现了调解时空上、区域上的跨越，让当事人足不出户就可以把纠纷进行解决，大大提高了纠纷解决的效率。

第一，有效化解矛盾纠纷。在线化解矛盾纠纷，是通过视频进行调解，对一些矛盾比较激烈的纠纷，能够避免"面对面"调解过程中的正面冲突甚至引发矛盾的二次激化，也有利于促进当事人真实、充分地发表自己的意愿。通过前期的宣传，有不少群众对平台的功能已有所了解，而且自主上平台提交纠纷的数量明显增加。随着平台知名度的不断提高，越来越多的群众感受到平台的高效便捷，其快捷、方便、不收费等优势会越来越受到群众的欢迎，吸引群众主动参与平台的运用。

第二，提高了诉讼调解率。在线纠纷化解平台集聚人民调解、行业调解、综治调解、律师调解等力量，整合各类社会调解资源，共同参与矛盾纠纷化解。平台上的评估功能，也会让当事人对纠纷的评判提前有心理预期，从而提高纠纷的调解成功率，减少了当事人的诉累。经平台化解纠纷不收取任何费用，平台的简便、高效使当事人以最小的成本获得了最大的利益。成本为零，大大减轻了当事人的诉讼负担，有力地促进了社会稳定。而且平台的视频调解功能，减少当事人来回奔波，省时、省钱，更省心。

第三，发挥调解的智慧。建立本地区在线调解机制和调解人员网络，有利于网上纠纷解决的迅速形成与发展。为此，应当加大倡导和宣传具有中国特色的、具有本地特色的在线纠纷解决机制的力度，从而改变"司法诉讼万能"的根深蒂固的观念。在主流媒体、社区街道加大对在线纠纷解决机制平台的宣传力度；行政机关、司法机关加大对纠纷当事人的引导力度；应在平台上公布纠纷解决流程、人员名册及简历，公布纠纷有效化解的数量和化解中的数量，提升平台的知名度和信任度，让免费、便捷、高效的在线调解广为普通百姓了解、使用。

"在线调解"是一种云上和气沟通和解纷的方式，是把传统的面对面调解搬到网上"云调解室"，智能信息时代为司法便民提供了诸多可能，在线调解借助互联网跨越了时空有形的阻力，异地同时、异地异时实现弹性时间和地点的沟通，尤其在"地球村"时代，为跨国、跨省、跨区域的纠纷解决提供了"云翅膀"，为解开公民生活、经济等问题提供了容易沟通的资源、支持和援助，节省了费用和时间。虽然在线调解目前的使用者以中青年为主，但在线调解已经引入高校课堂，随着具有天然自带信息化能力的千禧一代即将踏入社会和工作，新生代的应用会带动工作、家庭、企业等的信息化运用，同时总结应用中不断发现的问题，探索适合基层、市域、跨国的在线解纷工作方式，完善中国在线调解的规则，引领在线调解应用的未来，让更多的人受益于和气、善意、便捷的纠纷解决方式。

司法以其理性、复杂而严密的程序正义塑造司法权威，与程序正义相伴的是司法的保守性、缓慢性、延迟性。而和平、快速、有效解决纠纷，对任何社会经济发展和商业繁荣都是至关重要的。产生于乡土邻里之间的矛盾，采用诉讼的方式不仅成本高,而且容易激化矛盾,导致未来的合作关系断裂。而调解关注的是具体的人的性格、气质、情境,寻求的是一种实质正义。枫桥调解机制的形成,是枫桥人无数次经历法律和民间的风俗、习惯之间的相互调适,在实践中摸索总结的具体做法。诸暨市人民法院枫桥人民法庭调解劝导书,以善意的劝导、温和的语言阐明调解的优势和好处。诸暨市已建成以人民调解为基础,整合司法调解、行政调解、仲裁调解等资源,由政府力量、群众力量和专业力量共同参与的"枫桥式"矛盾纠纷多元解决体系。调解激发出当事人的沟通理性,关注当事人的未来合作与发展,考虑情感与习俗,为纠纷解决提供一种可选择的方法。法律本身也是在生长的,当社会发展的速度超出了立法的速度,调解有可能做到弥合二者之间的不同步带来的法律真空和时空距离。调解制度可以发挥制定法与非制定法之间营养输送的作用,使得两种机制的有益部分效用最大化。我们在实地调研走访中发现,无论是作为政府、司法机关,还是乡镇村的各种官方、半官方的调解室,以及企业管理者、文化工作者,他们都对"枫桥经验"这一精神财富报以尊重,并积极参与这一经验的创新、发展中,这种认同本身就是"枫桥经验"能够不断生长的沃土与民心所向。在法律多元、文化多元的背景下,在身份多元、利益多元的场景下,将调解制度看成一种温馨讨论处理问题的方式,运用互联网、移动智能信息技术等,在基层群众的参与、推动、创新中,"枫桥经验"和网络的结合,能提供更多的纠纷解决途径。在线调解,体现了对人民的关怀,尤其对于远距离、时间紧、交通花费高、矛盾激化的案件,是信息科技发挥关怀伦理的一面。

三、步入互联网时代的在线法院

数字化的生活扑面而来,几乎人人都经常随身携带手机,手机已经成为他们日常生活中不可分割的一部分,它不仅仅是一个人的工具,更重要的是手机是个人与社会交流的一部分。当最高人民法院把微法院搬到手机上以后,你的手机里就藏着一个指尖可以触达的法院。现实中的法院庄重威严,手机里的法院给人近距离的亲近感。只要你有一部手机就可以体验申请调解或裁判,寻求调解组织的析法解结,感受专业法官的素养。

(一)移动微法院的探索

信息革命为人类的生产生活方式带来了颠覆性的革命,同时万物互联也提升了社会治理的质量和效率。自2013年以来，中国法院积极推进审判流程、庭审公开、裁判文书、执行信息四大平台建设，先后建立中国审判流程信息公开网、中国裁判文书网、中国庭审公开网、中国执行信息公开网，不断促进司法的公开和透明。目前，三大互联网法院是互联网司法发展的先行试验区域，正在探索信息技术的司法应用、信息化诉讼模式的创新、信息司法规则的建立等。

智慧法治建设也是参与全球法治发展、引领世界智慧法治建设的机遇，高效便捷地服务经济社会发展，增强国家的司法软实力，带动国家司法竞争力的跨越式提升。2016年7月，中共中央办公厅、国务院办公厅印发《国家信息化发展战略纲要》明确提出，建设"智慧法院"[1]，充分运用大数据、区块链等技术，"目前，我国已将区块链作为一项国家战略，力争在该领域实现变道领跑"[2]。建构数据的结构化处理和应用，提高案件受理、审判、执行、监督等各环节信息化水平，推动执法司法信息公开，促进司法公平正义。2017年5月11日，最高人民法院院长周强在全国法院第四次信息化工作会议上强调：要统筹兼顾，全面把握智慧法院建设的总体布局。智慧法院建设要以促进审判体系和审判能力现代化，提升司法为民、公正司法水平为目标，充分利用信息化系统，实现人民法院全业务网上办理、全流程依法公开、全方位智能服务。[3]

移动微法院是智慧法院的一种微型应用。智慧法院以网络化、阳光化和智能信息化的新型特征赢得生的机会，出现了"互联网+审判""互联网+调解""互联网+执行""互联网+司法网拍"，医疗纠纷一体化平台、道交纠纷一体化平台等多种司法网络应用平台，这些都是依托互联网的一系列智慧司法创造。移动微法院于2017年10月在浙江余姚法院试点，2018年1月在全市两级法院全面推广并已经走向全国，初衷是依托互联网实现司法为民、司法便民。移动微法院应用了人脸识别、电子签名、实时音视频交互等先进科技，现实中的立案、缴费、证据交换、诉讼事项申请、笔录确认、诉前调解、移动庭审、电子送达、沟通交流到执行立案等司法过程，能够通过移动微法院高效、便捷流转。2019年7月，移动微法院上线了跨域立案功能，将宁波经验推广应用于众多的

---

[1] 智慧法院是运用大数据、区块链等技术，推进公安机关、检察机关、审判机关、司法行政机关等跨部门协同办案，实现案件数据和办案信息网上流转，推进涉案财物规范管理和证据、案卷电子化共享。"十四五"时期，各级人民法院将运用5G、人工智能、大数据、区块链、云计算等新技术，不断推动智慧法院建设取得新成果、实现新发展。

[2] 杨锦帆. 基于区块链的纠纷解决机制研究［J］. 陕西师范大学学报（哲学社会科学版），2021，50（04）：175.

[3] 全国法院第四次信息化工作会议在济南召开［EB/OL］.（2017-05-15）［2023-08-17］. http://cpc.people.com.cn/GB/n1/2017/0513/c64094-29273180.html.

普通法院在线诉讼模式。

移动微法院应用案件广泛。作为"移动互联网+审判"的最新成果，除刑事案件外，占法院收案量90%以上的民商事、行政、执行案件都适用，可满足办案人员、当事人及其代理人、第三方调解人员等多方用户需求。除涉及国家安全、当事人隐私、未成年人案件，民商事、行政、执行案件都可以使用移动微法院，借贷纠纷、劳动报酬纠纷、合同纠纷几乎已经全部线上解决。

（二）移动微法院的创新

司法联手科技。2018年1月11日，最高人民法院确定宁波两级法院为全国法院唯一的移动电子诉讼试点单位，4月9日，最高人民法院信息中心牵头组建全国联合项目组，项目组开发出"宁波移动微法院4.0版"微信小程序。2018年9月10日，浙江移动微法院在全省上线，实现"移动智能打官司"全覆盖。只要是浙江省内各级法院管辖的诉讼纠纷，当事人都可以用一部手机完成立案、送达、调解、庭审、执行全流程。移动微法院适用于各级普通法院，创新实现了在线"一站式"多元纠纷、异步审理的新型纠纷化解模式。

网络司法战略。移动微法院推动了国家网络强国战略在司法领域的有效实施，创造了跨越时空、区域、国界随身运用的移动微法院，在中国移动微法院这个总框架内，分平台连接各省移动微法院，形成高效、便捷、低成本的移动电子诉讼体系。移动微法院的开发、运用、推广受到欢迎，是世界信息技术革命、国家网络强国战略、网际网络延伸到司法领域的一项信息与司法合力取得的实践成果，中国智慧法院建设在移动电子诉讼服务方面率先做出的一项贡献，是新时代法治文明建设的司法信息化的重要维度。

移动微法院。移动微法院嵌入微信小程序，无须下载安装APP，每个案件都有自己独立的空间，对不同使用者都有相应的引导，当事人和法官可以利用碎片化时间上线，以其随身移动、微小便携而形成大众手机文化，让当事人随时随地、滑动手指就能参与诉讼。移动微法院搭载腾讯云存储、大数据、人脸识别、讯飞科技、同步多方音视频等技术，已经实现从立案到执行全流程在线流转，实现诉讼服务事项跨区域远程办理、跨层级联动办理、跨部门协同办理，切实解决问累、诉累、跑累等问题，让群众"打官司最多跑一次，甚至一次不用跑"成为可能，移动微法院已具备20余项功能，移动微法院是一种微智慧法院。

(三) 移动微法院的优势

适用于各级普通法院、异步审理方式、镶嵌在手机里的移动微法院，是新型的纠纷化解模式，其特点有：

掌上诉讼。移动微法院镶嵌在微信小程序中，无须下载安装 App，每个案件都有自己独立的空间，对不同使用者都有相应的引导，当事人和法官可以利用碎片化时间上线，以其随身移动、微小便携而形成大众手机文化，让当事人随时随地、滑动手指就能参与诉讼。移动微法院创设的"一案一空间"，为当事人异地参与审判、调解提供了交换信息的专属虚拟场所，体验跨越时空的便捷，让庭审从"当事人跑"向"数据跑"转变，节约当事人的时间和经济成本。此外，移动微法院还提供了法规查询、计算工具、智能信息问答、法院导航、线索举报、执行悬赏等诉讼服务。移动微法院搭载腾讯云存储、大数据、人脸识别、讯飞科技、同步多方音视频等技术，实现诉讼服务事项跨区域远程办理、跨层级联动办理、跨部门协同办理，实现司法便民为民。

一步一导引。移动微法院是智慧法院的一种指尖法院形式，主页界面的"我要立案""我的案件""多元化解"等 9 个功能模块呈九宫格排列，当事人使用移动微法院参与诉讼过程中，每个步骤都有提示、告知、提醒或释明等，这种"一步一导引"的智能信息化服务，便于当事人更好地掌握和遵循诉讼规则。此外，移动微法院对部分常见的诉讼文书预置了格式样本，上传相关诉讼材料时，当事人既可以拍照上传，也可以使用内置模板，以填空式输入后发送给法官。

弹性工作时间。庭前在线证据交换，当事人可灵活安排时间线上错时质证，不拘泥于传统的同时同地同步，减轻当事人诉累，节省庭审时间，助力审判提速。申请执行人也可向执行干警发送执行线索，连线执行现场。整个执行过程阳光透明，全程留痕。执行干警可以通过图片、视频、定位等方式向申请执行人实时推送查封、扣押、司法拘留等 14 个节点信息；移动微法院同时支持执行法官的外出执行场景，照片、录像、文字、语音等信息同步到法院专网执行系统，公开冻结、查封、强制执行等执行节点，使执行工作更加公开、透明。

总之，移动微法院具有很多优势：当事人递交材料很方便，申请书以及一些不是很厚很复杂的材料，拍张照片上传给法院就可以，移动微法院可以保存，与法院的内网系统是同步的；尤其在新冠疫情期间，移动微法院开庭极大地化解了矛盾；在全国都在推动无纸化办公改革情形下，法律文书全都采用电子送达。送达之后，只要当事人点开看了之后，会自动生成回执，这个回执相当于正式的送达。"送达难"一直是制约审判效率提升的一个因素，使用移动微法院，让诉讼材料一键抵达，压缩文书送达工作用时，大幅提升送达效率，节约送达成本。

（四）移动微法院的不足

移动微法院运行以来，也逐步显现出其不足：庭审庄严性受到挑战、不能当庭质证影响到审判效果、庭审出现问题的归责认定等问题。

庭审庄严性受到挑战。移动微法院环境下，庭审不可控因素增大，如诉讼参与人无故离开庭审，不听劝解的发表不相关意见，对法官和对方当事人进行谩骂、攻击和诋毁等行为，法官只能给予程序性提醒警示，无法直接对其行为进行制止、训诫，诉讼参与人内心对庭审的敬畏之心减弱，与在庄严的法庭现场气氛远远不同，这无疑给维护司法形象带来一定的风险。

证据确信受到挑战。移动微法院环境中，法官无法接触原始证据，会对证据的不确信程度增高，从而影响对案件事实的判断。如果是现场开庭，双方当事人可以当庭查看证据、发表质证意见；移动微法院通过视频开庭，对方看不见实物，就无法发表质证意见。法官内心对证据的确认也信心不足，法官对证据的采信依赖于最佳证据的展示，缺乏原始证据会出现庭审中断、诉讼活动延期的状况。对于法官，现场开庭时需要注意到当事人的每一个细节，包括当事人在庭审对话的语气、眼神及肢体动作，以便更好地掌握当事人的心理变化。这也是移动微法院与实时开庭没法比的地方。

中断归责受到挑战。《民事诉讼法》规定，原告中途退庭按撤诉处理，被告中途退庭按缺席宣判。移动微法院环境下，一方突然结束在线庭审对话，如果由于网络故障原因，可以在网络恢复后继续审理；如果由于当事人因不满或感觉现有事实对其不利等主观因素而故意中断，则等同于传统审判中的当事人中途退庭情形。由于在线审判的异地空间性，法官对庭审中断的真实原因难以判断，这容易导致主观带有恶意中断庭审的当事人产生侥幸心理，既得不到程序限制，又重复浪费司法资源，还会对司法权威带来挑战。

此外，小程序本身具有一定缺陷。很多老百姓并不会用移动微法院小程序，技术的初衷也许是为了让大家不用下载 App，但是实际使用过程中，移动微法院在小程序中，看不到实时通知，有些通知不会有强烈的铃声或震动提醒，无法与单独的 App 相比。

移动微法院给法官、当事人、律师的工作带来了很多便利，使审判效率更高、执行更有效，科技创新驱动法院各项工作质效不断前行。对于移动微法院的不足，可以设置庭前宣誓制度增强审判活动的严肃性和仪式感，引入强制性证据交换程序以防止庭审中止，引入第三方平台的见证从而排除当事人的合理怀疑增强证据可信度。在移动微法院的计算程序中嵌入与证据结合的专家经验，平衡司法人工智能的缺陷与法律人的任意性，既能够提高效率又能够发挥法律专家的主导性，审判质量和效果共同提高，促进司法公正。随着移动微法院的成熟完善，只处理案情简单的小额民商事案件的初心已无法满足各方需求，移动微法院的扩张可能会影响司法机关开庭审理案件，应进一步明确移动微法院管辖范畴，避免管辖混乱。

"中国移动微法院"已于2022年3月1日转型升级为"人民法院在线服务"，形成集调解、立案、阅卷、送达、保全、鉴定等为一体的全国通用诉讼服务链，总入口可以集中查询、办理全国法院的诉讼服务事项，体现出"一站式"办理全国法院在线服务的便捷司法需求。

四、马锡五审判方式对智能司法的价值

马锡五的法律实践方法，是古老的，更是平凡的。法律人的功能是预防争议为人们解决问题，多数法律人自己也忘了自己这项应有的功能与使命。"互联网+司法"时代，司法机关采用信息技术进行大数据破案、智能信息辅助立案、微信审判、网络远程虚拟办案等新形式，努力以流动、虚拟、飞跃、自由、富有时代魅力的方式去探索新型办案方式，科技为司法职业既带来了机遇也带来了挑战。伴随互联网成长并受过系统法学教育的司法职业者，以互联网作为生存方式，在今天的高铁一日生活圈、飞机平民化、汽车进入普通家庭的时代，即使去边远山区，因具有了先进的交通工具，甚至一些职能可以通过互联网以自助或"穿越"方式代替。"互联网+"为司法带来了机遇和红利，然而，也有人认为"互联网+司法"可能是法律行业的终结者。[①]

骑着马儿去田间地头现场办案、没有西方精英式法学知识的"马锡五们"的故事，在自由、先进、高速并有着现代化技术装备的智能信息时代，仿佛都只是一个过时的故事和传说。然而新民主主义革命旨在推翻封建主义，从殖民主义中实现独立，果断地在中国采取截然不同于西方自由资本主义和议会民主的制度，也不同于东欧的苏联式共产主义制度。新民主主义革命时期的司法符

---

① 张宸宸. 机器人，法律行业的终结者还是开路者？[J]. 读书，2016（10）：38-40.

号代表是毛泽东命名的"马锡五审判方式",这是党在司法领域里唯一一次以人名命名,代表独立、自主的司法审判方式和话语权建构,包含着司法为民等一系列价值和理念。没有受过西方系统法学教育的"马锡五们",用办理的案件、工作总结、会议讲话等留下东方中国新民主主义时期的司法和审判经验。陕甘宁边区政府时期的司法实践探索是一个道路曲折的过程,是革命时期众多司法工作者的失误、成功共同构成的历史教训和经验。现实生活永远是理论发展的沃土[1],尽管他们没有系统的理论和著作,但他们的经验成为新民主主义司法的经验,新民主主义时期司法包括从事司法工作的延安革命者们,如作为领导者的林伯渠、谢觉哉、雷经天,具体办理司法案件的奥海清、石静山等。马锡五成为新民主主义革命时期司法界一个具有标志性的重要人物,他的精神永不过时。

对边区司法以及马锡五审判方式的研究,已经有不少系统的专著成果。[2]边区司法中也存在诸多的不足,近年来,随着法治现代化的推进,用西方的法治概念、话语和思维批判、反思该审判方式的声音、研究成果较多,这些不同意见、批判声音会帮助我们更加全面地看待、评判新民主主义司法。然而,在前行中携带上我们自己的司法前辈所积累的优良传统,不忘适合我们民族、水土、人情的司法价值,尤其是争取民族自强、独立时期的经验和教训,延续民族文化基因也是非常重要的。然而,能否将优良司法传统吸纳进数字司法中,将司法智慧与科技优势相结合,优化今天的司法方式呢?

(一)"互联网+司法"带来的机遇

虽然在法律领域,对信息技术的使用比其他行业谨慎、保守,但随着越来越多的伴随互联网成长的一代人进入法律职业,他们不仅受过系统法学教育,拥有法律职业共同体的标签化"法律职业资格考试"证书,还具有各种名目繁多的计算机证书,随身携带着技术的智慧,这些新一代在慢慢地影响整个司法格局。司法虚拟远程办公、大数据侦查、网络立案、网络审判、微信审判、大数据执行等已在司法实务部门探索。"通过智慧治理推动现代法治建设,建构智慧法治,可以进一步稳固执政党的执政能力、提升政府的治理能力、形塑公民的主体思

---

[1] 阎孟伟.马克思的实践哲学及其理论形态[J].哲学研究,2012(03):8.
[2] 侯欣一的《从司法为民到人民司法——陕甘宁边区大众化司法制度研究》,汪世荣的《新中国司法制度的基石》,张希坡的《马锡五审判方式》等专著;在期刊网中以"马锡五"为检索词,得到5000多篇文章;以"边区司法"为检索词得到15000多篇期刊论文、博硕论文。

维以及整合国家与社会的关系,从而演绎现代法治发展的历史篇章。"[1] 新技术能缩减诉讼成本、提高诉讼效率。最高人民法院信息中心于2015年12月底完成《人民法院信息化建设五年发展规划(2016—2020)》和《最高人民法院信息化建设五年发展规划(2016—2020)》的编制工作。信息化为传统的司法方法带来了现代性,利用超级计算直接分析海量数据,从相关关系中获得新发现。信息化正在引发政治学、经济学、司法等社会科学的一场方法论革命,对新技术在司法界的应用争议较大,很多公检法在各种审慎反思和反对意见的声音[2]中继续坚持探索,我们看到科技为司法已经带来了以下红利。

1. 大数据侦查提升了破案效率和质量

大数据[3]侦查[4]是应对数字化犯罪、数字时代犯罪等具有时空交叉性复杂犯罪的挑战而出现的侦查方式。破案就是利用技术、技巧、社会知识等各种侦破方法寻找事实真相。从技术角度讲,侦查就是一种侦查技术对犯罪技术所领先的优势,数字时代首先是数字拍摄、记录、存储时代,移动智能信息手机、网络、电子监控眼、射频技术等默默地记录着我们的生活和行为轨迹,只是寻求因果关系的方式不同。如公安部的"天网工程"、中国人民银行通过监控银行流水数据进行的反洗钱侦查、中国证券监督管理委员会通过监控证券交易数据进行执法监管、国家安全部门的"大数据"网络反恐等。在大数据时代,通过对包括社交网络、位置(电梯、道路、网页、电话、购物)、音视频等看似碎片化的信息的挖掘、汇总、归纳,从而对嫌疑人快速定位、分析网络关系和社会关系,实现精准、高效、快捷破案。随着不断出现的越来越多的可搜索的数据,随着收集和存储大数据变得越来越容易和低成本,为了处理不断增加的与案件相关的大数据,司法系统加强信息化建设,提供法律论证的数据、事实新方法,提高工作效率,塑造司法公信力和合法性。利用大数据的破案,成为新的不同

---

[1] 彭中礼.智慧法治:国家治理能力现代化的时代宣言[J].法学论坛,2020,35(03):29-39.
[2] "互联网+司法"成为法院创新举措,刘海在《"互联网+"不是司法创新万能药》一文中(载《上海法治报》2015年12月25日A01版),提出了审慎的意见.
[3] 大数据库一般包括:工商登记信息、公安人口管理信息、车辆信息管理、房产登记信息、金融机构信息等,还包括手机通话、短信、电子邮件、微信、QQ、关系圈、特殊技能、脾气性格、衣着打扮、航班记录、住宿记录、社交媒体和聊天记录、GPS定位轨迹、信用等各类信息.
[4] 利用大数据成功破案的新闻报道越来越多。何军.大数据与侦查模式变革研究[J].中国人民公安大学学报(社会科学版),2015,31(01):72-80.徐良峰.大数据背景下侦查模式变革研究[D].上海:华东政法大学,2016.

173

于传统侦查的思维与方法。

2. 利用数字技术的立案和宣判便利了群众

如同去医院看病利用网络、微信预约挂号减少排队、号贩子现象一样，订餐、网购、缴费、订票等都可以在电脑、手机上用指尖点一点便能完成。网络技术提供了在任一诉讼服务窗口办理立案登记、领取文书、缴领款费的可能，并已经在少数法院成为现实；诉讼服务自助终端，可以提供网上立案、预约阅卷、诉讼咨询、意见反馈、案件信息查询、裁判文书打印、诉讼材料递交、给法官留言等多种诉讼服务。这些新数字技术减少了当事人往来于工作生活场所和管辖法院之间的耗时费力的奔波和路途风险，提高了立案效率和对碎片化时间的利用。这极大地方便了群众诉讼，尤其是能够减少边远山区的翻山越岭、千里迢迢之劳顿，减轻了当事人往返法院的诉累。判决是经过审理之后所形成的正式法律文书，宣判只是对判决书内容的宣布，人民法院利用信息网络技术远程宣判，尤其对于年老体弱者、关押距离较远的人，可以有效减少群众诉累、避免提押风险，也极大提高了审判效率。新民主主义司法便民为民的优秀传统，在智能信息时代借助数字技术之翼以飞跃、流动、虚拟的方式得以实现。

3. 突破时空限制的远程审判实现了"穿越"开庭

对于案情简单、事实清楚、证据充分、适用法律没有争议，尤其是偏远和交通不便的地区，适用简易程序的案件，当事人出庭确有困难的，将是远程审判的用武之地。当事人对适用远程庭审没有异议的案件，远程审判可以很大程度提高审判效率，有助于消除基层法院案多人少的矛盾。新技术实现了带有科幻色彩的司法方式，作为时代潮流不可阻挡，司法不可能也不应"闭关锁国"，将自己排斥在新技术门外。但对于远程审判，目前一些法院正在探索制定远程审判、远程提押规程，如若未来立法中针对特定案件规定远程审判的总原则、具体方式、适用范围、操作流程、技术条件，对于远程审判的良性发展和规范运用具有积极意义。

4. 法律的自助应用

人工智能除了通过"自我学习"变得更加聪明和先进外，还通过法律自助应用程序变得越来越普及。自助化的纠纷解决范式[1]利用网络平台解决争议的路

---

[1] 帅奕男. 智慧社会的司法范式转型[D]. 上海：华东政法大学，2020.

径①，对常见的网购争点进行归纳、分类，提取问题描述中的核心及边缘近似词组，进行结构化的标签分类和对应，成为网购维权的诉求基础："退货""退款"是主要的两种类型的程序，各有自己相对固定、可预期的疏导方向和管道。这种自助化、自动化的在线纠纷解决程序，通过投诉者进行问题选择和"智能机器"的问题分类解答对接解决。《淘宝平台争议处理规则》规定，双方协商好解决方案，淘宝即可通知支付宝公司将交易款项、保证金，按照协商结果，一般原路返给买家或卖家，或提供其他的协助义务。淘宝通过对支付宝平台交易款项的控制作为蓄水池和杠杆，保证争议结果的快速执行。这种解纷方式可以消解掉更多的争议，人工服务的介入和援助是潜在的备用和必要的救济，在线智能程序极大地提升了争议解决的效率。如果协商不成，可以通过淘宝平台找到商家信息，向商家所在地的消费者协会投诉，请求消费者协会介入调解程序；如果问题仍然没有解决，可以选择去杭州市互联网法院诉讼平台诉讼，点击"在线诉讼"立案，5 分钟可完成起诉诉状的填写和提交；诉讼参与人可以在不同的时间、地点异步参与庭审，互联网法院是一个 24 小时都在线的法院。对信誉良好的买家，淘宝给予了"先行赔付""极速退款"等特别待遇。

社交类网络平台上产生的纠纷，是通过删帖、拦截、扣除信用积分、禁言、辟谣、封闭账号等技术操作执行争议处理结果的，新浪微博平台也是。《微博2021 年 1 月社区管理工作公告》指出："对 16.3 万余条微博，采取了屏蔽、删除等处置措施。""对发布时政有害信息的 6982 个账号采取了禁止发布微博和评论、限制访问、关闭账号等处置措施。""微博系统拦截涉黄内容 360 万余条。""发布辟谣信息 211 条。""冻结存在自动化行为的账号 6862 个。"② 这种在线的以数字化、智能化的方式发起投诉、诊断问题、界定权益和在线执行，显示出在线争议解决的效率正义性③，同时网络平台借助技术优势，形成一种分享国家

---

① 淘宝通过对过往争议案例的数据分析，得到了各类电子交易的主要维权原因：共性问题主要是描述不符、发票问题、虚假发货等；服装维权的原因主要是缩水、起球、褪色、材质不符、大小不符等；而数码、手机类商品维权的原因则包括配件问题、屏幕问题、性能故障等。
② 微博 2021 年 1 月社区管理工作公告［R/OL］.微博社区管理工作报告，2021-01-10.
③ 电子数据之间的合约构成了基于大数据的区块链程序。区块链等技术在杭州互联网法院的司法实践中被应用，法院认可了区块链作为电子数据的存证方式，据此认定案件事实。区块链技术下的"智能合约"，将证据与事实进行虚实融合，赋予计算机系统执行当事人之间合约的能力。一旦合约上传，便永远存在区块链里。"十四五"规划提出了若干个新的数字化理念，如云计算、大数据、物联网、工业互联网、区块链、人工智能、虚拟现实和增强现实等。

司法权的新兴私权力。在法律服务市场，有律师事务所开发连接律师与用户的线上法律服务产品"法小助"。号称"世界上第一个机器人律师"的法律自助应用是 Do Not Pay。2016 年，19 岁的大学生约书亚·布劳德（Joshua Browder）推出了这款应用，目的是"帮助家人和朋友挑战他们的（停车）罚单"。这款应用越来越受欢迎，功能也得到了扩展，这款应用是免费下载的，用户可以在美国任何小额索赔法庭提出索赔，获得绿卡和签证，对抗信用卡费用，起诉科技公司数据泄露，当然，还可以对抗停车罚单。要使用这个应用程序，用户必须简单地回答几个与他们的索赔相关的问题。然后，该应用程序会自动接收用户的答案，并填写合法表格，这些表格可以直接发送给必要的收件人。自推出以来，这款应用已经成功收回了 16 万张停车罚单。此外，这款应用声称有 50%的成功率。像 Do Not Pay 这样的应用程序绕过了对律师的需求，增加了诉诸司法的途径。

5. 合同实质性审查

起草合同是企业法律顾问的主要任务之一，相当费时费力。然而，具有深度学习功能的人工智能系统，通过对大量实际合同的学习，可生成极其精确、复杂且适合特定情景的合同。其所起草的合同不仅远远好于照搬合同范本的结果，而且好于许多经验丰富的法律顾问公司的作品。

2014 年，一家专用自动化系统审核合同的公司 LawGeex 正式成立。用户只需将合同上传至 LawGeex 审核系统，系统便可在短短 1 小时内为客户提供合同审核报告，说明哪些条款不符合标准、哪些常规条款有遗漏、哪些内容需要重新拟定。目前，LawGeex 的绝大多数客户都是公司法务部门。相比以往律师服务，客户可以节省 80%的合同审核时间，以及 90%的律师服务费。而这只是 LawGeex 法律人工智能的"小试牛刀"罢了，公司计划在未来几年内实现全部法律服务的自动化，能将工作时间从几十小时缩短到几小时。合同审查是人工智能开始取得重大进展的另一个领域。Salesforce、家得宝（Home Depot）和 eBay 等几家公司在日常运营中使用人工智能技术进行合同审查，随着越来越多的律师开始使用人工智能进行合同审查，这种做法正变得司空见惯。中国也有若干家此类的公司，如百度、科大讯飞等，它们也利用自主拼接方法来生成所需法律文件。[①] 智能合同审查分形式审查的浅层审查、深度审查，包括内容合法和履行风险，算法依托强大的数据库指出风险点，对通过或不通过给予初步把

---

① 黄俏娟，罗旭东. 人工智能与法律结合的现状及发展趋势［J］. 计算机科学，2018，45（12）：1-11.

关。2020年12月4日,"法智未来"法律人工智能挑战赛在浙江大学之江校区举行。比赛聚焦合同审核,采取人机合作挑战形式。最终2个人机协作组由于排查出了更多疑难风险点,分别排名第一、第二,而人工智能律师排名第三。

然而,这些新兴项目的关键审核需要人。律师在审查人工智能的建议后,就合同中使用的准确内容和语言,需要做出最终实质性的决定。或许十多年后,智能系统协助起草法律文件的时代最终必然来临,大多数的合同、法律文件、诉讼文件和审判文件,都将由人工智能系统拟定,法官和律师的角色将从拟定者变为审校者和签署者。因此,律师在道德上有义务跟上法律领域最新的技术,以便为客户提供称职的代理。人工智能程序会产生什么结果?人工智能程序能做什么,不能做什么?法律职业者不能盲目地认为人工智能得出的结论就必然是真实的。如果没有这些基本知识,律师将无法充分使用人工智能程序,为客户提供合格代理的能力会被削弱。

然而拒绝使用人工智能也可能带来伦理影响。随着人工智能技术的进步和在法律领域的广泛应用,拒绝在法律实践中使用人工智能,可能会严重阻碍一个人提供合格法律代理的能力。因为更多的人使用AI程序变得更有利:未来AI将利用律师事务所的集体经验和私有数据,创建独特的高不可攀的见解。因此,拒绝在法律工作中使用人工智能,也面临被更加准确和高效的技术淘汰的风险。

6. 诉讼开示

诉讼开示是为诉讼取得证据的过程。在现代诉讼中,律师需要对对方律师提供的大量文件进行审查。传统的文件审查是阅读每一份文件、手动标注每一份文件中的问题。

预测编码是基于计算机的文档审查技术的总称,用来自动对可能相关或不相关的诉讼文档进行区分。预测编码技术,可以检测电子邮件和其他可能与诉讼相关的文档。随着电子发现能力的强大,自动审查软件有了用武之地,因为与诉讼相关的文档成倍上升,甚至达到数百万个文档,远远超出了人工处理的能力。"通常所说的预测编码又称为计算机辅助文档编码,是一种利用计算机技术审查、分析和处理大量文档的技术。根据2012年全美律师协会诉讼法年会提交的报告,预测编码涉及制定基于训练集的决策标准,然后应用于更大的数据体系以进行预测。预测编码的核心在于'监督学习',即从人类决策中学习,然后能够将这些决策应用于新数据的算法。"[1]

---

[1] 於兴中. 预测编码在司法中的应用简介[J]. 经贸法律评论, 2018(01): 97-103.

（二）马锡五审判方式中的司法优良传统

站在中西文化源头的孔子、苏格拉底都在历史上没有留下著述，他们以口述方式阐述、传播着自己的思想，成为著名的大思想家。马锡五没有系统的书面法治思想，马锡五的法治思想是用他的司法实践行动书写出来的。而他的审判方式创造了新的司法方法。1944年6月，毛泽东在《陕甘宁边区建设简述》中对新民主主义审判方式进行了总结、提升、定位，"提倡审判与调解、法庭与群众相结合的审判方式（马锡五方式）"①，是新民主主义时期司法的最高话语。

"马锡五们"的法治思想是用他们成功处理的典型案件和其他司法实践书写出来的。我们查阅了包括庆阳档案馆等基层档案馆保存的基层法庭的档案，中华人民共和国成立后的最高人民法院的司法档案，以及在庆阳中院法院文化中心和华池县马锡五纪念馆，看到马锡五审理过的封捧儿案等具有司法智慧、良好口碑和影响力的判决书复印件。② 在庆阳档案馆我们看到有合水县政府"司法工作材料"（卷号19），合水县政府"司法处关于四六年司法工作总结报告"（卷号39）、环县政府"司法处关于四八年工作情况综合报告"（全宗号36，目录号14）；在最高人民法院的司法档案中，有"最高人民法院马锡五副院长在河北省永清县司法工作现场会议上的讲话（记录）"、1959年5月20日"在全国公安、检察、司法先进工作者大会上的书面讲话"（卷号09）、1961年10月9日"关于人民调解工作的情况"、1961年10月7日"关于人民法庭工作的情况"（卷号08-09）。马锡五在讲话中这样总结自己的办案："就地审批：这是初审机关走出法庭，携卷下乡，联系群众，处理案件，并通过具体案件的处理，进行政策法令宣传的一种好方法。"（卷号09）

然而，马锡五担任最高院副院长后，客观地认识到个人经验的有限、社会发展带来的对司法理论的需求无限。他对于人民司法工作的优良传统的总结，虽时过半个世纪，但对于正在建设中的数字时代的司法，仍然具有启发意义："我在上面不厌其烦地讲着许多具体事例，虽然事例本身的经验不成熟，有些还过了时，但主要是为了说明人民司法工作过去在党中央、毛泽东的亲自领导、培养下，有它的优良的传统。这主要是第一，司法工作坚决服从党的领导，这

---

① 陕西省档案馆，陕西省社会科学院编.陕甘宁边区政府文件选编 第8辑［M］.西安：陕西人民出版社，2015，第225页.
② 该判决书的正本已被中华人民共和国国家档案局作为国宝级档案收藏。

是我们取得胜利的最根本的保证。第二，司法工作贯彻群众路线，也是我们取得胜利的根本保证之一。第三，司法干部在审判工作当中以普通的劳动者的姿态出现，与群众同吃、同住、同劳动，同劳动人民建立深厚的感情，真正同他们打成一片。此外，从我的亲身的经验中，还体会到领导干部要深入实际，亲自办案，取得经验，做出榜样，就有了指导工作的资本，对于推动工作，是有很大作用的。"① 关于"马锡五审判方式"的特征，张希坡先生曾做过较为完备的概括："一切从实际出发，实事求是，客观、全面、深入地进行调查，反对主观主义的审判作风；认真贯彻群众路线，依靠群众，实行审判与调解相结合，司法干部与人民群众共同断案；坚持原则、忠于职守、严格依法办事，廉洁奉公、以身作则，对下级干部进行言传身教；实行简便利民的诉讼手续。"② 结合马锡五个人对司法优良传统的总结、司法工作者们办理的案件、群众的感受和称赞、我们所阅读的各种档案，这一司法优良传统可以归纳为以下四点。

1. 司法的政治性与便捷性，实现司法为民

边区司法的政治性、意识形态性具有为我党政权服务③、司法为民的双重政治性，但共同的本质上是一致的，因为党代表了人民的最根本利益。④ 政治性、意识形态性与法律的关系，无论是国外还是国内、宏观还是微观，一直都是有意识形态的，只不过不同时期、不同社会形态表达的方式在强弱、明暗、显隐上有所差别，其核心是为谁的政治和权利的问题，有些国家和社会公开表达和切实追求，有些以其他名义和术语掩盖着真实的政治意图。

司法为民，是毛泽东新民主主义理论在司法中的创造性运用，边区抗日民主政权的依托是人民，司法为民必然成为司法的最高宗旨。边区种种降低人民诉讼成本、便利人民诉讼的措施，都是司法为民理念在现实中的具体化。边区时期为减少讼累，实现巡回审判、推行刑事和解和普及民事调解，初步建立了

---

① 1959年5月20号"在全国公安、检察、司法先进工作者大会上的书面讲话"[Z].北京：最高人民法院，卷宗号：09.
② 张希坡.马锡五审判方式[M].北京：法律出版社，1983：55.
③ 1944年9月，中共边区中央局负责人习仲勋在绥德分区司法会议上的《贯彻司法工作正确方向》讲话中，总结边区司法工作的新经验中强调，"我们的司法方针是和政治任务联合的，是要团结人民，教育人民，保护人民正当权益。越是能使老百姓邻里和睦，守望相助，少打官司，不花钱，不误工，安心生产，这个司法工作就算做得好"。谢觉哉认为"我们的法律是服从于政治的，没有离开政治而独立的法律。政治需要什么，法律就规定什么"，因而司法人员一定要"从政治上来司法"。
④ 李其瑞，邱昭继.西方马克思主义法学的源流、方法与价值[J].法律科学（西北政法大学学报），2012（05）：23-30.

多元化纠纷解决机制，采取的是适应革命时期不同层次、任务时间特殊的民众的司法需求，是一种在当时背景下对边区社会秩序的恢复和重建最为适当的方式。这一方式尤其适合当时边区的地理环境，深山沟壑、道路崎岖、交通不便，以骑马、步行为主要出行方式，花费数小时甚至数天才能走出大山的现实，司法工作者主动承担了应该由当事人承担的费时、费力的必需的诉讼时间、交通、经济成本。

2. 深入调查与是非分明，彰显公平正义

苏发云兄弟三人被曲子县司法处错误认定谋财杀人，将他们三人押了一年之久，没有解决。马锡五在将案件事实调查清楚后，召开群众大会平反这个案件，宣布苏发云兄弟三人无罪释放。群众说："这个案子如果放在旧社会的官僚衙门，高高在上，原先有那么多的证据，早已枪毙了。只有人民司法机关的负责人，才深入调查，不冤枉好人，判得非常正确。"① 马锡五深入群众、参加生产、细致调查、查出真相，对该案件的处理在真相清楚、是非分明的基础上，办理得群众满意并称赞，赢取了群众对党司法的信任，在人民心中树立了司法权威。

边区的做法主要有两种形式：一是反对坐堂办案，反对单纯依靠案卷，要依靠既有的规则进行判断和推理，司法人员要深入基层，亲自了解案情；二是调查中要依靠群众。马锡五正是本着实事求是、调查取证的态度，与群众共生产、同生活，不以司法"官员"的"优越"身份高高在上，或远离群众、脱离现实生活，而是与群众融在一起，客观、全面、细致地进行调查研究；本着实事求是的精神，深入群众听取各种不同意见，搜集证据，然后通过细致的推理，找到案件的客观证据，抓住矛盾的主要方面和关键环节，公正合理地处理案件。

3. 遵守政策法令与保护良俗善习，继承传统文化基因

边区时期政策与法令的区分不清晰，边区的领导人和一般群众，对二者之间的区别并不清楚，通常情况下将二者并称，在司法实践中政策与法令都被视为法律渊源，可以作为判案依据，而且二者的效力等级、优先顺序没有明确规定。这个时期的政策法令，被称为"革命法令"。谢觉哉要求"司法的人，要懂情理"。合情合法，就是公正地断案。新民主主义革命时期，"马锡五们"面临的案件发生在乡土社会落后的经济、根据地艰苦的条件背景下，边区的矛盾纷争多源于相邻土地对边界的争执、婚姻媒妁之命与自主选择的价值冲突、邻里生活中传统文化观与当时适用的成文法《六法全书》之间的文化对接等方面。

---

① 马锡五. 马锡五副院长在全国公安、检察、司法先进工作者大会上的书面讲话 [J]. 人民司法，1959（10）：35-39.

社会观念上,边区以传统文化观念为主,一枚硬币必有两面,和为贵从西方文化视角看,就是息事宁人。边区根据地处于山区,山路蜿蜒,干群都依靠马儿或步行走村串户、联络沟通、集众开会,因交通不便、山路阻隔封闭、文化教育受限而依靠口耳相传的道德和习俗维系乡村关系。成文法的现代法观念只是在静态的、应然的法律效力上,吹拂到这些边远落后贫穷的安静村落,但绝对没有深入人心、广为认同,这些成文法仅仅在平静的湖水表面泛起涟漪,而未曾触动湖底深水,边区人民在内心深处依然认同深厚的传统文化。

马锡五化解纠纷,并没有仅仅根据成文法法律条文教条地做出判决,而是将群众一致认同的传统文化、伦理道德作为解决矛盾的可以参考适用的非正式规范和制度,进村到现场,询问当事人真实情况、听取群众意见,以有利于长远生活、和睦相处的目的,选取双方以及群众都愿意接受的意见进行调解,化解纠纷。边区对"十里乡俗不同"的民间多样化的风俗习惯做过一些凝练善习良俗的调查和甄别,将其作为处理边区纠纷的主要参考,这些非正式制度,对定纷止争起了重要的作用。合情合法,就是公正的断案。"王子宜在边区推事、审判员联席会议的总结报告中,提出司法干部要'学习与掌握法律,熟悉社会风俗习惯',强调司法人员不能把法律和风俗习惯——尤其是善良风俗习惯看成绝对对立的东西,二者均得兼顾。"[1] 马锡五不是法律专业人士,他的知识背景和思维习惯可能使他们在断案的过程中,更倾向于"调动他所有的礼教知识和生活经验,根据案情,斟酌情理,在诉讼双方之间找到双方都可以接受的最佳的平衡点"[2]。马锡五审判方式的成功就在于深入民众、沟通协商、融情理于法,尊重了传统文化基因,将从道德情理视角做出的判断和选择,与成文法得出的结论结合起来,从长远考虑、权衡利弊,这样的司法方法既考虑了实际生活的需要,又兼顾了成文法对新型社会关系的塑造与引导,特别适合处理边区司法问题。

4. 抚慰伤痛与驱散心霾,化解矛盾回归生活

诉讼的核心问题之一是,当事人之间发生了权利义务上的争议,要求裁判机关依法予以确认,并以强制力保证执行,或者根据实际情况的变化而变更原来的法律关系。如二审纠正、改判"陇东妨害婚姻案"。在二审办案过程中,当

---

[1] 汪世荣. 新中国司法制度的基石 [M]. 北京:商务印书馆,2011:175.
[2] 陈亚平. 情·理·法:礼治秩序 [J]. 读书,2002 (01):63-69.

场辨法析理、言传身教于干部群众①。这样，使当事人的权利义务重新明确起来，并保证判决即时执行，促使了边区社会关系的和谐稳定和生产发展。"陇东妨害婚姻案"，一审判决和二审判决的根本不同，在于是否严格依照婚姻法令办事。1939年颁布的《陕甘宁边区婚姻条例》明文规定："男女结婚需双方自愿。"马锡五在二审中，经过调查了解，证实封捧儿根本不承认与朱寿昌的婚约，"死也要与张柏结婚"，说明封捧儿与张柏确属双方自主自愿。这一辨法析理、明辨是非、抓住主要矛盾使其他问题环环迎刃而解。马锡五断案，不是简单地一判了事，而是根据不同的对象，有的放矢地进行细致的思想工作。针对当事人的特点和心理状态，采取灵活多样的方式方法，着重扭转当事人的对立情绪。马锡五以诚恳和蔼的态度、深入浅出的方式，将审判工作做得既合乎政策原则，又顺乎人情法理，不仅使双方当事人易于接受，也能得到周围群众的拥护。

马锡五的法治思想是用他的司法实践书写出来的。从理论上看，马锡五本人并没有系统的法治思想理论，但从实践上看，马锡五成功处理了一些典型案件。陕甘宁边区政府时期的司法实践探索是一个道路曲折的过程，现实生活永远是理论发展的沃土，如果将这些司法实践经验上升为"马锡五法治思想"，更多的是一种新民主主义司法经验的理论总结，是农村包围城市的中国特色革命道路的法治实践选择，是今天具有中国特色法治建设思想发展演变的源头。

最高人民法院院长在2009年《最高人民法院工作报告》中提出，要"继承和发扬'马锡五审判方式'②，深入基层，巡回审判，就地办案，方便群众诉讼，减轻群众负担"。马锡五审判方式中的优秀传统和价值，在当代中国仍然具有积极的意义和价值，只不过随着时代的变化，其实现方式、方法、载体不断地被先进的交通工具、信息技术、大数据、智能信息手机、微信等适合这个时代的方式替代着。

---

① 封捧儿的婚姻上诉案，马锡五批评张金财兄弟，使之认识到抢亲旧习的危害性，既破坏社会治安，又不利于两亲家和睦团结；批评封彦贵不应为几个钱把亲生女儿当货卖，既违反婚姻法令，又断送了女儿终身幸福，"万一你女儿发生意外，到头来你的晚年又去依靠谁呢？"说得封老汉思想开了窍，既高兴又惭愧。同时也教育封捧儿与张柏，使之认识到婚姻自主是对的，但应按照法律规定向政府进行登记，那才是受到政府保护的合法婚姻，并且告诉他们今后还要注意尊敬双方的老人，搞好家庭团结和亲戚关系。
② 我国婚姻家庭领域，由于经济、社会结构的变化，同时受到了西方自由主义文化和法律的影响，近年来，家庭中子女和老人的问题增多，2015年12月23日至24日，最高人民法院召开的第八次全国法院民事商事审判工作会议上，最高法院提出要推进家事审判方式改革。家事审判要考虑到家事纠纷的特殊性，审判职能应该从裁判职能延伸到家庭关系，尤其是夫妻关系感情的修复、抚慰伤痛的心灵。

（三）"互联网+司法"面临的挑战与应对

1. "互联网+司法"的冷漠及其矫治

科技为司法带来诸多便利的同时，也为数字时代司法带来相应的挑战。比如，远程审判难以细致入微地"望闻问切"细察到当事人的各种情感、情绪、心理，以及与在场的各方法定结构性力量的互动，各种信息设备的技术保证、支持，画面的转换不能与现场的到场互动、交流、辩论的真实性相比。当技术成为隔离、阻滞官民的新障碍，当民众感受到的是被技术化包装的新冷漠，数据司法就会走入新的困境。"公民的司法诉讼活动，不仅在于解决个案纠纷，而且有社会压力的减压阀功能，即社会民众将社会交往中形成的怨言、矛盾等通过一个个具体的案件来逐渐地释放。因此，无论是正式的庭审还是调解活动，都包含着交往、劝说、对话、协商的过程，民众的不同情绪在此过程中也能得到一定程度的释放和平息。"[1] 应淡化"互联网+"所带来的形式上的东西，注重司法能力、法律思维、实质正义等。司法不能被技术捆绑，让形式更加复杂，应注重司法的终极价值和目标。

在转型中国，多元、多样生活需要相应的司法方法。"马锡五们"亲自参与或指导办理过的案件，因其使用了群众能听懂和理解的亲切语言，深入群众工作、生活，办案方式去形式化、去官僚化，就地办案便利了群众，故其故事被编成戏剧、顺口溜广为传颂。马锡五是没有官架子的法官，他不介意工作的时间，不要求严肃、正式的场合，将工作融入拉家常式的谈话，受理案件了解案情，而不摆法官"老爷"的架子，威吓、推脱、刁难群众。这些做法群众容易接受，形成一种深受群众欢迎的新型司法风格，是一种无意识地将专业又正规的法言法语、法定严格的程序转化为群众能听懂和理解的、亲切生动、容易接受的语言，是富有新民主主义时代特色的司法方法和艺术。马锡五审判源于马锡五在艰苦的少年成长经历中对普通群众的情感、贫苦生活中浑然天成积累的天然同情心、革命军人发动并依靠群众的军事性经历、为群众奉献的满腔热情，用自己创造性的工作方法诠释着司法为民的含义，"马青天"办案的故事能够在民间以故事形式流传下来，在故事的细节里，流传着百姓对司法工作的心理呼唤和认同。技术只是一种形式，司法工作者个人魅力、品质、工作艺术仍然是灵魂。

---

[1] 高可. 司法智能信息化的功能、风险与完善 [J]. 西安交通大学学报（社会科学版），2020, 40 (06): 145-152.

2. "互联网+司法"的价值选择及"为谁服务"

"美国微软研究院首席研究员、麻省理工学院公民媒体中心客座教授凯特·克劳福德对大数据的效用提出了疑问，认为大数据中存在偏见和盲区。"[1] 数据是人选择的产物，人在选择中摆脱不了前见和潜在的倾向性、隔阂和误解。技术以虚拟和无形延伸了人类有形的肢体，大数据技术强化了工具理性，如果将工具理性推到极限，虚化和取消了价值判断、人类特有的感觉经验、个体所具有的热情和温度感，技术就会凌驾于主体之上，被具有优势技术能力并能够掌控、操纵技术的强势技术领先者垄断和控制，不掌握先进科技的人反而沦为被奴役者，法律承载着作为人类安全阀的尊严、公平等价值一旦受到减损，在技术控制着的话语权面前失去法律职业人的独立判断，此时的科技便具有了政治意义。

自动预测编码也具有自身的局限性。计算机不具有做出最终决定权的资格和能力，因为计算机软件根本无法理解法律和事实，更谈不上战略筹谋、政策制定，以及其他人工智能目前尚不擅长的抽象问题。因此，自动预测编码系统可以过滤出可能与案例无关的文档和信息，而决定对案件有帮助的文件仍然是人，而不是计算机。法律实践具有复杂性，人类的认知能力可能很难被取代。预测编码本身是一种算法，有可能被怀疑为暗箱操作。保持透明度是消除对方疑虑的必然条件。许多律师担心预测编码是一个黑盒子，所以无论使用哪个平台，它都必须具有强大的可视化功能和透明的工作流程，以帮助法官和律师对文件内容和过程的理解。预测编码审查文件，本身就需要相当专业的技术和训练，必将呼唤预测编码专家、预测编码律师、预测编码法官等交叉学科广博又专业的专家出现。预测编码意欲取代审查文件的合同律师队伍，但由于预测编码可能存在的不透明、不公正，就面临很难被大多数法院和法官采信，从而难以普及。

大数据方法的数据测量，面临严重的信度和效度问题，仅仅是侦查的一种补充。如果将社会生活简化为数据，就会导致盲目推广分析结果的错误，失去在炫目的新技术面前的理性判断。没有所谓"原始数据"，价值选择始终贯穿于数据采集和利用的全过程，决策是工具理性和价值理性共同作用的结果，仁者见仁智者见智，是多样化多元化的体现。最高法院承认"司法裁判文书上网公开计划烂尾"说明了选择性公开和上网的问题，是否选择上网公开才是关键，

---

[1] 卢朵宝. 美国学者质疑"大数据"理论[N]. 经济参考报，2013-06-14 (08).

信息化并不能让我们信任和依赖。信息技术"它只是一种载体"①，大数据中隐藏着看不见的人的经验、直觉。智能信息时代的司法，是对传统司法模式的技术性强化，但其有效模式应是信息化和人的直觉经验、高素质和能力人的完美结合，在"互联网+司法"中，互联网只是为司法服务的手段，司法是核心，公正是司法的目标。

3. 准确把握对"互联网+司法"的需求

当事人由于信息技术水平的差异，也会导致各种机会、表达的不公平，信息鸿沟不能加剧新的不公平。尤其是中西部地区基层人民法院、一线办案法官的需求与现实性，包括信息化投入、兼具法律与信息技术能力的人才、一线办案人员的办案环境和任务等。对于因"数字鸿沟"而形成的信息弱势群体，他们也许因为贫穷、教育局限、残疾生病等而不能使用信息通信技术，数字时代司法不能以"平等"之名造成歧视和排斥，防止数字时代司法造成新的不公平和社会分裂。

闪烁炫目的屏幕与有温度、有智慧的人相比是冰冷的，带有温度的司法职业者的在场与虚拟在场，对当事人来说是不同的感受。要避免智能信息时代的法官成为屏幕背后的"影像"法官，因屏幕隔离而造成新的脱离群众，针对不同的案情、民情、舆情，在综合考虑法律效果、社会效果等因素后，选择何时信息化办案何时现场办案，什么情况下走入群众什么情况下远程沟通，而不是走向技术化的极致，在信息化美丽的外衣下，使得信息、技术落后群众维权变得更加复杂、艰难，再先进的技术、再高的信息建设投入，都只是人使用的一种工具，判案归根到底依靠的是法律人的素质和职业伦理。"法官对案件裁判并非只是机械式的法条适用，他们不仅需要在法律制度与案件事实之间来回穿梭，还需要结合案件的具体场景、个人的经历，以及社会中的常理、常识、常情等对案件进行综合性判断。裁判或调解结果，实际上是法治价值、法律制度、案件事实和个体经验等要素予以综合后的产物。"② 躲在屏幕背后的网络人、手机人被造就成孤独、失望或残废的个体，屏幕阻断了人与人之间的真实交往，任何一种状态发展到"失控"③，人类都应该自我矫正。"现如今，我们试图用叠

---

① 左卫民. 信息化与我国司法——基于四川省各级人民法院审判管理创新的解读 [J]. 清华法学, 2011, 5（04）: 141-157.

② 高可. 司法智能信息化的功能、风险与完善 [J]. 西安交通大学学报（社会科学版）, 2020, 40（06）: 145-152.

③ 凯文·凯利在《失控：机器、社会与经济的新生物学》一书中提出了因技术利益的需要我们尚未印证或窥破地对未来"预言"。

床架屋的官僚建制和精巧严密的技术手段来维系司法权力的廉洁与公正,却经常忽视了民主和参与才是人民司法取信于民的关键所在。诉诸技术智慧的'唯我论'努力也许能够保证司法官僚在处理事务性问题时保持与既往判例的同一性,但却并不足以敦促高高在上的法官俯身倾听来自社会深处的正义呼喊,就此而言,精巧严密的算法壁垒也许恰恰可以让法官心安理得的像鸵鸟一样把头埋在大数据的沙堆下。"[1] 在当下中国,智能信息时代的司法,对于伴随网络成长的千禧一代更多的有其积极作用,但也有其止步的限度,适时有度释放司法工作者的温度也是非常重要和必要的。於兴中先生认为:"真正的智慧司法乃是前现代甚至古代的所罗门王或包青天式的司法。"[2] 在於先生看来,法官借助了人工智能信息和一些先进技术的辅助(算法量刑、预测编码证据开示、借助人工智能信息驱动的法律研究平台,或者采用专家系统)开展司法活动,实质是司法事务的办公自动化或者科技在司法中的广泛运用,而司法的真正智慧还是要靠法官来发挥,而不是被拥有强技术的企业、资本或其他力量控制。

人工智能只是司法的补充,而不能取代人类的工作。"在中国,不可不警惕的危险是我们既可能高估了法律人工智能到来的成熟性、快速性,同时也低估了将权力转让 AI 法官可能意味着的人类良好裁判能力的消减,而这似乎有悖于我们将 AI 引入司法领域的初衷。"[3] AI 可以是一种提高法律服务质量、增加个人正义获得感的工具,在具有道德参数的前提下操作。法官、律师不应完全依赖人工智能程序来办案,由于司法所具有的伦理性,人工智能只是一种辅助技术,辅助法官、律师实现司法的公正。对人工智能伦理标准,中国标准化委员会提出了两个基本原则:人的根本利益原则和责任原则,即促进人的善和人的主体性。坚持智能司法只是辅助法官的工具,法官借助人工智能,发挥主动性,追求公正审判。

综上所述,司法机关可采用信息技术进行大数据侦查、智能信息辅助立案、微信审判、网络远程虚拟办案等,以流动、虚拟、飞跃、自由、高效率、富有时代魅力的方式去探索新型办案方式。然而信息化为司法带来新机遇的同时,也为司法职业工作和职业带来问题和挑战,但由于信息化本身的限度,司法信息化虽有助于但不能完全实现公正、高效等价值目标,甚至会引发新的歧视,

---

[1] 陈洪杰. 从技术智慧到交往理性:"智慧法院"的主体哲学反思 [J]. 上海师范大学学报(哲学社会科学版),2020,49(06):84-92.
[2] 於兴中. 智慧地使用人工智能信息 [N]. 法治周末报,2020-12-12(01).
[3] 左卫民. AI 法官的时代会到来吗——基于中外司法人工智能的对比与展望 [J]. 政法论坛,2021,39(05):3-13.

会为"互联网+"带来的眼花缭乱的形式化耗费掉大量时间、精力、财力，被技术的表面"公平化"蒙蔽，去追求一些置换司法实质内容的华而不实的形式。司法不应为技术所控制，变成技术的奴役，司法人应该透过形式看实质、甄别接受，在拥抱互联网的同时，积极应对问题。马锡五审判方式中的司法优良传统在数字时代仍然具有价值，应将优良司法传统吸纳进数字司法中，将中国法律人特有的司法智慧、创造、经验与科技优势相结合，构建融入了中国法律职业者智慧和司法优良传统的信息化司法。

第六章

游学在云时代的法律花园

　　智能信息时代的科技力量为司法与教学改革带来了机遇、挑战和应对。云时代的课程、学习能力、方法、知识技能对法学教育和法科学生提出了能力提升的新要求。为能全面参与民主社会，所有的学生都借由多元文化教育来学习人际沟通的方法，并学习必备的技能，以此在快速变迁且多元的世界中成功地发展。究竟由谁来参与知识建构的过程？而这些知识又将为谁谋利？我们应让每个公民都能掌握并参与知识的辩论、建构和形成的过程，这样的知识才能充分地反映文化的民主性，迎合大众的需要，并增进公共美德和公共利益。

　　任何与人有关的事物和经济活动，都离不开法律。身为社会科学的一环，法律永远都必须与传统以及新科技或事务紧密结合。传统的法学领域的学习，是处理法律事务的基本功。但面对新科技的发展与新世界趋势的议题，仍必须与传统法学领域，相互运用与结合，才能完备整个法律认知与适用。前提也必须建立在，法律人对于新科技的发展与新世界趋势的相关议题，要有一定的认知与了解。

　　基于大数据的高度运算、机器学习与深度学习的跨领域技术，具有极广泛的应用，对社会各个层面都能产生巨大的影响，一方面使法律从业者，在各种诉讼及非诉讼相关业务方面，将要面对的法律争议更加多元且前所未有，另一方面也将产生各种新形态科技法律工具，进而对法律行业的工作形式、人才结构与服务费用等方面造成挑战。

　　网络时代的法律人与传统法律人的环境已经有着极大的差异，入学申请、学习的方式、汲取信息与整理资料等方式，都已经充分地与网络结合。新的商业模式的发展、法律职业、网络经济与"互联网+产业"发展的变化，都是以非常快速的节奏往前推展，并且也已经反映在国家级考试的议题上。因此，既要认真对待传统领域的法学教育，也要面对新时代的挑战，具有智能信息时代应有的认知。相应地，智能信息时代法学教育也发生了变化，法学专业在线与线下的混合式学习，是一种云端的法学教育。

<<< 第六章 游学在云时代的法律花园

一、法学知识与职业的跨领域整合

"计算不再只是和计算机有关,它决定我们的生存。"

——尼葛洛庞帝[1]

彼德·F.德鲁克在《新组织的到来》一文中指出:"20年后,典型的大企业的管理层数目将会不到现在的一半,管理人员将不会超过现在的三分之一。它的结构、管理问题和关心的主题都与大约20世纪50年代我们教科书上的标准的典型制造企业没有多少相似性。"[2] 信息技术的提高和职业结构的变化间有什么关系?法律数据库的增加是如何影响律师界的职业结构和业务的?

在法律的每一个过程中,信息是作为最基本的元素出现的,法律的每一个过程都集中在信息上,法律的服务就是以信息为基础的。信息技术尤其和法律紧密相关,因为法律本身就是围绕着信息的交流。"无论是口头法还是书面法,都是语言传递的对象,语言成了法律的载体和表征,二者形影不离。"[3]

随着智能信息时代的到来,大部分的法律文献都以信息的方式储存,这是法律工作者希望提高工作效率的结果,尤其是要用最快的速度和较小的努力和代价获得较好的结果的必然。大部分的发明者以及早期的科技使用者主要考虑的是技术的效率的影响方面。然而,"信息的表现方式和信息管理及应用的方法受技术变化的影响很大,这种因素导致变革"[4]。更重要的影响是对法律组织的影响,我们用来提高效率的技术应用,常常还会有一些消极性的影响。"以信息为基础的组织在其集中化的管理领域中如果需要专家,数量也不会很多。"[5] 计算机检索绝不仅仅是为法庭辩论做资料准备,还增加了一点工具性的价值,有更为深远的影响。

本节试图分析信息技术对法律界的职业构成、业务、实践的影响以及他们

---

[1] 尼葛洛庞帝. 数字化生存 [M]. 海口:海南出版社,1997:15.
[2] 小詹姆斯·I.卡什,罗伯特·G.埃克尔斯,尼汀·诺里亚,等. 创建信息时代的组织——结构、控制与信息技术 [M]. 刘晋,秦静,译. 大连:东北财经大学出版社,2000:99.
[3] 郑东升. 中国法庭语用学研究 [M]. 北京:中国政法大学出版社,2018:6.
[4] 中国图书馆学会编. 图书馆人的思考与探索 [M]. 北京:北京图书馆出版社,2004:6
[5] 小詹姆斯·I.卡什,罗伯特·G.埃克尔斯,尼汀·诺里亚,等. 创建信息时代的组织——结构、控制与信息技术 [M]. 刘晋,秦静,译. 大连:东北财经大学出版社,2000:101.

之间的关系。包括：（1）信息技术的应用和发展是如何影响法律职业本身的职业界限的，法律职业和其他职业的关系也发生变化；（2）信息技术的提高将导致法律职业难以继续保持对法律知识的专有、垄断和职业自治，法律地界将受到挑战、侵入；（3）信息技术对法律职业内部的等级管理体系也有很大的影响，信息技术将拉平已经存在的职业官僚等级。

随着信息技术的发展，法律工作社会化加强，法律职业角色、任务和结构均发生了变化。

（一）计算机辅助检索：数据库的增加

律师对计算机的使用方式通常有五种：①处理文字；②管理、记录日常的工作；③记录诉讼委托人和其他重要的社会关系；④检索法律和做研究工作；⑤支持诉讼。其中，有些工作在不同程度上已经被委托给助理人员，只有法律检索仍然是律师工作的核心，而且不太可能委托给他人。

科恩、贝林和奥尔森在他们经典著作的序言中说明了在法律事业中法律检索的重要性："法律检索是法律实践活动重要的组成部分。它是确定支配一项活动的法律，并找到解释或分析该法律的材料的过程。这些资源为法律人提供了知识，使他们能够提供准确和深刻的建议、起草有效的文件。或在法庭上维护委托人的权利。无效的检索浪费时间，不准确的检索则有可能导致渎职。"[①]

法律数据库中的法律文献是建立在提高效率、强调连续不断地搜索过程应该被简单化和快速化的要求上的。然而，法律数据库的影响远远不止于此，这种影响中包括对法律文献的结构变化的影响。

在法律数据库出现以前，法律出版物是一个高度完整、发达和全面的出版物，我们能够得到的只是纸质的硬本印刷物，司法文件和中国法律法规大全是法律工作者的中心，前者发布了所有的法律法规，后者则是把法律按照类别编纂，被看作通用的法律知识体的宝典。出版社被看作忙碌旋转着的法官、律师界关注的焦点。

美国在20世纪60年代，不断增加的庞大的法律资料正在变成重要的话题和逐渐关注的问题，律师、法学院和法律图书馆工作者中的精英们寻求正在出现的计算机技术来促进资料的储存、获得和信息的分配。许多人对传统的以印刷为基础的体制是否能够与不断增加的法院、立法机关、行政机构和各种法律评论的输出保持同步提出了挑战和疑问，正在出现的计算机技术被看作问题的

---

① 科恩，奥尔森著. 法律检索 [M]. 北京：法律出版社，2004（01）：2.

答案。

　　法律文献和科技文献在特征、复杂性、规模、体积等方面具有相似性，已经被应用在科学研究中的相同的自动化工具被应用在法律中。在美国最早为法律界开发的主要功能是针对研究和发展的专业数据库是 Lexisnexis。后来，出现了 west 公司提供的 westlaw。同纸制的刊物相比，它的出版周期短，每天每周出版新的内容；作者与读者互动，读者可以通过电子信箱与作者随时交换意见；栏目开放，任何人都可以参与；部分内容还免费订购，在电子信箱中就能得到。信息技术创造了新文化和新时代：无疆界的、无时空限制的法律信息的时代来了。

　　电子检索系统能够使人们快速检索出任何文献的全文。它是一个不受时间限制的系统，允许从遥远的地方进行直接的交流而没有干扰，多个办公室可以同时进入数据库，在使用者之间和数据库之间贯穿着持续的对话式的互动。律师的工作更加有效率，减少了交通、时间、精力方面的支出，降低了工作成本。计算机成为法律职业者一个重要的有用的工具。

　　可提供给律师和法官的法律信息的质量和数量必定影响到对正义的实现。数据库和网络能迅速、快捷、方便地传播信息，突破传统传播媒介的信息滞后的弱点，特别是克服传统的纸质印刷品的"厚重"。如果计算机、网络能够帮助律师更有效地利用他们的时间，就能够帮助降低法律服务的成本。网络的一个主要特征是交互性，网络上的信息传播充分地体现了这一点。信息的接受者有着更大的主动性，他不仅可以更加主动地调阅自己所需要的信息，同时还可以在网络上与他人讨论并发表自己的见解，发挥群体智慧的优势。

　　计算机法律信息检索是一个平衡器，它能够消除职业中经济的不平等、分工的不平等和社会的不平等。由于各传播的主体在网络上的地位都是平等的，可以不受物质、文化的制约，传统媒介的等级关系、相互间的控制关系被打破。因此信息在网络上的传播是平行的、多向性的。在此生存状态下，主体去除年龄、性别、社会地位等可视的物理特征，各主体之间平等地进行双向交往与互动。

　　网络是个极为广阔、自由的空间，其传播是全开放式的。它打破了传统传播方式的有固定地点、活动空间和时间的差异性。电子资源能够被作为公共资源分配，计算机使每一个律师对资源的控制平等化，它使大法律公司的律师从根本上失去了他们具有巨大的、综合性、全面性的图书馆的优势，它是通向法律业务成功的最重要的然而又是简单的一步，因此，法律职业的成功就意味着是一个职业技巧问题。

191

(二) 分享法律界的"蛋糕"

随着科学技术的不断进步和信息工业的发展，法律职业越来越呈现出分工精细和交相融合的"边缘化特点"。

传统社会对职业的定义是建立在一个狭窄的视域里，关注所表现出来的职业群体的特点上的。这些特征，包括一段较长时间的专业培训，一套专业理论知识，一个有凝聚力的职业群体，一套可执行的职业伦理规则。在一定的意义上，专业的分工是专家们试图建立对劳动分工中的特定领域的知识专有和垄断。专家们运用他们的专业知识、特殊的服务寻求建立并控制市场，法律职业者致力于建立的法律职业共同体就是这样一种职业拥有。

然而，这种定义缺少对职业关系的论述，职业不应该被简单地定义为两个命题：是该职业或不是该职业，也不应该把概念缩减到与一套职业标准是否相符合，而应该认识到作为职业的状态是多方面的和易于变化的。

随着知识经济的发展，社会结构发生着巨大的变化。这种结构性变化最突出的特点：世界经济模式正由过去的刚性结构逐步向柔性结构转变，即以生产厚重长大的重型化产品为中心的时代向以高效化、智能信息化的知识、信息、服务活动为主的软件化经济结构时代过渡。经济结构的软化趋势首先表现在产业结构的软化上，在国民经济产业体系中软产业比重上升，随着产业结构的软化，就业结构、消费结构、投资结构也同样趋于软化。各种各样以信息传递、信息检索、信息分析业务为主的咨询公司发展起来，形成了新的产业。

由此，在智能信息时代，对职业的理解，还应该包括两个关键的因素：为一种职业提供服务的潜在市场，以及这种服务建立和联系的可认识的基础。像生态环境中在不同的竞争者之间发生的资源的分配和再分配一样，在这种意义上，职业领域可被看作一个社会空间，在这个空间中，相互关联、相互影响的众多的个人、群体、组织和机构为法律职业而竞争。因此，除了律师、法律事务所和传统的法律机构，与法律相关的从业者也是更广泛意义上的法律职业者。

在这种分析框架中，源于刚性地对职业定义的二分法显得有些过于简单，在法律界，还包含有大量的或规模宏大或规模中等、较小的法律事务所，公司的和政府的法律部门，司法界的成员和个人律师也从事单独的或小群体的私人业务。法律服务的主顾常常是庞杂的，包括大公司、私人公司、公众部门、义务性的机构、小公司和协会。个人的诉讼委托很广泛，从富人复杂的财产到穷人的公共福利，许多难以处理的问题需要复杂地解决，而其他一些则只包括简单的表格填写。律师助手、法律图书馆员、法律秘书、法庭记录人员和其他参加诉讼的全体人员都承担着各种各样的角色和任务。此外，出版商和其他的法律卖主也加入这个领域，尤其是在他们试图把他们的商品和服务出卖给最终的法律服务的消费者。正在增多了一些以数据方式提供的"自己动手""自我帮助"的资料和打印的表格，数据库出卖者渐渐以最终的使用者作为他们的服务目标。最后，其他的职业，如房地产代理商和税务代理人员，他们提供的许多服务和法律服务是相交叉的，有一部分是属于司法范围的。任何试图概括对正在变化中的劳动分工的尝试都显得过于简单。

引发重新认识法律界领域的不确定性的推动力主要是科技的发展。在法律界，计算机的使用也许能够强化这种竞争，促使司法界边界的开放。在 1977 年 MARIE HAUG 主张计算机已经侵占法律职业的领域，"曾经由法学家执行的工作，在美国，现在计算机被用来起草和修正立法、编纂州法令，挑选陪审人员、为审判做案例检索的准备和研究"①。

MARIE HAUG 预测这种趋势还将继续。当人们能够从计算机中获得这种知识的时候，对法律知识的垄断和独占将被侵蚀，职业自治将不复存在，法律职业的蛋糕将被分享。她已经注意到："律师界已经抗议自己动手解决法律问题的法律书籍的蔓延，包括写遗嘱，准备一份合同。当公众能够从计算机终端中得到这些服务，对律师的服务请求就会渐渐地消失。"②

她关于司法界限受到侵蚀的论据是受到迈克尔·哈特曼（Michael Hartmann）对德国保险业的研究的，这个研究的基本结论："受到良好的专业性培训的职员能够使用已经被广泛地用在管理中的法律数据库。尽管法律问题起源于各种各样的索赔的处理过程中，但问题的类型趋向于变得标准化和不需要太多的解释和澄清。在这种情况下，非法律专业人员也能够有机会成功地解决他们经历过的相似的问题。"虽然在保险公司中，有大量的法律工作者被雇用，但是这种增加并不是工作的需求，而是当律师的供大于求时，保险公司可以以相对较低的价格做对高质量雇员的储备。

各学科、各技术领域相互渗透、交叉和融合。最近几十年来，科学的发展越来越依赖多种学科的综合、渗透和交叉，用于解决在科学发展上所面临的各种问题，也导致了一系列新的跨学科研究领域的出现。法律信息学、法医学、法社会学等，这些交叉学科的边缘在不断地模糊着司法职业的界限，不断地与

---

① TROSOW S E. The Database and the Fields of Law: Are There New Divisions of Labor [J]. Law Libr. J., 2004, 96: 79.

② TROSOW S E. The Database and the Fields of Law: Are There New Divisions of Labor [J]. Law Libr. J., 2004, 96: 80.

司法职业的业务重叠、交叉。

（三）法律职业的两极构成和劳动构成

"如果你不是这场数字革命压路机的一部分，那么你就是路基的一部分。"① 职业的分极化并不是很新的理论，大的法律公司的增加，是由于大量的法律业务需要大的法律公司来做，在这种法律公司有更多的分工，于是高效率的律师将不断地增加。

"IT 对组织结构也产生着很大的影响。如果将一个组织看作由砖头和泥浆筑成的'建筑物'，那么 IT 的作用就是把那些因职能、地理区域不同而造成的各管理层次分割的'墙'推倒，然后在那儿创建组织成员之间以及组织与组织之间的新的关系网络。"② 信息技术使高效率的律师将不断增多，不断增加的劳动分工将引起公司规模的扩大。借助于计算机，高水平的律师进入更有吸引力的职位，而水平不太出众的律师发现计算机使他们的专业训练和技巧贬值，各种各样的法律专业人员的竞争加剧。

"信息技术使组织与它的成员之间的关系发生了改变，主要体现在我们的工作方式以及对我们工作的监督和评价方面。体现在员工与组织间关系上最为激烈的变化是许多公司大规模地裁员，而且他们越来越依赖于短期雇用的以续签合同为基础的临时劳动力。"③ 计算提高工作效率，使工作富有成效，引起了职业的分级。效率的提高只需要很少的人就可以去做以前由很多人做的工作，从而增加职业的两极分化。因此，律师将有很大可能是在大公司为薪水而工作，而不是作为一个与委托人具有直接关系的独立的自由职业者，他们按照他们的被监督的表现，被接受、被雇用，并按照工作效率的标准被评价。

"我们的社会正在经历一次其深度与工业革命相当的变革，从而会出现一个'后工业社会'。"④ 在后工业社会，信息和知识是关键性的资源，知识和知识的运用将代替重复、简单的劳动，知识成为增加价值的一种重要的资源。"知识价

---

① 马克·斯劳卡. 大冲突 [M]. 南昌：江西教育出版社，1999：96.
② 小詹姆斯·I. 卡什，罗伯特·G. 埃克尔斯，尼汀·诺里亚，等. 创建信息时代的组织——结构、控制与信息技术 [M]. 刘晋，秦静，译. 大连：东北财经大学出版社，2000：9.
③ 小詹姆斯·I. 卡什，罗伯特·G. 埃克尔斯，尼汀·诺里亚，等. 创建信息时代的组织——结构、控制与信息技术 [M]. 刘晋，秦静，译. 大连：东北财经大学出版社，2000：241.
④ 利亚姆·班农，厄休拉·巴里，奥拉夫·霍尔斯特. 信息社会 [M]. 张新华，译. 上海：上海译文出版社，1991：4.

值论"将代替"劳动价值论",在信息社会里,价值的增长是通过知识实现的,是信息和知识而不是劳动和资本实现价值的增长。职业需要高技巧,回报的是有更多的闲暇和时间。

正如曼纽尔·卡斯特尔所指出的:"在精英信息管理者组成的核心劳动力和可任意支配的劳动力之间形成两极分化,这种任意受支配的劳动力根据市场需求和劳动力的价格被自动地雇用、解雇或离开。"① 这种现象可应用于包括法律界在内的组织工作过程。

以计算机为基础的自动化继续代替人类自身和人类的一些专业性技能的诀窍。这种自动化的技术本身同时产生一种使这个组织完成它的工作的有效管理过程和提高效率的信息。

在美国的1960年至1970年,计算机主要被用来对数据进行批量处理。这个阶段,工作是标准化的和常规的。20世纪60年代中期,第一代计算机网络;20世纪60年代中期至20世纪70年代,第二代计算机网络;20世纪70年代末至20世纪90年代,第三代计算机网络。之后将出现的是移动办公室。各种各样的工作能够被在任意的地点通过网络和强有力的传输和信号设备得到处理,信息技术也许重新定义工作过程和职业结构,许多工作在技术、工资和工作条件上将全面升级。同时,其他的一些工作将因为自动化逐步退出。

出现劳动的分层和分极,是人为设计的结果。当诉讼变成商业,律师就失去了从前的质量准则,比如,与委托人的合作、做贤明的顾问和对职业的忠诚。由于资本的重组,很自然地推论出职业将分成两个等级——在公司中拥有控股权的合伙人,他们拥有并控制着法律工作,另外的律师为作为同事公司工作。这种分工公众是看不见的,"同事"模糊了律师真正作为蓝领工人的身份,事实上大部分的年轻律师能够被随意地雇用和以任何理由解雇。电子数据库和网络会改变整个律师事务所的业务操作模式,律师事务所内部业务流程从收案登记到最后结案归档也开始实行网上管理,这对提高办案、办事效率与质量十分有益。法院开庭通知及传票的传送与接收、文书制作与数据调取、庭审证据的出示和交换……都可以在计算机上进行。法律数据库使这些工作更有效地轻易地完成了。

"以信息为基础的组织像以往一样需要集中化的运营工作,如法律咨询、公共关系和劳资关系等。但是对于服务性职员(即没有运作责任,只提供建议和

---

① CASTELLS M. The Rise of the Network Society [M]. Oxford: Blackwell Publishers, 1996: 272.

协调的人员）的需求却大大地减少了。以信息为基础的组织在其集中化的管理领域中如果需要专家，数量也不会很多。"①

法律职业将变成营利性企业，就像手工协会的衰落，取而代之的是行业系统。在律师事务所，助手们由于计算机而和他们的劳动成果分离，他们只给予了大的项目中的一小部分工作，许多工作可能会成为流水线作业，重复完成一小部分，而和他们的最终产品或最终的消费者没有联系。在计算机环境中日常的一些工作大部分都是由计算机完成的。法律数据库可以用来进行传讯的检查，查看当前案件的状况和法律的变化，检查财产记录，或者寻找法官对案件的特别的判决。

通过计算机对律师的工作进行管理，当把不同的项目分配给不同的人员时，可通过计算机进行管理工作的控制。智能信息时代的一个悖论："网络信息技术给个人提供了前所未有的对信息处理需求的控制力，但是同时也很容易被他人通过在线监督和数据库技术控制。"

计算机对法律职业的影响表现在三个方面：法律数据库的增加、法律职业的界限的变化、法律职业的结构和内在的劳动过程的变化。"日益计算化的社会需要建立一个法学家和计算科学家相互赋能的共同体，仅仅依靠新兴计算科学，或者仅仅依靠传统法律规则，均无法适应计算社会发展的需要。"② 我们必须展望我们的将来：未来，由谁主宰？ 2017 年最高人民法院发布《最高人民法院关于加快建设智慧法院的意见》，最高人民检察院出台了《检察大数据行动指南（2017—2020 年）》，各地法院、检察院陆续将数字化智能信息辅助系统应用于法院、检察院司法实践。律师业务智能信息辅助平台包括"法蝉""诉箭""无讼"等已经被广泛应用于律师职业，"法律工程师"成为一种新的职业，"而在广泛应用人工智能信息算法及大数据的背景下，对于某一案件的可诉性，胜算的可能所牵涉的内部和外部因素以及详细的花费开销等，都可以通过预先设计好的软件平台进行预测。这一预测的过程显然不是法律推理，而是数据分析的过程。"③ 智慧法院、智慧检察、智慧律师等人工智能信息化法律应用不断迭代升级，法律行业面临着被分享、攻占的危机。因为掌握这些平台的技术者，比

---

① 小詹姆斯·I. 卡什，罗伯特·G. 埃克尔斯，尼汀·诺里亚，等. 创建信息时代的组织——结构、控制与信息技术 [M]. 刘晋，秦静，译. 大连：东北财经大学出版社，2000：101.
② 申卫星，刘云. 法学研究新范式：计算法学的内涵、范畴与方法 [J]. 法学研究，2020, 42（05）：3-23.
③ 於兴中. 法律工程师：一种新兴的法律职业 [N]. 法治周末报，2019-11-22（01）.

不掌握这种技术能力的法律职业人更具有竞争优势。"计算科学相关的法律问题也证明,将法学定位为文科、将法学生定位为文科生,是存在局限的。"① 换句话说,法律人也必须意识到智能信息时代法律职业所需的知识,除了传统的法律知识,还包括大数据、法律检索、类案检索、案例解析等科技知识,才能适应智能信息时代的需要。

智能时代,具有强大的计算本领和算法能力的机器拥有了人工智能,突破了简单的认知力局限,而作为规范性工具和技艺的法律,如果失去成长的能力,就逐步失去了生命所具有的"新陈代谢"机能,"垂垂老矣"的法律就会被社会活动抛弃,法律一旦丧失了正当性,具有专业性的法律的边界就会被取代,并丧失其独特功能,法律"活着"的价值,将面临挑战和威胁。如果人工智能通过学习与认知可以直接达成共识,法律就会沦为技术和算法的附庸,被技术与资本操控,技术的桀骜不驯,会导致善与恶等多种可能性,而恶的失控又凭何得以控制?余成峰提出的"法理学的核心命题将是,如何对从法律不学习向机器学习演变设置不同的警戒性临界值"②。

二、法学教育中分析推理能力的培养

如果我们做一个环球旅行,我们可能产生怀疑——将如此形式不同、风格各异的规则统统称为法律是否合适,但是,如果我们不过分关注细节的话,以下四个特征则是世界上所有法律的共性:第一,法律是由文字组成的,文字是法律的最重要的表现形式。第二,任何法律必须能够被执行。这一特征具体包括技术上的可操作性和道德上的合法性。第三,任何法律的裁判都必须建立在分析和论证的基础之上,也就是说,现代司法裁判必须在一定程度上借助于分析和推理论证来证明裁判的权威性。虽然法院做出裁判的论证理由不一定都能体现公平和正义,但是如果仅仅依赖于司法权力本身,虽然同样可能使裁判获得暂时的强制执行力,但是,长此以往,法院本身的权威性必然会遭到公众的质疑而最终受损。那种赤裸裸的只是发布独裁的命令而不做任何解释和说明的时代已经一去不复返了。第四,任何法律都是用来分配权利义务、解决社会冲

---

① 申卫星,刘云. 法学研究新范式:计算法学的内涵、范畴与方法 [J]. 法学研究, 2020, 42 (05): 3-23.
② 余成峰. 法律的"死亡":人工智能时代的法律功能危机 [J]. 华东政法大学学报, 2018, 21 (02): 5-20.

突的，冲突包括观念的冲突和实际利益的冲突。法律作为一种行为规范，是通过对冲突的持续关注，来达到定纷止争、维护社会共同体秩序的目的。那么，以上四个特征，究竟对于法学研究和法律适用提出了何种要求呢？

（一）法学学科对分析推理能力的需求

法律是用文字来表达的。如果说在古代社会人们还可以将神谕和习惯作为简单社会裁判的依据的话，文明社会的法律则要求裁判机关必须依据准确和透明的规则做出裁判。文字是最精确的表达工具，但是即便如此，也无法达到毫无歧义的地步，那么不同的人对同样的文字，在理解上发生歧义时，该如何做出合理的解释？此时便需要通过分析而获得。虽然凯尔森在《纯粹法律理论》（*The Pure Theory of Law*）中宣称，法律是一种秩序，因此所有的法律问题都必须被当作秩序问题设定和解决。这样法律理论成了对实定法的结构分析，自然摆脱了任何道德—政治价值评判。但是，凯尔森此说毕竟只是一家之言，大多数学者不认为法律问题可以摆脱价值判断而获得一种所谓的单独的纯粹性，法律包含着价值判断，在许多人眼里被认为是不言自明的。那么，对于法律适用者而言，如果价值判断不可避免，那么特定的案件中何种价值判断可以作为判决的依据，就成为司法者必须面对的一个问题。作为法律人，我们不能像维特根斯坦所说的那样，对不可说的东西保持沉默，因为无论是法律本身，还是司法判决，都必须"说出来"。卜思天·儒佩基奇有言："以公正的逻辑代替武力的逻辑是法律本质的全部所在。"这表明法律必须以公正来证明自己的权威，公正要能让大家看见，就必须明明白白地通过论证"说出来"，而如何恰当地说出来，并非简单的事情。

同时，任何法典都是对社会现象的高度概括的规范表述，这种概括的优点在于可以把法典的篇幅控制在一定的范围之内，不至于由于过于冗长而造成社会公众使用上的困难，同时也减少了法规"打架"的概率。但是，这样立法的不可克服的缺陷在于，当人们在解决某一具体的实际问题时，找法却成为一个横在法官面前的巨大的障碍。"从案例出发，法律工作者必须先研究有关的法律规范……接着，他必须通过法律解释的方法确定规范的意义及其适用范围。如果缺乏相应的规范，则他必须检查是否存在类推的可能性。"[1] 这一过程的每一个环节都存在着相当的不确定性，如何保证法律适用者通过上述一系列的分析和推理过程得出的结论依然忠实于法律，这是一个很大的难题。语言含义的流

---

[1] 霍恩：法律科学与法哲学导论［M］．北京：法律出版社，2005：122.

变和法典本身的相对稳定性要求也是一个永恒的冲突。

法律的制定,法官司法判决的宣示,法学家对法律看法的表达,都离不开语言文字的使用。曼斯菲尔德勋爵说,世界上大多数的争论都起于语词。如果此说确切的话,那么,对于语词研究和学习,就是法学学生和司法者的必修科目。掌握运用口头或者书面语言进行有效交流的能力是法律人必备的技能之一,需要在法学教育中着重培养。

法律面对的是具体的人类事务,这些具体的人类事务纷繁复杂,各不相同。法律在处理这些纷繁复杂的人类事务的过程中,既要追求人们之间权利义务分配的公正性,同时又要体现个案中的社会正义。从正义原则到正义规则、从普遍正义到个案公正,从书本上的公正原理到现实中法庭上的公正判决,如果没有严格缜密的法律分析和法律推理能力做基础,则既无法保证上述任何一对经常冲突的正义目标的实现,也不能通过司法来向人们展示法的公正品性。如此,法的社会效果就可想而知了。

作为实践理性的法,其正当性和合法性也是建立在主体间的言说与辩论的基础上的,实践理性下的法,实际上是给主体设定了就其权利义务进行交涉的制度空间,这意味着作为实践理性的法对于主体的参与、机会以及程序本身的重视,意味着法的有效性和合法性并非来自提前预设的自然理性或实证标准,而是来自建立在主体性基础上的一个合理的意见交换程序和公平的参与机会。① 因此,无论在立法阶段还是法律的适用过程中,主体参与法律的辩论都是必需的。阿列克西把法官依据现行法律通过论证而得出裁判结论置于对法律本身的正义性的审视之前,表明了法官对论证程序本身尊重的重要意义,作为一位法学大家,这样的排列绝对不是随意的。法律本身的正义与否是一回事,当事人权益的真正维护却是另外一回事。判决结果公正与否是一回事,当事人感觉其是否得到了公正的待遇,又是另一回事。亦即正义与正义的感觉同样重要。由此可见,充分保护参与各方的正当权益,并不能仅仅依靠公正的法律本身,必须同时通过给予当事人参与和辩论的机会而得到实现。20 世纪后半叶以来,国际社会真正开始流行和具有发展前途的民主治理方式,恰恰是以哈贝马斯等人为代表的协商民主,而不是之前曾经独占鳌头的多数民主。这无可置疑地表现了在当代人的心目中,参与对于公正的意义所在。

---

① 颜厥安就把论证规则与过程认定为法概念的一部分。颜厥安. 法与实践理性[M]. 北京:中国政法大学出版社,2003:325.

(二) 我国法学院校法律推理教育的现状及问题

第一，课程设置不合理。分析和推理能力本质上是分析思维能力的体现，而最能直接培养学生分析思维能力的学科当数哲学和法哲学，同时逻辑学作为专门培养思维能力的学科也非常重要。因此，学生分析和思维能力如何，与法学院对这些课程的设计安排关系密切。但不幸的是，据笔者所知，哲学虽然在口头上被称为各门学科的最高指导，一切学科的基础，在大学通识教育的课程目录中，哲学也当之无愧位列第一。但是，从教学和学生学习的实践看，无论是大学本身，还是教师和学生，对待哲学的热情已经降到了历史的低谷。哲学、逻辑学等直接培养学生思维和分析能力的课程，经常并不受学生的欢迎，甚至教哲学和逻辑学的老师也感到没有前途，纷纷改行，另谋他途。这种状况愈演愈烈，造成了大学中哲学等相关思维学科学习和研究的低迷。

第二，许多人对于哲学学科在培养高素质人才方面的作用和意义的认识有误。哲学是一种建立在理性怀疑基础上的不断追问和反思，这种不断的追问和反思正是任何学科的研究和进步的必要素质，基于追求真理的需要，敢于对权威发问，敢于对古人质疑，这样的反思和追问的过程是一切科学深化和发展的必备心理素养。而人工智能时代资本的逐利本性，希望以人工智能代替人力资本垄断各行各业，除了获取巨大的经济利益，还能让其他主体的话语权、声音消失。"法律作为一门不学习的规范化技艺，已成为人类规范文明遗留的火种，它成了人类规范性文明最后的守护者。那么，它是否会伴随机器学习的崛起而被全面取代？当法律失去它神圣的功能光环，当其势力范围不断沦陷，当法律的特殊领地不断坍塌，那么，人工智能时代的法律就可能面临最大的危机。而此最大的危机，就将是法律的最终死亡。"[1] 作为智慧学问的法哲学就是以哲学的思维方式来对法学和法律问题加以反思和追问的学问。对于法学院校的学生而言，当然我们无法和哲学专业学生的哲学课程要求相提并论，但是法理学就是法学中的哲学性很强的学科，应当得到重视。德沃金教授认为，法学院应当将哲学引入更多的法律基础课程中。比如，在侵权法课程中，应当让学生不仅了解计算事故成本的不同经济学理论，也同样了解关于损害之道德责任的不同哲学理论。宪法课中应当研究民主的不同概念，学习关于自由、平等和社会公正等理念在宪法解释中所扮演的不同角色。法律中的许多概念，包括责任、义

---

[1] 余成峰. 法律的"死亡"：人工智能时代的法律功能危机 [J]. 华东政法大学学报，2018, 21 (02): 5-20.

务、平等、自由和民主是很复杂的,需要深层的理论、审视,比如对民主的概念在不同时期和国家具有很多种理解。法律实践不断地修正着从日常生活中提炼出来的概念,对法学概念的哲学化理解,是法学学生提高自己认识和解决法学疑难问题的能力的必由之路。

第三,市场经济所激发的市场意识和功利观念也渗透到学术领域,急功近利成了学科设置和专业培养的指针。经济活动的成效如何,应当按照经济收益来衡量,这本无可非议。但是,学术研究和大学教育,却不能按照经济效益来设置课程和安排教学活动,这同样毋庸置疑。大学的课程如何设置,教育的效果如何衡量,应当按照严格的科学标准加以评价,伟大的科学成就的获得,需要艰苦而漫长的努力和无数次的失败,这是科学研究历史上最为常见的现象。但是,如今大学中,课程设置和教学活动都追求短、平、快,追求速成,把不能数字化的问题,按照数字化的要求去管理,按照数字化的标准去评价。这种"数目字"(这里借用黄仁宇在《万历十五年》中的说法)化的管理和评价机制,对大学中的教学和科研活动都产生了相当的负面影响。有学者把这种思潮概括为"重术轻道"的倾向。黄爱教认为,"从法理学本身的特点来看,法理学教育最重要的是要培养学生的'道'。现在的许多学生对法理学的态度并不端正,原因在于对法学学科的片面理解,认为法学最重要的是要学会操作,不会对具体案件的操作,就等于没有学习法律。这种只重视'术'的态度,直接影响学生的未来职业健康成长的需要。因此,现在很多学生,包括老师在教学过程中,都以国家司法考试为中心,以考试来教学,侧重于学生的应试能力。这样的培养方式对于成为优秀的法律人是有阻碍的"[1]。笔者认为,这一批评是中肯的。

第四,教学方法陈旧死板、形式单一,缺乏法学应该具备的魅力。德国著名教育家第斯多惠认为,学生是学习活动的主体,教师是学习活动的引导者。学生必须在教师的指导下探求和发现适合自己的学习方法,努力提高学习知识和应用知识的能力。反观我国现行的教育模式,各大院校的法律教学基本上都停留在讲授式的教学方法上。这种方法把学生当成教学活动的客体,不能很好地调动学生的积极性,课堂上学生只是被动地听老师的讲课,忙忙碌碌地做笔记,根本没有时间也没有兴趣对讲授的内容加以深入的反思。课程上完之后,学生的脑子里除了装满了一些模模糊糊的名词概念之外,则基本上无所收获,

---

[1] 黄爱教. 大学理念视角下的我国法理学教学问题研究[J]. 广西政法管理干部学院学报, 2007, 22(02): 90-93.

未能学到法学专业思维的基本技巧，以至于在分析法律案例时，依然运用其作为一个普通人的生活经验和常识而不是法律的特殊技能。如此教学模式怎么能提高学生的分析和思维能力呢？

第五，学科之间相互隔膜，理论学科和所谓的实务学科互不往来、互相鄙视，形成很坏的风气。长期以来，部门法学家中很多人认为，法理学所研究的问题脱离实际，空洞无物，而法理学中很多人则认为部门法学家鼠目寸光，缺乏思考宏观问题的高屋建瓴的能力，缺乏全局观念和抽象思维能力。① 其实，无论是部门法学家还是法哲学家，如果固守自己所研究的学科而不旁观左右，在笔者看来最终都只能是小家而无法成为法学大家。法理学者理应关注实在法，那么实在法领域的研究者是否需要关注法理学尤其是法律推理呢？回答是肯定的。实在法中有好多案件属于疑难案件，这些案件法律关系的辨明，权利和责任的承担，都非一目了然的。要对这些案件妥当判决，必须进行精确和细致的法理论证，否则，所谓的司法判决就只能是抓阄，或者所谓葫芦僧判断葫芦案而已。

（三）对法律推理教育改进的思考

首先，必须改革法学院校的课程结构，增加培养学生分析推理能力方面的课时。法理学作为一种极具分析特色的理论学科，在培养学生分析推理能力方面担负着主要的任务。而此种对法律问题的深刻分析能力和解决实务问题的灵活的技巧，并非短时间可以取得的，必须通过大量的理论教学和实务训练才行。反观我们目前的法理学课程安排，无论是课时的数量还是课程的门类，都不能很好地适应学生法律分析和推理能力培养的实际需要。因此，笔者建议，对学生分析能力的培养应当首先从课程设置入手，增加法学方法、法律推理课程的课时。同时，对于哲学、逻辑学等这些虽然属于非法学但是对于正确分析和思维能力培养极为重要的基础课，也应当增加课时，提升学科地位，以便于学生能通过这些课程的学习，在教师的指导下，有目的、有步骤地逐步培养推理的分析和思考能力。同时，许多所谓的法律问题，其实首先是政治问题、经济问题，或者伦理学问题，这类问题的解决，规则的制定和修改，作为法律研究人员而言，如果缺乏相应的学科修养，则其所提出的法律规范的制定或者修改建议必然不合理。比如，税法、财政法，虽然是法律规范，但是这些规范首先就

---

① 不同行业的法学家之间的相互攻击，不是中国的独特现象，也不是中国的特殊的学术奇观，这种现象不断地发生在古今中外学术辩论的多个场合。

是调整国家宏观经济生活正常持续稳定发展的，那么作为法学研究人员，必须知道一定的经济学知识，并且了解这些宏观的经济调节手段有时候是可以互相替代的，而国家经济的宏观调控经常需要打"组合拳"，为了刺激消费，我们既可以减少税收，也可以降低银行利息，还可以增加财政转移支付，或者国家直接干脆进行基础设施建设，甚至将弱势群体直接确定为优抚对象给予经济上的直接支持。问题是，这些手段怎样的组合才能最符合国家此时此刻的经济发展？能促使国家经济持续稳定健康的发展？而我们制定的策略，究竟是更多地体现了法的公平还是效率？要回答这些问题，就必须具备广博的知识才行。比如，农村土地制度改革、国有企业改革等无一不仅仅是一个法学问题。稳妥地解决这类问题，绝对不能仅仅依靠法律本身的规范。但是，如今许多院校都存在着教研室之间相互区隔、互不往来，各人只是依据自己的研究特长得出一个结论，学科之间缺乏相互取长补短、相互争辩，如此得出的法规和政策建议，哪怕是写成文章发表了，除了增加论文的篇幅之外，究竟对司法实践和国家建设发展具有多大的建设性价值，实在是令人怀疑。因此，笔者强烈建议，法学院校应当打破知识界限，着眼于高素质人才培养的需要，拓宽学生的知识面，培养学生多学科、多角度思考法律问题的能力，以适应未来国家法律人才发展的需要。

其次，必须更新法理学和法律推理课程的教学理念。大学教育，主要的任务绝非传授给学生多少知识，而是教给学生思考相应学科所涉及问题的方法。知识的获得只是方法传授的一个副产品。这一点一直未能得到足够的重视。我们到现在为止的教学包括法理学的教学，总是过分重视学生掌握了多少知识，记住了多少法条规定，而忽视学生通过知识的学习获得的分析问题和思考解决问题能力的培养和提高。法学是研究法和法律现象的规律的学科，但是，我们为什么需要法，法从哪里得到，怎样的途径获得的法律是值得尊重的，法和其他规范之间的问题如何甄别，法的思维方式和其他学科的思维方式有何区别，法的解决问题的方法和思路又如何不同于其他的学科，这些问题的解决远远重要于具体的知识点。法律是规范人的行为的，也就是人的规范之学，那么，人作为被规范的对象，也是法学研究的关注点，人的真实状况是怎样的，我们如何按照一个相对适宜人的模式制定和适用法律，不同的对人的模式的设定的法治意义如何不同，这些问题都是要给学生讲清楚的。当然，这些问题绝非法理学和法律推理的全部问题，但是，通过这些问题的教授和讨论，学生能感受到法理学和法律推理课程无论是在微观意义上的案件裁判，还是在宏观意义上的国家治理，都是极具实用价值的，因此就不会再发出法理学究竟有没有用的疑问。

再次，准确定位法理学和法律推理的教学目标。应试教育虽然一直名声不佳，但是，却从来没有从主流的教育目标上有所退却，即使在大学这种课程设置和办学相对自由的教育机构，应试教育至今仍然"阴魂不散"。尤其是法学教育中，由于有号称"全国第一考"的司法考试这一无形的指挥棒，而且司法考试的通过率也无形中成为大学之间以及社会公众评价大学教育水平的权威标准，在这些因素的综合影响下，大学法学教育中应试教育的危害尤为严重。事实上，法学教育的终极目标是提高国民的法治修养和意识，培养符合文明国家需要的社会公众和法律专业人才。因此，与其他的专业不同，大学中的法学教育首先是一个人的教育和培养机构，大学法学教育担负着两方面的育人任务，最为直接的就是培养出法治国家所需要的法学专门人才，其次，通过培养学生的法治精神和素养，通过他们自身以及他们的影响，逐渐培育一个负责任的、具有自我约束力的公民，而这是促成现代文明和法治国家的必不可少的社会资本。由此可见，大学法学教育主要是人文教育而非技能培养。基于这样的培养目标，大学中不是让学生死记多少法律知识，而是让学生通过学习形成一种守法意识和对法律本身的批判与反思的精神，守法和批判这两点并不矛盾，前者是一个公民的基本素养要求，而后者则是一个称职的法学研究人员的起码素质。要达到这两点，主要的并非一个学生掌握的法学知识的多或者少，而是无论他知道多少法律知识，他首先能做到对法律的起码的尊重，以及明白自己作为一个中国的负责任的公民——即使法律没有明确规定的前提下，也按照共和国公民的要求知道如何做。由此可见，把法学教育的主要目标由对知识的过分倚重转变为对法律的尊重和对法律本身的反思精神和意识，这才是我们作为高等法学院校的本分，这种观念的转变不仅仅是一个当前社会秩序的需要问题，它实际上事关未来国家法制建设。

最后，必须改进现行教学方法。教师是知识的传递者，学生则是知识的接受者，传递和接受之间是否畅通无阻，一个很重要的原因在于传递的方式。也就是教学的方式和手段在很大程度上决定了学生所能接受和理解的程度。到现在为止，法学院校的法理和法律推理教学基本上仍然采用的是老师满堂灌，学生仅仅是听课的方式。这种方式不能调动学生参与课堂教学和思考教学内容的积极性，成了被动地接受知识的机器。长此以往，学生也就养成了懒惰的习惯，实际上把课堂变成了单向的知识输送而不是双向的共同思考。因此，笔者认为，必须改变传统的灌输式的法理学教学方式，可以通过案例教学、讨论、诊断、自学、答疑等方式调动学生课堂积极性，增强他们的互动和参与意识。"变单向传授为双向交流，变单纯知识讲授为知识讲授与能力培养并重，教师的引导作用和学生的能动作用就能充分发挥。"① 教师应当在基础知识传授的基础上，对研究热点或有争议的内容，应当结合所学知识对相关主张做出介绍和评析，鼓励学生发表不同意见，引导学生进行辩论，培养学生独立的分析和推理能力。"但是通过比较我们发现，要想提高学生的实践能力，辩论课程是最简单易行却又效果显著的途径。"② 辩论课程提高学生对知识的消化和理解，增强知识运用的直观性。法理学虽然是理论性很强的学科，但是，这丝毫不意味着法理学就不能结合案例教学，恰恰相反，法理学教学中所应该选取的案例具有疑难性。美国法律从发展史上的许多著名的案例，其实很多法理学家发挥了很大的作用。美国法律发展史上关于堕胎的争论、关于枪支管制和禁酒的争论，以及现代社会非常热门的关于同性恋的争论、动物权利的争论等，这些案例虽然在学科知识上有所偏向，但是，应当说，作为疑难案例，任何一个部门法都无法完全回答案例中所涉及的全部问题，必须借助于整个法学的、伦理学的学科营养，才能得出相对恰切的结论。这类例子不胜枚举，我们也完全可以以这些问题为线索进行法理学的教学。

部门法中的典型疑难案例，必须借助于法理学上的论证，才能得出合理的结论。比如，民事上的许多侵权案件，表面上看，是一个单纯的民事权利受损的问题，但是，侵权的前提就是当事人有权利，如果当事人有无权利，大家都存在争论，那就还谈不到侵权的问题。因此首先要解决权利存在与否的问题。有些案件中，当事人的两类权利直接发生冲突，此时又该如何取舍？如轰动一时的"二奶遗产继承"，就是个人财产的处分和继承人权利何者优先的问题，其中也涉及社会风尚、善良风俗的认定以及在此具体案件中的作用空间，因此，如果把这些问题仅仅局限在民法或者继承法的范围之内来加以讨论，显然从理论资源上来讲是力不从心的。因此，笔者建议，在以后的法理学教学中，法理学老师应当主动从社会热点案例、焦点事件中发现可以启发学生深入思维的素材，引导学生对此类新型疑难案件做出自己独立的分析和评判结论，教师可以通过争论和点评，提高学生的思维能力。

---

① 张卫英，张晓昀. 法学教育对学生法律思维能力的培养[J]. 济宁师范专科学校学报，2006，27（01）：51-53，61.
② 王政勋，于鹏. 重塑中国法学教育教学模式的尝试——以开设辩论教学课程为切入点做起[J]. 法学教育研究，2011，4（01）：107-128，413.

三、智能信息时代法学专业的混合式学习

市场经济的浪潮给象牙塔已经带来波及力，撞击并影响着高校这个为社会输送人才的舰艇的航行方向。我国的高等教育正经历着由精英教育向大众教育的转向，由专业教育向通识教育的改航。高等教育模式多元化发展，多种型号的新型舰艇为自己的乘客提供、配备各种装备和技能，竞相增强自己舰艇的竞争能力，赢得荣誉、打造成功的品牌。

有冲击必有搏击，有需要必有发展。法学教育面对着新的冲击和社会需要，也应重新选择打造自己的材质，用更多的知识装备所输送的法学人才。

美国法学教育对于从业者基本技能有十项基本要求，规定得非常具体而细致，包括：问题解决能力、法律分析和推理能力、法律研究能力、实施调查能力、表达能力、顾问能力、谈判能力、诉讼和其他争议解决程序能力、法律工作的组织和管理能力、识别和解决论题困扰的能力。这些能力的获得，课程的设置将起着重要的作用。

（一）法学教育中面临的新挑战

1. 交叉学科对法学教育的挑战

法学教育面临着学科交叉与渗透带来的挑战。传统法学教育的培养目标是专业的司法人才，随着我国的高等教育由精英教育、专业教育向大众教育、通识教育的转向，法学院的教育将面对更加广泛的"边缘化"和多样化的职业选择，学科渗透成为培养复合型人才的途径之一。如何将法律知识与经济学、金融学、社会学及一些自然科学知识有机结合起来，以复合型方式、全面性思维塑造具有知识张力的人才，这是回应挑战的关键。

法治存在于社会环境中，环境的变化必将促进法治的补充、要素更新、完善自己的结构。法学也随着其他学科的发展，研究的领域逐渐拓宽，研究的内容既逐渐细化，又逐渐综合、复杂化。"进入新时代，建设新法学，是法学研究和法学教育适应中国特色社会主义进入新时代的新的历史方位、社会主要矛盾发生深刻变化的历史要求，实现法学发展回应时代发展要求的必然选择。"[①] 法学边缘学科加强了各门学科之间的联系和相互作用，消除了各学科之间的孤立

---

① 杨宗科．论"新法学"的建设路[J]．法学，2020（07）：66-83．

和脱节现象,加强了相邻学科之间的连接和沟通,架起了各专门学科之间的桥梁。

学科交叉现象是社会发展的必然产物,社会系统呈现出动态性,所以学科系统也随之发生变化。法学学科交叉系统是开放的,彼此交叉渗透,所以将形成大量的法学新兴交叉学科,有着广泛的社会实际需要。当今全球化的趋势日益明显,随之带来的法律问题具有多学科的性质。而且这些问题越来越复杂,具有高度的综合性质,涉及多种专业知识,需要综合运用各种不同的方法去解决,因此,法学学科交叉的内容会越来越丰富。

2. 职业"边缘化"对法学教育的影响

随着科学技术不断进步,法学教育越来越呈现分工精细和交相融合的职业"边缘化"特点。

传统社会对职业的定义建立在一个狭窄的视域里,关注所表现出来的职业群体的特点,这些特征,包括一段较长时间的专业培训,一套专业理论知识,一个有凝聚力的职业群体,一套可执行的职业伦理规则。在一定的意义上,专业的分工是专家们试图建立对劳动分工中的特定领域的知识专有和垄断。专家们运用他们的专业知识、特殊的服务寻求建立并控制市场。

最近几十年来,科学的发展越来越依赖多种学科的综合、渗透和交叉,用于解决在科学发展上所面临的各种问题,也导致了一系列新的跨学科研究领域和职业领域的出现。法律信息学、法医学、法社会学等,这些交叉学科的边缘在不断地模糊着传统司法职业的界限,不断地与司法职业的业务重叠、交叉。许多的职业既可以由法学专业的学生去从事,又可以由其他专业的学生承担。职业的边缘化对法学教育提出了挑战,法学专业的学生应具备专业知识,面对职业的"边缘化",知识的多元化、杂交化、借鉴化的程度和需要比传统的知识需求都要高。

3. 专业设置之间的交叉性

在我国的非法学专业的高等教育中,《法学概论》是基本的课程设置,在自学考试中表现为《法律基础》,它们的内容都是对我国的基本法律作基本的了解,相当于普法性教育,在具备了对法律的基本了解后,再结合一些简易性的读物,这些非法学专业的学生基本能够处理、应对基本的法律事务,尤其是一些在工作中反复出现的问题,比如,保险公司中的格式合同,即使不懂法律的业务人员,在具有对相关法律的培训后,对经常产生争议的问题熟悉后,便能独立处理法律问题。这些职业,非法学专业出身也能够从事。"司法边缘化"的职业发展趋势对专业程度的要求并不是很高,甚至更多地需要交叉性知识、全面性人才，专业设置的相互交叉正是顺应社会的发展。

法律制度存在于社会中，正如社会存在于法律制度中一样，法律与社会你中有我、我中有你。非法律专业的学生应具备法律知识，而法律专业的学生也需要掌握其他专业的知识，在他们具有大致相似的基础知识的基础上，他们的区别在于，各自对专业知识的精深度不同。也就是说，法学专业的学生精通法律，而又不缺乏其他必要知识的涵养。这种"营养餐"对法学专业的学生是很重要的。在律师界，很多著名的律师都具有广博的知识，甚至一些成功的律师本身就受到过两个或两个以上的专业教育，或者是从其他的行业半路出家，在他自己所在的行业里，成为具有专业和法律知识的行业性律师。在法学研究领域，很多法学名家、大家本身并不是学习法律，而是社会学、史学等领域的学者，可是他们从其他角度看法律研究法律问题，却有着独到的视角和结论，其他学科的知识在滋养着法学研究。

法律纠纷存在于社会的各个方面，从财产到人身，从建筑到信息，无所不包，显然让法学院的学生掌握所有的知识是荒谬的，但应该提炼出一些最基本的和法律有紧密联系的相关学科的知识构造自己的能力，这是必要的，也是能够做到的。

而我国的法律教育过于封闭，割裂了法学与社会现象、法学与其他学科门类的有机联系。首先，法学作为一门学科，它与其他学科门类是紧密联系互为一体。它们互相促进，彼此推动。法律的深刻掌握和娴熟运用需要其他学科知识的底蕴。其次，法律作为一种社会规范，它根植于社会现实中，对它的掌握、运用需要社会现实的依托和支撑。我国目前有相当多的教材和教学仅仅把法律当作一种独立于社会之外的，自我封闭的规范体系进行传授。这种脱离了社会、经济、政治背景的就法律论法律的教育方法培养出来的学生往往只具备纸上谈兵的能力。一旦进入社会，面对错综复杂、千变万化的客观现象，便会发现书本上清晰明了的规范竟如此难以把握，课堂中游刃有余的案例分析竟无一与现实案件对应，他们往往会不知所措、无所适从。

（二）美国法学院的一个课程设置

美国的法学教育以职业教育而著名，在培养律师方面已形成自己独特的与普通法相一致的方式。美国的法律教育是职业教育，但美国的总统、外交官中的60%来自律师。这和他们本科阶段的非法学专业的教育积淀是分不开的。

一个多世纪以来，美国法律教育围绕着一种分析推理能力，最重要的是对法院的诉讼决定做分析——是法学院应当传授给他们学生的最重要的技巧。普通法课程最突出的，如侵权法、合同法，都是在培养未来的律师新手做出重大的、独特的、有说服力的推理的能力。这样做是致力于培养学生像律师一样思考。可是仅仅像律师一样思考还不够，有抱负的律师还必须掌握更多的技能：如何找到更多的法律资源并评价判例的价值，学生应该学会如何将他们的调查以一种对自己的职业更常用的形式提炼得更加清晰，比如，做备忘录、摘要、制作各种类型的法律文书；还包括如何对各种人际关系进行分析，从逻辑严密的辩论到对立双方的谈判。总之，包括许多实践性的技巧。

在法律领域内外，分析性和论证性的法律事务越来越多，在哈佛法学院开设了针对律师职业的分析方法的课程。也可以将这些课程看作补强性的课程，缺乏这些课程的训练，就像身体营养不足一样，律师在从业中将力不从心。该课程内容包括以下八点。

（1）决策分析。在传统的课程设置中，决策分析是给 MBA（工商管理硕士）的学生开设的。越来越多的律师采用决策树分析诉讼策略和解决方案。决策树是一个相对简单的用来帮助律师处理复杂的决定工具，并建议委托人从各种方案中做出选择。学习中，还包括了一些概念如概率、预期值、伤害分析、风险、得到额外信息的代价等。很难想象，一个律师不熟悉这些基本的分析手段，能做出有效的建议。

（2）不完全信息情况下的博弈理论和策略激励。在律师提出建议的许多情况中，委托人的决定将在一定程度上依赖于另一方的行动和反应。博弈理论为学生认识和评价这类问题提供了分析结构，在这些知识中包括道德风险和不利的选择。因为美国法学院的学生在本科阶段是学习其他专业，尽管有的学生曾经听到过这些理论，可是许多法律学生仍然对该理论使谈判和合同复杂化的情况没有清楚地理解。对囚徒困境或其他相似的困难，缺乏策略选择。

（3）建立有效合同。合同将用来实现委托人的目标，避免常见的陷阱。法律原则规定着合同的信息和损害赔偿，合同应包括什么样的条款，例如，是运用固定价付款方式，还是运用成本加利润定价条款呢，或者怎样建构一个合同才能确保工作及时完成。

（4）与商业课程和实践相联系的分析技能。对会计学和财务报表的说明，不仅仅是公司的法律顾问对这些领域应该具有的基本掌握。在现代法律实践中，会计是很普遍的。家庭律师必须能够说明达成离婚协议或孩子抚养的安排，审查家庭财务状况；就业协议中经常包括以会计标准表述的补偿条款。非营利的机构和政府依照财务报告来衡量他们的业绩。许多信息的获得是以财务性质获得的，如果不熟悉资产负债表和收入报告，当法学院的毕业生进入法律行业工作时,将面临严重的职业障碍。

(5)金融知识。介绍金融中的最基本的概念:金钱的时间价值。律师必须面对充分的国际化,以便能够在各种法律情况下包括从合同谈判到诉讼解决智慧地代理他们的委托人。对于金融中的一些更复杂的概念,例如分散投资、风险和回报的关系、最基本的资产保险和评估技巧等也应了解。对金融领域中的经典著作作了选录。

(6)微观经济学的初步认识。包括供需、公共物品、外在的和边缘的分析,将这些概念与普通法的法律问题相联系。

(7)介绍法律和经济,对个人和公司行为的法律执行效果进行关注。在财产、侵权、合同和犯罪诉讼等领域介绍最基本的概念。例如,在侵权法中,讨论过失和严格责任的规定是怎样影响和减少风险,侵权责任和保险之间的关系。系统地运用法律和经济学思维对待问题,能很大提高律师的职业能力。

(8)统计分析原理。介绍统计的基本内容,包括对基本趋势和变化的估量,特别强调数据的形象表现和曲线表现,然后是抽样调查的设计。最后,是假设检验和评估。西部高等法学教育要顺应时代发展需要,不断改进教学方式。

相比之下,我国法学院的课程设置中欠缺了这些分析性方法,以致从法学院走出来的学生,在实际工作中,感到"营养"不良和"维生素"缺乏,在工作中还要抽出大量的时间弥补不足,扩大知识结构。

与美国相比,我国政界的主力是工科院校出身,除了我国重视科技的发展,美国重视法治以外,另一个值得反思的是,我们培养的法学院的学生还欠缺什么知识?仅仅具有法律知识,而缺乏其他相关知识,知识营养的不全面造成了能力的不足。美国的总统大多出身于律师,主要的原因在于律师知识面的全面性,懂经济、政治、理工知识,而并非由于他们仅仅懂得法律知识。美国式的本科后法律教育模式,要求学生在进法学院之前必须有一个非法律的第一学位,然后才可以攻读法律"本科"。大部分学生在进法学院之前已有一个其他专业的本科学位,也有一些已拿到其他专业的硕士学位甚至博士学位。把法律教育放在大学本科毕业后进行,这实际上是把法律教育视为一种专业教育,而不是一般的高等普通教育。法律教育实际上是在完成了普通高等教育之后进行的专业教育,或者是第二学位教育。

法律根植于社会,具有实践理性,因此,这些看似"微量元素"的缺乏,正是造成竞争力不强的原因。

(三) 对法学教育课程设置的一个关注

20世纪80年代初，北京大学校长周培源教授在其《访美有感》中谈到三点：(1) 美国著名大学低年级不分系，并可以转系；(2) 学生入学后所学课程有较大的选择性；(3) 任何学科的大学生都要学习人文科学和社会科学。他引述了加州理工学院院长的话："我们培养的不仅是一个工程师、一个科学家，而最根本的，我们培养的是人。""学生要学习文艺、历史、社会科学，他们要懂得社会和人，因为任何一个科学家，每天、每时都在和人、和社会打交道。"他列述了加州伯克利化学学院和加州理工学院的部分通识教育课程。在"学术现代化"问题中，他介绍了加州理工学院社会科学学科的学生有较好的科学或工程技术基础，毕业后可在人文科学、社会科学、商业或政府部门工作，这份报告可以看作改革开放后中国教育界关注通识教育的重要标志。一些华裔学者也建议在中国高校中实施通识教育。如1981年2月邓小平接见美籍中国学者参观访问团团长任之恭教授，任教授向邓小平说，中国大学生的知识范围太窄，学校的课程设置僵硬，他建议理科与工科、理工科与文科之间加强相互交流与渗透。邓小平赞同他的建议，并要求在座的当时教育部负责人加以采纳。在1985年的首次中美大学的校长会议上，两国大学校长纷纷谈到中国高校学科设置过分专门化问题。

随着学科间界限的淡化、学科的深度分化、学科高度综合与科学一体化，各学科整合功能的强化，法学教育将大有可为。一方面是课程设置的横向扩充、原有内容的纵向深化与细化，传统法学分支学科的科学性和丰富性更加增强；另一方面是法学方法论的发达，其他社会科学如经济学、数学、社会学的思维模式会改变、充实法学思维模式，而自然科学变化发展了新方法论影响并改变着社会科学的思维模式，并被引进法学教育中来。比如，经济分析法学流派将经济分析的方法引进法学的思维中，在侵权、合同等纠纷的解决中，经济分析的方法具有很大的实用性。总之，学科渗透引起法学学科呈现理论的多元性、综合性和方法的新颖性、多视角性，最终为法学教育体制、目标与模式的自我完善与更新奠定基础。

在法学教育中，一方面是法律职业的专业化、边缘化同在，另一方面是教育的专业化、通识化共存。法律职业专业化，要求造就一批为国家经济建设和法治建设服务的法律职业共同体，使他们具有共同的历史文化、知识背景，具有共同的法律理念和信仰，具有相同的法律认知能力和评判系统，具备扎实的法学知识、良好的人文素质和运用法律的技巧和能力，能适应不断变迁的社会形势和不同职业的工作需要。而职业的边缘化，要求培养的学生具有广博的知识，较强的适应能力和弹性工作能力。这是法学院教育面临的两个表面上看起来不同的培养目标，但在实质上是相同的，也是能够兼顾的，只要在课程设置中，根据高等教育的发展和社会的需要，适时予以调整、配置，就此，提出以下两点。

（1）针对法学专业设置一些像《法学概论》一类的包括法学基本知识的介绍性课程，内容包括对人工智能、编程、经济、金融、统计、谈判等课程的基本知识的综合介绍，或者单开各种选修课，让学生跨系选课。这些分析的技能课程是通向更高级的课程的铺路石，会计和金融知识为公司法和商法提供会计重要的知识背景，统计的方法对公共政策的分析很有用。这也是为学生的前途和出路考虑。

（2）增加法学原著选读。这既有利于学生学习英语，又能够增加学生专业知识的积淀，对学生从事实务和研究都大有裨益。

对法学交叉性知识的掌握能够使决策科学化。客观事物纷繁复杂，从不同角度、不同层面考察，将有不同的内容。因此，在法律决策时，亦即面对高度复杂、多因素、多变量的决策方案时，只有运用交叉的理论、方法、手段才能保证避免导致决策的重大失误。法学中补强知识能将分析与综合方法、定性与定量方法、归纳和演绎方法等相结合。法律事务中的决策由于涉及对象复杂，单一的法律知识不能独立完成任务，必须应用综合学科中的理论、方法和技术来解决。另外综合学科能比较充分地揭示各学科之间的内在联系，具备了将各学科综合起来处理复杂问题的可能性。这就需要运用综合的知识、思考、观念、方法和评价原则、新的思维方式来观察和认识复杂的客观世界。单一的法学学科知识体系有局限性，法学新的交叉学科提供了新的锐利武器——多样化解决问题的方法、手段和角度。

现在的大学生就业，每年只有百分之十的学生可以通过司法考试，从事律师、法官、检察官的职业，而其他学生从事的是与法律相联系的职业，如企业的法律顾问、法律工作者、合同管理者，包含法律知识的工作，如保险业务人员、房地产业务等。社会的需要、就业的棋盘已经为我们提供了某种形式的强制，这是无法回避的问题。

新法科建设，应该紧跟我国参与全球化竞争所需企业法务等法律人才的需要，预防发生纠纷，包括契约撰写、诉讼外纠纷解决等。新兴法律领域发生的劳动、生态、性别、知识产权、医疗、生物科技、信息科技等领域对法律人才的需求，法学知识必须与实务、新兴专业三方互动结合，以合作团队共同推动新立法、用行动参与经济社会制度变革。注册会计师事务所成功地开拓了法律职业业务，知识、业务范围的跨领域整合，也要求法学专业扩展自己的知识结构，才能更好更宽地拓展工作范围，适应国家建设的需要，适应服务于当事人的要求。

我国提出的"一带一路"倡议，是文化自信与东方法律全球化的构想。法律是一种文化，在实施"一带一路"倡议下，加强与沿线其他国家法律文化的沟通与交流，倡导共赢互利，消除彼此的冲突与矛盾，通过双边和多边的协议和条约来具体实施法律。因此，法学教育面临更重要的使命。

（四）智能信息时代法科学生的混合式学习

在"互联网+"时代，互联网、移动技术、人工智能信息等技术对教育教学的融入正在推动教育结构的变革。在线学习平台、人工智能信息等背后的资本试图替代教师的知识传授功能，技术的益处是，信息的传递变得更加高效而灵活，同时这样的背景迎来了混合式学习方式的转变，也裹挟着教师角色与职责的转换，教师应该以更加积极的教学方法应对智能信息时代对法学教育的挑战。

"互联网+"时代的针对法科学生的混合式教学，其本质就是借助信息技术为学生提供一种多样化真正高度参与的个性化的学习环境和体验。在混合式学习环境中，学习的本质、方式都具有了新的含义，学生因为统一性的各种考试而不得不学习课本上标准化答案般的知识，更懂得了追求特长化、个性化、交叉化、创造性知识的自我知识定制与建构。知识来源的多样化、便捷化，教师已不再是高高在上地站在专家、权威神坛的知识垄断者，教师更多的是引导学生，其主要作用由单向的知识传授转向设计、组织、互动、讨论、点评等多环节的教学活动，教师的作用更多的是起到寥寥数语的画龙点睛的作用，引导、监督、推进学生的学习和交流。混合式学习将学生的积极性调动起来，原本用来教师独唱、单向传递书本知识的课堂变为用于学生集中交流、探究和解决问题的场域，而"e-在线学习"扮演了课堂原本的知识传递功能，甚至成为没有边界的社会化、网络化交互学习的空间与途径。网络学习空间的拓宽、延伸及普及，导致学生角色和"学"的方式发生改变，导致学习方式的分化，也给了学生更多的选择权，从而连带教师的角色和"教"的方式传动发生了转变，成为适应、配合智能信息时代变化的线下教师，这种混合式教学的新形态，既顺应了互联网学习的新变化，又能保留传统教学的个性化、亲近化等益处。教师由"以传授法学知识为主"转变为"以提升法学学生能力为主"，不再以灌输标准的法学学科知识为教学目标，更多的是学习方法、法律思维的启迪。教师

213

不再是课堂的垄断决策者和唯一传授者，而是学生共在、合作学习活动的规划者、设计者、组织者和管理者，学生自主学习或小组协作学习的引导者、点评人，学生问题解决或任务探究过程中的导引者和促进者。混合式教学的教师需要在混合式学习过程中扮演学生学习的引导者、促进者、激励者，在学生自主或小组协作开展问题解决或任务探究时，教师更多的是观察、协助、引导和启发，为学生的学习起到提升、总结、润色、点化的作用。

我国司法领域的理念和制度规则的领先，有利于增强话语权，技术引发的新规则的建立，监管规则、平台规则和技术规则，和平、快速、有效地解决商业纠纷，关切着经济的繁荣与发展，多元法律文化的融合、冲突、整合和调适，发挥最大的制度效益。有助于建立我国的司法网络权，网络权是一场没有硝烟的交战险地，司法应进一步开放，与国际规则接轨，才能在国际司法中知己知彼，"移动微法院"是一种微智慧法院，简便快捷并易于在司法实践中普及，智能信息时代的多元法治，应以跨文化、文化杂糅的勇气超越我们的今天。

智能信息时代，解决争议的方式发生了变化，信息技术为法律纠纷的解决提供了便捷、高效的解决方式。如今，数字技术和数字经济成了全球竞争的重心。各国除了在人才、技术、产业等硬核领域争夺制高点之外，更加注重在制度规则层面为自己创造竞争优势。中国必须重构法律发展战略，在重构法律体系、平衡多元利益、主导规制、鼓励保护与规制等层面增强前瞻意识。

我国现阶段，法院的信息化技术为具有东方智慧的柔韧调解牵线搭桥，科技助力诉讼、执行，以高效的方式实现正义，在实践中取得的社会效益、推进以及问题等。积极参与信息法领域全球问题的法律规则的引领，法律规则也是文化实力和财富的分配者、保护者，与科技发展形成互动与合作，主管机关将检讨研修相关法规，并提供业者创业协助。科技创新带动规则制定，规则积极推动科技发展。"任正非在中美贸易战就华为事件作访谈时直呼要加强基础教育，尤其是理工类，这是保持国际竞争力的内生动力源。面对第四次工业革命数字化、智能信息化，新的生产经营管理产业融合的需要增设新学科，架构新学科体系，加强通识学科基础教育。同时，只有加强职业技术人才的教育，提升职业技术人才的社会地位，才能确保产业实心化的线性、非线性升级。拥有充裕高素质职业技术人才确保产业实心化是中国国情的需要，同时也是中国产业国际竞争力重要源泉之一。"[①]

[①] 康学芹，廉雅娟．中美高新技术产业竞争力比较与中国的战略选择［J］．河北经贸大学学报，2020，41（01）：76-85．

法学教育和法科学生在云时代的课程、能力、方法的知识技能、结构的新要求与提升。智能信息时代的科技力量为司法与教学改革带来了机遇、挑战和应对。[1]"在教师的角色定位中,传道式、说教式的角色成分会大幅度减少,而启发者、经验交流者、体验分享人的角色成分会显著增强。教师的权威不在于学生无条件地服从,而在于是否能够有力地引导、激发、启发学生的心智。在师生互动的过程中,个性化的问题和创新观点不断涌现,没有创新思维和创造能力的教师难以担当教学任务。智慧辅助系统可以让学生随时获取司法实践中的信息,因此,教师的观点未必能够得到学生的一致认可,教师的知识权威可能遭遇挑战,这无疑也对教师的学科知识水平和职业素养提出了更高的要求。面对新要求,教师需要转变角色定位,改革教育教学方法,提升人工智能信息教学手段,强化教学的实践性,重塑教育的新形象。"[2]

　　面对网络时代与人工智能信息时代的全面来临,以及全世界对于地球环境保护的重视,法律人对于新科技与新知识的吸收,多半处于比较波动的形态。然而,任何与人有关的事物和经济的活动,都离不开法律。身为社会科学的一环,法律永远都必须与传统以及新科技或事物紧密结合。传统的法学领域的学习,是处理法律事务的基本功。但面对新科技的发展与新世界趋势的议题,仍必须与传统法学领域相互运用与结合才能完备整个法律认知与适用。必须建立在,法律人要对于新科技的发展与新世界趋势的相关议题有一定的认知与了解。网络时代的法律人与传统法律人的环境已经有着极大的差异,从入学申请、学习的方式、汲取资讯与整理资料等方式,都已经充分地与网络结合。新的商业模式的发展、环保议题与产业发展的变化,都是以非常快速的节奏、往前推展,并且也已经反映在国家考试的议题上。当然,传统领域的法学教育,也必须迎头赶上。案例的解析,恐怕不能只以传统的社会事实与情景来作为案例的基础了。

　　微专业（micro-credential）常常由 5~10 门相关的慕课组成。为了帮助学习者提升学习质量,课程开发者会向学习者推荐课程的学习顺序和学习方法。当学习者完成所有课程并通过测验后,学习者能够获得微专业认证,整个学习过程看起来像是高等院校中"选择某一专业—完成专业培养方案（通过每一门课

---

[1] 苏宇."信息技术+法学"的教学、研究与平台建设:一个整体性的观察与反思[J].中国法律评论,2021,42（06）:170-185.
[2] 陈京春.人工智能信息时代法学实践教学的变革[J].山东社会科学,2020（11）:86-90,96.

程）—获得专业毕业证书"的微缩版本。① 比如，人工智能已经被应用到制药研究、医药领域。人工智能可以自动、智能地收集、消化、分析和检测人体现有化合物和生物反应数据中的复杂模式，算法可以生成一个大功能空间来查找隐藏的链接。

智能信息化时代，全球文化的多元、融合、杂交，呈现跨文化和文化多元的特性，信息技术、人工智能信息、区块链存储技术为跨文化交流带来了沟通的便利、高效、技术辅助与赋能。与智能信息时代的多元文化相适应，信息法学应成为引领新型法治的战略，具有时代性。全球互联网科技领域，中国已在一些方面处于领先位置，"互联网+法治"已出发并领先。无论是法治文化还是信息技术，只有全球化并走向世界，方能扩大用户和商业市场。计算机、法学、应用数学、社会学、心理学、哲学、数据科学，形成云端法治革命。计算论证，是机器学习和符号推理的论证系统，基于形式规则推理的系统、语义网等。智能信息时代的新法律人，是利用法律技术和法律数据提供法律服务的法律工程师。互联网法院、移动微法院等平台的使用、解析需要具备数据与法律知识，课程设置应及时应对。信息法学关涉国家竞争力，突破既有法规的保守，设置一个创新的安全区域和法治环境。

信息科技的高超发展与广泛运用，使得法律人所赖以为生的所谓法律圈不再是墙体高大难以跨越的专家领地了。原来法律圈中的法律人所拥有掌控的各种法律信息文献，到了今天，你都可以在手机上随手一划，轻易获取，只要你有心，只要你愿意用心，在4.0的时代里，你可以不必上法学院，不必读法律系，便可以学好法律。

然而，吸收法律信息不一定获得了法学知识，认识法学知识不一定提升了自己运用法律的能力，具有运用法律的能力，更不一定拥有解决问题的智慧。法律人所需要的是解决问题的智慧，因为在AI科技日新月异的时代里，法律人若没有解决问题的智慧，将不如一台上网速度很快的电脑。人工智能为法学教育带来了挑战，慕课等在线教育使得人人都能接受国内名校的教育，为教育平台的吸金带来巨大便利，少数教师成为利益分享者和话语权掌控者，但同时导致其他信息能力弱、经费少的高校被排挤，科研能力进一步被削弱，极大地伤害了多元文化尤其是传统学科的科研可持续性和发展能力。强势高校一家独大，失去竞争的学科就会停止前进的脚步，甚至变成一潭死水。

---

① 王宇. 慕课微专业分析及其对我国慕课建设的启示［J］. 中国远程教育，2018（12）：23-30.

知识是经过反省与内化的信息，在面对各种信息时，人们若没有理解到自己所面临的问题，知识所处的环境与位置等特性，便无法将信息转化为对解决问题有用的知识。法律学习也包括实践性学习（法律诊所、实习），通过设定议题——探求主题——地方实践——做出表现——分享与对话，激发学生的表现和学习的活力和动力。学习与知识的生产不是教师的单向输出，有些知识与学习取自真实的生活素材，知识的创新来自日常生活和实践的需求，知识的生产包含每个人的经验和需求。

四、智能教育与智慧育人

2020年2月5日，也就是农历正月十二，正值学校寒假期间，因为受新冠肺炎疫情的影响，为了应对因为新冠肺炎疫情不能如期返校上课的情形，教务处给老师们建立了一个超星和雨课堂群，群里开始发送平台的培训链接，打开链接，看到超星培训部的工作人员自2月1日起就开始平台使用的培训工作了。前两年，学校开展信息化教学，就已经引进了超星教学平台，但笔者还没有意识到信息化教学的迫切性。而今年新冠肺炎疫情期，尽快掌握远程教学技能，超越校园的围墙，与大江南北的同学建立联系，完成教育任务和使命，在今年这个特殊时期，对我们教育工作者来说比以往任何时候都更重要。如今，我们每个老师必须克服这个障碍，应对这一挑战。

（一）应对混合云模式教学挑战的老师们

先是在工作群里观战。2月5日，将要退休的王有信教授，是最活跃又富有热情的学习者。下午3点，他开始在超星教学工作群里，用夹杂陕西方言的普通话喊话，听着他浑朴的语音留言："已下载安装并成功登陆，多谢指导！"五分钟后，王老师语音又来了："其实这个东西也不难，你在应用市场里面搜索'学习通'，然后点下载。下载后，按照提示一步一步来，最后登录，直接进入工作界面。我前后总共花费三到五分钟，最多五分钟。""还有最后16个月，站好最后这几班讲台，特别是这新型的网课讲台！"现在进群的大多数老师，都是像笔者一样不具备或不熟悉网络教学应用能力的老师。读到王老师的信息，方知快要退休的他，学习新型网络教学上手快得很。同事中网络教学的高手早已熟稔运用在学校的智慧教室洒脱上课了，有的老师拿回了信息化教学的大奖。

2月6日，王老师的信息充满小小的"成就感"："我昨晚把我的几个课头近700名学生都导出来了！"学习新技术兴趣浓厚的王老师充满兴奋地继续留言："我已在腾讯会议预约了下午4点45分的课，并给学生发了邀请，最多接纳300人！我刚试了下直播，画面和音质都不错，就是看不到学生，只看到自己！""我刚才用腾讯会议直播授课110分钟，很流畅，听课约270人，气氛不错！"

隔着屏幕，我们仿佛看到王老师在手机上进入直播课堂与自己的学生连线、调适着演习上课，充满信心等待正式开课。王老师秉持技多不压身的学习理念以及网上课堂的成功实践，为大家带来了信心。从陌生到会用，再到"玩"各种在线教学工具和平台，顽童般的积极乐观学习心态感染着我们。王老师对新技术热情的拥抱、风趣的分享，引来老师们一片点赞。

超星是一个数字团队合作中心，为教师们提供了群聊天、在线会议、速课、直播等功能，超星培训部的杨雨琼老师，随问随答、百问不厌；开课前最忙碌的几天，杨老师常常工作到晚上凌晨以后，即使再晚都会回复老师们的咨询，对大家共同遇到的问题，会制作视频和图文引导，帮助老师们掌握基本的信息化教学能力。文科专业的教授们，在信息化教学技能上，谦虚地请教、学习并时时交流着实战的困难和经验。同事们的经验分享，也是一种互相的学习。老师们边观战边进入自己的教学实践，个个都在参与云端教学的过程中，同时也成为信息化教学技能的实例。在近一月的密切协作和沟通中，老师们顺利地如期开学开课。

除了学校提供的平台，同事们"八仙过海——各显神通"，年轻教师有运用哔哩哔哩平台的，有运用QQ授课的。吕宏老师给笔者分享了她QQ群语音授课和互动的方法，掌握多种平台，以备网络拥堵时的临场转换。教师们在短短几日对一个个陌生的平台软件应用自如，把教室和课堂搬到了云端，让学生只要有一部手机就能够随时随地进行微学习。

笔者掌握了学习通运用后，给网络教学班起名：春天的课程。尽管师生们因假期没有返校，但师生们的联系却比往年任何时候都要早，笔者在开学的前两周就与同学们联系，为他们提供与新冠肺炎疫情相关的心理学、医学、历史学书籍，希望同学在关注新冠肺炎疫情的同时，遵守法律法规和国家的统一安排，同时能够在阅读书籍中摆脱焦虑和恐慌。2月13日，图书馆的张宏斌馆长同时在几个工作群里发布了免费开放①的课程、数据库和远程图书馆，嘱咐老师们通过网络转发给同学们。2月22日，还没有到正式开学时间，笔者通过课程平台为学生推荐了《再造"病人"：中西医冲突下的空间政治》《瘟疫与人》《生命是什么》《黄帝内经》等阅读书目，通过中西不同文化对疾病的看法，思考中西合璧的文化互补，让新冠肺炎疫情也成为生命教育的一课，引导同学们在阅读中学习、思考。2月24日，笔者发布了本学期的教学计划、参考书籍、辅助学习资源。2月28日，笔者成功用超星、腾讯会议、微信群完成了本学期的第一堂云课任务。

（二）移动的云存贮、共享和协作

超星为学校每个教师提供了云教室，只要注册一下，创建起自己的课程空间，导入学生名单后，学生在学习通客户端就可以进入老师的教室和课堂了，可以看到老师已经存放好的文档、视频、音频和学习的相关链接资料。模块化的功能帮助老师更有效地存储资料、利用时间。当老师的一切上课所需的资料都保存在超星提供的云盘中时，老师无论身在何时何地都可以访问调取材料，在几分钟内，就可以创建预习作业、发布通知、更新讲解、参加考勤、修改资源并全面了解学生的学习情况。老师可以使用超星创建所有学生都可以访问的内容库，超星还可以通过手机投屏作为课堂上的数字屏幕，老师手机里的文档、音频和视频文件或图像就可以投屏到教室的屏幕与同学共享并加注释。当有老师将教学资源共享给平台时，所有同事都可以自动共享该文件，成为各种通信中最高效的理想选择。

外面的街道清冷安静，而工作团队的合作、协作以数字化的形态更加紧密紧张了。超星平台为老师提供以各种格式（文档、图像、链接、视频和音频文件）编辑、共享内容，并根据学生的作业、讨论、留言对学生形成学习评估。课堂的群聊和讨论区具有师生互动和社区交流的功能，师生可以随时留言交流学习中遇到的问题。云端教学，明显地感受到教学效率和质量的提高，大多数学生反馈在学习效果上提升了。运用线上平台教学工作流程没有减少一个环节、教学时间没有缩水、学生可选择的课程扩容了，也可以更个性化，学生更熟悉

---

① 2020年免费开放的资源内容包括：（1）教育部：向高校免费开放2.4万余门在线课程（附22个平台链接）；（2）共克时艰，北大法宝视频库向全国法学师生免费开放；（3）名校400门免费人文社科公开课视频合集；（4）"中国历史文献总库·近代报纸数据库"免注册全球开放；（5）大雅论文检测系统免费开放；（6）携手抗"疫"，我们在行动：法意协助高校图书馆全面开放中国法律资源库等。

网络课程，学生跨校跨专业学习、选课成为可能。云端在线教学平台运用先进的云技术、以更为开放的教育理念、丰富灵活的多样化教学方法，在移动智能信息手机上实现指尖存取和投放云资源，学生可以在随身携带的手机上实现云端智能信息学习，手机成为一种学习和文化资本。

学习网络教学的过程，是通过每天的学习掌握一点运用技能，"进一寸有一寸的欢喜"，用得多了自然就熟练地在云端转换，运用的效率提高了，节约出来的时间，就利用起来给学生寻找更多的优质学习资源和值得深度阅读的书籍，培养学生沉静、深入的阅读和思考能力。

2月24日学校如期开学了，我校党委书记孙国华和校长杨宗科为全校师生上了第一堂课，让依然宅家的同学们有了开学的仪式感，老师和同学同步按照课表的节奏和时间正常上课，只是从寓意"公正、平衡、稳健"的西政标志性"天平楼"中的教室，通过数字化"平移"到云课堂；天平教学楼上课前明快的音乐声，换成老师们在手机上发布的签到通知，同学们有序地签到、落座，直播连线瞬时让大家相聚在空中课堂。优质的在线教学、腾讯课堂、腾讯会议、钉钉等同步直播课堂，激发了学生学习兴趣和动机。无法通过直播上课的同学，可以在任何自己方便的时间段提取老师录好的课程学习，在严格按照学校课表上课的同时，充分给了同学多样的学习机会，也为学生提供更为个性化的学习方案。全校开学第一天，由于网络拥堵，教务处处长陈京春指挥老师们灵活及时转战多个平台，采用语音、文字等多样化教学、交流方式："建议大家微信群、学习通或雨课堂、腾讯会议音频，三种手段并用，适时切换。""点击快速课堂，那么你就进入课堂，进入后，再点一下右下角的三个点，就可以看到发送邀请，然后点邀请你就可以看到微信的图标，继续点微信就可以给自己的班级微信群发送一个快速会议的邀请链接，学生点击这个链接进入你的会议，就可以线上授课了。"开学后，全体老师都将继续发挥他们已经掌握的信息化教学技能，在线上线下环境中为自己的学生提供混合云学习指导。教学楼谦虚礼让出了一段时间，让师生将教学和学习转移到校园之外，无声地推进着师生信息化教学的能力和体验。

通过云教学实践，以及对学校为了提高管理效率运行的全新办公自动化系统的体验，明显地感受到管理和教学的效率、质量都在同步提高。往年的预答辩，是以线下师生面对面集体问答讨论的工作方式，今年以线上的方式，助理提前几天发来研究生的论文，几篇三到五万字的论文，需要几天的时间细心阅读，因时间上更加充裕从容一些，同时可以利用电脑查找资料，老师们可以熬夜阅读用心为同学们提供更多的帮助；各种教学信息及时在办公系统和微群里分享，除了眼睛看手机电脑感觉疼痛外，其他的都很及时便利。此外，一些地区高三学子返校在即，我们也许不久就可以回到校园和课堂，网络课堂是新冠肺炎疫情期间的需要，但仍然代替不了师生面对面的交流和实时互动，代替不了朝气蓬勃、风华正茂的同学们在一起欢声笑语相处的青春时光。"尽管人工智能技术与教育教学的融合促进了教学的发展，但要时刻警惕陷入唯技术论的误区，我们要坚守'育人'的教育初心。学生的人际交往能力、思维能力、想象力、审美能力、哲学思辨能力、创造力、团队协作能力的形成，都要依赖传统现实的'人—人'交互环境，老师与学生的交互作用与生生间的群体性学习，是人工智能所不能完成的。在人工智能对学校教育教学提供巨大潜力的背景下，技术无处不在地影响着教学过程，老师如何利用智能工具发展教学，优化教学设计，提高教学效率，促进学习者深度学习，是当前研究的重点。"[1]

2022年12月9日，西安新增1例本土确诊病例，王雯师妹特意送给笔者一个护目镜嘱咐笔者做好防护；12月16日雁塔区的高校全部开始全员核酸检测，我校果断进入封校管控，防止新冠肺炎疫情传播危害到师生的安全；12月20日，孙春兰副总理处理完浙江绍兴的新冠肺炎疫情，立即赶赴西安。12月23日下午，笔者骑着共享单车奔赴长安校区参加研究生监考；学校挑选出的党员护卫队全身防护为封控区考生送考上门；考试教室里空缺的位子比往年多，这些考生根据防控等级，或许以一种德尔塔都感动的方式参加考试，因为这一考试资格，背后有太多教育机构、人员的精诚感人的付出。新冠肺炎疫情期间，国家提供的免费检测、政府送来的爱心菜，让我们安静、安心地生活、工作，并时时监测病毒的入侵，做好防护，保护自己是每个人的防疫责任，政府阻隔传播是政府的公共责任。听着西北政法学子创作的抗疫歌曲，看到由于封控带来的一些问题，政府及时调控着政策。英国的苏雷什·纳瓦尼（Suresh Nanwani）教授，在英国探亲的魏敦友教授、李艳艳副教授以及亲友，都发来关心的问候，让笔者倍感温暖。

2022年1月4日，正是西安新冠肺炎疫情胶着对垒状态，我们开始了新学期的网课教学，老师提前为同学发送了阅读材料和历史上相似的案例。当下新冠肺炎疫情之时发生的几个案例，同学们热烈地讨论着。有的用电车难题类比，有的同学用期待可能性理论，还有同学讲到了"枪口抬高一厘米"的案例。同学们学习状态很好，都能用法哲学的理论来分析新冠肺炎疫情中的问题。网络

---

[1] 李泽林，陈虹琴. 人工智能对教学的解放与奴役——兼论教学发展的现代性危机[J]. 电化教育研究，2020，41（01）：115-121.

让被人为划分的等级不同的大学教育趋于平等，能为地处西北的学校带来教育公平，摆脱贫穷之路，缩小与发达地区拉开的教育差距。西安这次的新冠肺炎疫情突如其来、诡异难防。2022年1月3日晚上11点，区政府、街道办、社区、小区层层接力，给小区送来了蔬菜。西安市的部署会凌晨2点结束，这算是比较正常的时间结束，要求早上9点开始核酸，11点结束，下午可能启动第二轮，要求和时间赛跑，人在阵地在，防疫人员凌晨4点就集结了。2022年1月5日，西安的新冠肺炎疫情传来了好消息，社区传播已经清零，恢复正常的生活已经指日可待。

而这一切，在智能信息中被数字化着，却也难免有一丝隐忧，仿佛所有的行动、轨迹被我们根本不知道的某些超人玩家在空中监视、分析、计算。而得到这些数据的，是将之变成杀伤性武器？还是在空中看到西北的贫穷、落后而伸出援手呢？

参考文献

（一）中文著作

[1] 於兴中. 法治与文明秩序 [M]. 北京：中国政法大学出版社，2006.

[2] 於兴中. 法理学前沿 [M]. 北京：中国民主法制出版社，2014.

[3] 马长山. 迈向数字社会的法律 [M]. 北京：法律出版社，2021.

[4] 张凌寒. 权力之治：人工智能时代的算法规制 [M]. 上海：上海人民出版社，2021.

[5] 李开复. AI·未来 [M]. 杭州：浙江人民出版社，2018.

[6] 雷毅. 人与自然：道德的追问 [M]. 北京：北京理工大学出版社，2015.

[7] 马兆远. 人工智能之不能 [M]. 北京：中信出版社，2020.

[8] 高奇琦. 人工智能：驯服赛维坦 [M]. 上海：上海交通大学出版社，2018.

[9] 孙继银. 网络窃密、监听及防泄密技术 [M]. 西安：西安电子科技大学出版社，2011.

[10] 高奇琦. 人工智能治理与区块链革命 [M]. 上海：上海人民出版社，2020.

[11] 崔亚东. 世界人工智能法治蓝皮书（2020）[M]. 上海：上海人民出版社，2020.

[12] 刘星. 法律是什么 [M]. 北京：中国政法大学出版社，1998.

[13] 俞可平. 增量民主与善治 [M]. 北京：社会科学文献出版社，2005.

[14] 秦甫. 律师论辩的策略与技巧 [M]. 北京：法律出版社，2001.

[15] 沈宗灵. 现代西方法理学 [M]. 北京：北京大学出版社，1997.

[16] 王纳新. 法官的思维——司法认知的基本规律 [M]. 北京：法律出版社，2005.

[17] 俞可平. 权利政治与公益政治：当代西方政治哲学评析 [M]. 北京：社会科学文献出版社, 2000.

[18] 冯建妹. 耶鲁精神——感受耶鲁大学及其法学院 [M]. 北京：法律出版社, 2007.

[19] 陈柏峰. 乡村司法 [M]. 西安：陕西人民出版社, 2012.

[20] 陈家刚. 基层治理 [M]. 北京：中央编译出版社, 2015.

[21] 狄金华. 被困的治理 [M]. 北京：生活·读书·新知三联书店, 2015.

[22] 丁卫. 秦窑法庭 [M]. 北京：生活·读书·新知三联书店, 2014.

[23] 范忠信, 武乾, 余钊飞, 等. 枫桥经验与法治型新农村建设 [M]. 北京：中国法制出版社, 2013.

[24] 费孝通. 乡土中国·生育制度·乡土重建 [M]. 北京：商务印书馆, 2011.

[25] 高其才, 黄宇宁, 赵彩凤. 基层司法 [M]. 北京：法律出版社, 2009.

[26] 贺雪峰. 治村 [M]. 北京：北京大学出版社, 2017.

[27] 季卫东. 通往法治的道路 [M]. 北京：法律出版社, 2014.

[28] 强世功. 法制与治理 [M]. 北京：中国政法大学出版社, 2003.

[29] 苏力. 法治及其本土资源 [M]. 北京：北京大学出版社, 2015.

[30] 苏力. 送法下乡——中国基层司法制度研究 [M]. 北京：中国政法大学出版社, 2000.

[31] 汪世荣. "枫桥经验"——基层社会治理实践 [M]. 北京：法律出版社, 2008.

[32] 王绍光. 安邦之道——国家转型的目标与途径 [M]. 北京：生活·读书·新知三联书店, 2007.

[33] 王启梁. 迈向深嵌在社会与文化中的法律 [M]. 北京：中国法制出版社, 2010.

[34] 徐勇. 现代国家乡土社会与制度建构 [M]. 北京：中国物资出版社, 2009.

[35] 张燕. 风险社会与网络传播：技术·利益·伦理 [M]. 北京：社会科学文献出版社, 2014.

[36] 卓泽渊. 法的价值论 [M]. 北京：法律出版社, 2006.

[37] 沈宗灵. 现代西方法理学 [M]. 北京：北京大学出版社, 1992.

[38] 李晓明. 模糊性：人类认识之谜 [M]. 北京：人民出版社，1985.

[39] 江山. 法的自然精神导论 [M]. 北京：法律出版社，1997.

[40] 徐爱国. 医疗的法律问诊 [M]. 北京：商务印书馆，2018.

[41] 程颐. 二程集：第3册 [M]. 北京：中华书局，1981.

[42] 江山. 中国法理念 [M]. 北京：中国政法大学出版社，2005.

[43] 钱学森. 论人体科学与现代科技 [M]. 上海：上海交通大学出版社，1998.

[44] 高道蕴，高鸿钧，贺卫方. 美国学者论中国法律传统 [M]. 北京：中国政法大学出版社，1994.

[45] 谢立中. 西方社会名著提要 [M]. 南昌：江西人民出版社，1998.

[46] 徐爱国. 法学的圣殿 西方法律思想与法学流派 [M]. 北京：中国法制出版社，2018.

[47] 徐爱国. 世界著名十大法学家评传 [M]. 北京：人民法院出版社，2004.

[48] 高宣扬. 布迪厄的社会理论 [M]. 上海：同济大学出版社，2004.

[49] 中共中央文献研究室. 习近平关于全面依法治国论述摘编 [M]. 北京：中央文献出版社，2015.

[50] 宋立富. 中医学基础 [M]. 西安：第四军医大学出版社，2012.

[51] 蔡守秋. 基于生态文明的法理学 [M]. 北京：中国法制出版社，2014.

[52] 张君玟. 后殖民的阴性情境：语文、翻译和欲望 [M]. 台北：群学出版社，2012.

[53] 高邦仁，王煜全. 流动的世界 [M]. 北京：清华大学出版社，2010.

[54] 夏先良. 知识论——知识产权、知识贸易与经济发展 [M]. 北京：对外经济贸易大学出版社，2000.

[55] 林榕航. 知识管理原理 [M]. 厦门：厦门大学出版社，2005.

[56] 齐延平. 人权与法治 [M]. 济南：山东人民出版社，2003.

[57] 范并思. 图书馆资源公平利用 [M]. 北京：国家图书馆出版社，2011.

[58] 夏勇. 人权概念起源——权利的历史哲学 [M]. 北京：中国政法大学出版社，2001.

[59] 蒋志培. 网络与电子商务法 [M]. 北京：法律出版社，2001.

[60] 张希坡. 马锡五审判方式 [M]. 北京：法律出版社，1983.

[61] 郭忠华. 公民身份的核心问题 [M]. 北京：中央编译出版社，2016.

[62] 王启梁. 迈向深嵌在社会与文化中的法律 [M]. 北京：中国法制出

版社，2010.

[63] 苏力. 送法下乡——中国基层司法制度研究 [M]. 北京：中国政法大学出版社，2000.

[64] 季卫东. 法治秩序的建构 [M]. 北京：中国政法大学出版社，1999.

[65] 梁治平. 清代习惯法：社会与国家 [M]. 北京：中国政法大学出版社，1996.

[66] 高志刚. 司法实践理性论：一个制度哲学的进路 [M]. 上海：上海人民出版社，2011.

[67] 胡惠林. 文化产业发展的中国道路理论·政策·战略 [M]. 北京：社会科学文献出版社，2018.

[68] 杨宗科. 法律的成立：社会与国家现代立法基本理论探索 [M]. 西安：陕西人民出版社，2000.

[69] 杨宗科. 法律机制论法哲学与法社会学研究 [M]. 西安：西北大学出版社，2000.

[70] 张荆. 海外社会治安管理机制研究 [M]. 北京：法律出版社，2015.

[71] 陈甦，田禾. 中国法院信息化发展报告 No.4（2020）[M]. 北京：社会科学文献出版社，2020.

[72] 於兴中. 法理学检读 [M]. 北京：海洋出版社，2010.

[73] 严存生. 法的"一体"和"多元" [M]. 北京：商务印书馆，2008.

[74] 严存生. 法律的价值 [M]. 西安：陕西人民出版社，1991.

[75] 严存生. 西方法哲学问题史研究 [M]. 北京：中国法制出版社，2013.

[76] 李其瑞. 法学研究与方法论 [M]. 济南：山东人民出版社，2005.

（二）译著

[1] 史蒂文·J. 伯顿. 法律和法律推理导论 [M]. 张志铭，解兴权，译. 北京：中国政法大学出版社，1998.

[2] 艾尔·巴比. 社会研究方法：第10版 [M]. 李银河，译. 北京：华夏出版社，2005.

[3] 布莱恩·雷诺. 福柯十讲 [M]. 韩泰伦，译. 北京：大众文艺出版社，2004.

[4] 杜赞奇. 全球现代性的危机 [M]. 黄彦杰，译. 北京：商务印书馆，2017.

[5] 高见泽磨. 现代中国的纠纷与法 [M]. 何勤华, 等译. 北京: 法律出版社, 2003.

[6] 何意志. 法治的东方经验 [M]. 李中华, 译. 北京: 北京大学出版社, 2010.

[7] 黑格尔. 哲学史讲演录: 第1卷 [M]. 贺麟, 译. 北京: 商务印书馆, 1959.

[8] 卡西尔. 人论 [M]. 甘阳, 译. 上海: 上海译文出版社, 1986.

[9] 克利福德·格尔茨. 地方知识 [M]. 杨德睿, 译. 北京: 商务印书馆, 2016.

[10] 勒内·达维德. 当代主要法律体系 [M]. 漆竹生, 译. 上海: 上海译文出版社, 1984.

[11] 理查德·波斯纳. 波斯纳法官司法反思录 [M]. 苏力, 译. 北京: 北京大学出版社, 2014.

[12] 罗伯特·B. 西奥迪尼. 影响力 [M]. 张力慧, 译. 北京: 中国社会科学出版社, 2001.

[13] 罗伯特·考特, 托马斯·尤伦. 法和经济学 [M]. 张军, 译. 上海: 上海人民出版社, 1999.

[14] 罗杰·科特瑞尔. 法理学的政治分析 [M]. 张笑宇, 译. 北京: 北京大学出版社, 2013.

[15] 马尔科姆·M. 菲利. 程序即是惩罚 [M]. 魏晓娜, 译. 北京: 中国政法大学出版社, 2014.

[16] 玛丽·安·格伦顿. 权利话语 [M]. 周威, 译. 北京: 北京大学出版社, 2006.

[17] 欧文·费斯. 如法所能 [M]. 师帅, 译. 北京: 中国政法大学出版社, 2008.

[18] 棚濑孝雄. 纠纷的解决与审判制度 [M]. 王亚新, 译. 北京: 中国政法大学出版社, 2004.

[19] 齐佩利乌斯. 法学方法论 [M]. 金振豹, 译. 北京: 法律出版社, 2009.

[20] 乔治·凯林, 凯瑟琳·科尔斯. 破窗效应 [M]. 陈智文, 译. 北京: 生活·读书·新知三联书店, 2014.

[21] 史蒂文瓦戈. 法律与社会 [M]. 梁坤, 等译. 北京: 中国人民大学出版社, 2011.

[22] 小约瑟夫·S.奈，菲利普·D.泽利科，戴维·C.金.人们为什么不信任政府[M].朱芳芳，译.北京：商务印书馆，2015.

[23] 凯尔森.纯粹法理论[M].张书友，译.北京：中国法制出版社，2008.

[24] 哈特.法律的概念[M].张文显，等译.北京：中国大百科全书出版社，1996.

[25] 阿图尔·考夫曼，温弗里德·哈斯默尔.当代法哲学和法律理论导论[M].郑永流，译.北京：法律出版社，2002.

[26] 阿图尔·考夫曼.后现代法哲学——告别演讲[M].米健，译.北京：法律出版社，2000.

[27] 阿图尔·考夫曼.类推与"事物本质"——兼论类型理论[M].吴从周，译.台北：台北学林文化事业有限公司，1999.

[28] 德沃金.法律帝国[M].李常青，译.北京：中国大百科全书出版社，1996.

[29] E.博登海默.法理学、法律哲学与法学方法[M].邓正来，译.北京：中国政法大学出版社，1999.

[30] 庞德.通过法律的社会控制[M].沈宗灵，译.北京：商务印书馆，1984.

[31] 马克斯·韦伯.经济与社会[M].林荣远，译.北京：商务印书馆，1998.

[32] 马克思恩格斯全集：第42卷[M].北京：人民出版社，1979.

[33] 麦考密尔，魏因贝格尔.制度法论[M].周叶谦，译.北京：中国政法大学出版社，1994.

[34] 米歇尔·福柯.临床医学的诞生[M].刘北成，译.南京：译林出版社，2011.

[35] 泰瑞·伊格顿.文化的理念[M].林志忠，译.高雄：巨流图书公司，2002.

[36] 哈贝马斯，哈勒.作为未来的过去[M].章国锋，译.杭州：浙江人民出版社，2001.

[37] 哈贝马斯.后形而上学思想[M].曹卫东，付德根，译.南京：译林出版社，2001.

[38] 布林特.悲剧与拒绝[M].庞金友，译.北京：社会科学文献出版社，2015.

[39] 胡果·格劳秀斯. 论海洋自由［M］. 马忠法, 译. 上海: 上海人民出版社, 2005.

[40] 胡果·格劳秀斯. 捕获法［M］. 张乃根, 等译. 上海: 上海世纪出版集团, 2006.

[41] 胡果·格劳秀斯, A.C.坎贝尔. 战争与和平法［M］. 何勤华, 等译. 上海: 上海人民出版社, 2017.

[42] 以赛亚·伯林. 扭曲的人性之材［M］. 岳秀坤, 译. 南京: 译林出版社, 2005.

[43] 约翰·基恩. 公共生活与晚期资本主义［M］. 马音, 译. 北京: 社会科学文献出版社, 1999.

[44] 克雷斯塔·诺里斯. 你的网络形象, 无价!［M］. 钱峰, 译. 北京: 东方出版社, 2012.

[45] 理查德·A.斯皮内洛. 世纪道德——信息技术的伦理方面［M］. 刘钢, 译. 北京: 中央编译出版社, 1999.

[46] 丹尼尔·沙勒夫. 隐私不保的年代［M］. 林铮顗, 译. 南京: 江苏人民出版社, 2011.

[47] 马修·弗雷泽, 苏米特拉·杜塔. 社交网络改变世界［M］. 谈冠华, 郭小花, 译. 北京: 中国人民大学出版社, 2013.

[48] 理查德·斯皮内洛. 铁笼, 还是乌托邦: 网络空间的道德与法律［M］. 李伦, 等译. 北京: 北京大学出版社, 2007.

[49] 哈贝马斯. 合法化危机［M］. 刘北成, 曹卫东, 译. 上海: 上海世纪出版集团, 2009.

[50] 尤根·埃利希. 法社会学原理［M］. 舒国滢, 译. 北京: 中国大百科全书出版社, 2008.

[51] 弗里德曼. 法律制度: 从社会科学角度观察［M］. 李琼英, 林欣, 译. 北京: 中国政法大学出版社, 2004.

[52] 千叶正士. 法律多元——从日本法律文化迈向一般理论［M］. 强世功, 等译. 北京: 中国政法大学出版社, 1997.

[53] 尼葛洛庞帝. 数字化生存［M］. 胡泳, 译. 海口: 海南出版社, 1997.

[54] 小詹姆斯·I.卡什, 罗伯特·G.埃克尔斯, 尼汀·诺里亚, 等. 创建智能信息时代的组织——结构、控制与信息技术［M］. 刘晋, 秦静, 译. 大连: 东北财经大学出版社, 2000.

[55] 威廉·Y. 阿姆斯. 数字图书馆概论 [M]. 施伯乐, 张亮, 汪卫, 等译. 大连: 大连工业出版社, 2001.

[56] 马克·斯劳卡. 大冲突赛博空间和高科技对现实的威胁 [M]. 南昌: 江西教育出版社, 1999.

[57] 利亚姆·班农, 厄休拉·巴里, 奥拉夫·霍尔斯特. 信息社会 [M]. 张新华, 译. 上海: 上海译文出版社, 1991.

[58] N. 霍恩. 法律科学与法哲学导论 [M]. 罗莉, 译. 北京: 法律出版社, 2005.

[59] 玛莎·纳斯鲍姆. 正义的前沿 [M]. 朱慧玲, 等译. 北京: 中国人民大学出版社, 2016.

[60] 沈向洋, 施博德. 计算未来: 人工智能及其社会角色 [M]. 北京: 北京大学出版社, 2018.

[61] 劳伦斯·莱斯格. 代码2.0: 网络空间中的法律 [M]. 李旭, 沈伟伟, 译. 北京: 清华大学出版社, 2009.

[62] 伊森·凯什, 奥娜·艾尼. 数字正义: 当纠纷解决遇见互联网科技 [M]. 赵蕾, 等译. 北京: 法律出版社, 2019.

[63] 约翰·罗尔斯. 正义论 [M]. 何怀宏, 等译. 北京: 中国社会科学出版社, 1988.

[64] 弗兰克·帕斯奎尔. 黑箱社会: 控制金钱和信息的数据法则 [M]. 赵亚男, 译. 北京: 中信出版集团, 2015.

[65] 布莱恩·阿瑟. 技术的本质 [M]. 曹东溟, 王健, 译. 杭州: 浙江人民出版社, 2014.

[66] 卢西亚诺·弗洛里迪. 第四次革命: 人工智能如何重塑人类现实 [M]. 王文革, 译. 杭州: 浙江人民出版社, 2016.

[67] 凯西·奥尼尔. 算法霸权: 数学杀伤性武器的威胁 [M]. 马青玲, 译. 北京: 中信出版集团, 2018.

[68] 玛侬·奥斯特芬. 数据的边界——隐私与个人数据保护 [M]. 曹博, 译. 上海: 上海人民出版社, 2020.

[69] 佩德罗·多明戈斯. 终极算法: 机器学习和人工智能如何重塑世界 [M]. 黄芳萍, 译. 北京: 中信出版集团, 2017.

[70] 弗吉尼亚·尤班克斯. 自动不平等——高科技如何锁定、管制和惩罚穷人 [M]. 李明倩, 译. 北京: 商务印书馆, 2021.

[71] 弗朗西斯·达科斯塔. 重构物联网的未来, 探索智联万物模式

[M］．周毅，译．北京：中国人民大学出版社，2016．

［72］玛格丽特·博登．人工智能的本质与未来［M］．孙诗惠，译．北京：中国人民大学出版社，2018．

［73］迈克斯·泰格马克．生命3.0：人工智能时代人类的进化与重生［M］．汪婕舒，译．杭州：浙江教育出版社，2018．

［74］卢克·多梅尔．人工智能改变世界，重建未来［M］．赛迪研究院专家组，译．北京：中信出版集团，2016．

［75］玛格丽特·博登．人工智能哲学［M］．刘西瑞，王汉琦，译．上海：上海译文出版社，2001．

［76］佩德罗·多明戈斯．终极算法：机器学习和人工智能如何重塑世界［M］．黄芳萍，译．北京：中信出版集团，2017．

［77］劳伦斯·莱斯格．代码2.0：网络空间中的法律［M］．李旭，沈伟伟，译．北京：清华大学出版社，2009．

［78］凯伦·杨，马丁·洛奇．驯服算法：数字歧视与算法规制［M］．林少伟，唐林垚，译．上海：上海人民出版社，2020．

［79］乌戈·帕加罗．谁为机器人的行为负责？［M］．张卉林，王黎黎，译．上海：上海人民出版社，2020．

［80］罗纳德·M.德沃金．没有上帝的宗教［M］．於兴中，译．北京：中国民主法制出版社，2015．

（三）期刊

［1］於兴中．人工智能信息、话语理论与可辩驳推理［J］．法律方法与法律思维，2005（01）．

［2］马长山．司法人工智能的重塑效应及其限度［J］．法学研究，2020（04）．

［3］王禄生．司法大数据与人工智能开发的技术障碍［J］．中国法律评论，2018（02）．

［4］马长山．智能互联网时代的法律变革［J］．法学研究，2018（04）．

［5］舒国滢．战后德国法哲学的发展路向［J］．比较法研究，1995（04）．

［6］刘树德，胡继先．关于类案检索制度相关问题的若干思考［J］．法律适用，2020（18）．

［7］高可．司法智能信息化的功能、风险与完善［J］．西安交通大学学报

（社会科学版），2020，40（06）．

　　[8] 魏新璋，方帅．类案检索机制的检视与完善[J]．中国应用法学，2018（05）．

　　[9] 郑通斌．类案检索运行现状及完善路径[J]．人民司法（应用），2018（31）．

　　[10] 左卫民．如何通过人工智能信息实现类案类判[J]．中国法律评论，2018（02）．

　　[11] 郑东．学术概念的特质与学术发展的动能[J]．河北学刊，2005（02）．

　　[12] 张凌寒，梁语函．算法在域外司法实践中的应用、困境及启示[J]．中国审判，2020（06）．

　　[13] 黄铭杰．人工智慧发展对法律及法律人的影响[J]．月旦法学教室，2019（06）．

　　[14] 许江，罗勇．论法的不确定性与判例法之引进[J]．江苏行政学院学报，2004（03）．

　　[15] 王红旗．论模糊语义产生的原因[J]．山东师范大学学报（社会科学版），1993（01）．

　　[16] 李晓．论法理的普遍性：法之"公理""通理"与"殊理"[J]．法制与社会发展，2018（03）．

　　[17] 汪世荣．"枫桥经验"视野下的基层社会治理制度供给研究[J]．中国法学，2018（06）．

　　[18] 李洋．从"非正式帝国主义"到"法律帝国主义"：以近代中国的境遇为例[J]．法学家，2020（01）．

　　[19] 迈克尔·斯洛特．现代伦理意义下的"阴阳"概念再认识[J]．郭金鸿，译．齐鲁学刊，2015（01）．

　　[20] 刘作翔．关于社会治理法治化的几点思考——"新法治十六字方针"对社会治理法治化的意义[J]．河北法学，2016，34（05）．

　　[21] 冯周卓．论哲学咨询与心理咨询的互补[J]．北京师范大学学报（社会科学版），2010（02）．

　　[22] 欧阳谦．哲学咨询：一种返本开新的实践哲学[J]．安徽大学学报（哲学社会科学版），2012（04）．

　　[23] 李林．哲学咨询的实质及其在中国发展的障碍[J]．浙江工商大学学报，2015（01）．

［24］王习胜．"思想咨商"及其中国式问题论要［J］．安徽师范大学学报（人文社会科学版），2014（02）．

［25］王方玉．中国式法理思维探析——法、理、情的融合［J］．河北法学，2014，32（05）．

［26］景军，薛伟玲．医学人类学与四种社会理论之互动［J］．思想战线，2014（02）．

［27］颜厥安．沟通、制度与民主文化——由哈贝马斯的法理论初探社会立宪主义［J］．台大法学论丛，2001（03）．

［28］颜厥安．法效力与法解释——由 Habermas 及 Kaufmann 的法效理论检讨法学知识的性质［J］．台大法学论丛，1997，27（01）．

［30］余成峰．法律的"死亡"：人工智能时代的法律功能危机［J］．华东政法大学学报，2018（02）．

［31］杨建军．国家治理、生存权发展权改进与人类命运共同体的构建［J］．法学论坛，2018（01）．

［32］汪亭友，丁晨．"普世价值"论的认识误区及其实质与危害［J］．高校辅导员，2018（02）．

［33］阮建平，林一斋．人类命运共同体的历史逻辑、挑战与建设路径［J］．中州学刊，2018（11）．

［34］李少威．中国传统文化可以纠偏现代化［J］．精神文明导刊，2019（01）．

［35］杜涛．国际私法的政治哲学［J］．华东政法大学学报，2013（03）．

［36］杨宗科．制度自信的历史逻辑［J］．理论探索，2020（01）．

［37］杨锦帆．试论超越法律霸权主义的德政智慧——一种其普遍合作的法律哲学［J］．学术界，2016（09）．

［38］强世功．告别国家法一元论：秋菊的困惑与大国法治道路［J］．东方学刊，2018（02）．

［39］宋晓燕．国际金融危机后十年监管变革考［J］．东方法学，2018（01）．

［40］黄震．不完备法律与金融科技风险监管［J］．清华金融评论，2019（05）．

［41］王妍，赵杰．不完备法律理论对穿透式监管的启示［J］．征信，2019（05）．

［42］徐玖玖．协调与合作：我国金融监管模式选择的重估［J］．现代经

济探讨，2018（11）．

［43］陈金钊．提升国家治理的法治能力［J］．理论探索，2020（01）．

［44］杨德桥．责难与回应：美国"301调查"的历史逻辑、多维动因及其与"中国制造"2025知识产权战略的互动［J］．国际经济法学刊，2020（01）．

［45］郑泽宁．从《蝴蝶君》看20世纪后半叶美籍华裔作家的东方视阈［J］．佳木斯大学社会科学学报，2020（01）．

［46］任苗苗．家族女性主义法学初创——基于中国的实践［J］．浙江大学学报（人文社会科学版），2019（05）．

［47］彭华．论儒家女性角色伦理的三个理论视角［J］．哲学动态，2013（10）．

［48］陈学芬．严歌苓小说中的民族冲突与融合话语浅论［J］．济宁学院学报，2019（06）．

［49］刘磊．对欧美"法律东方主义"的反思与超越［J］．法学评论，2020（02）．

［50］林林．从比较视角看女性主义法学的出路［J］．比较法研究，2016（03）．

［51］方兴东，石现升，张笑容，等．微信传播机制与治理问题研究［J］．现代传播（中国传媒大学学报），2013，35（06）．

［52］汪习根．发展权含义的法哲学分析［J］．现代法学，2004（06）．

［53］郑万青．知识产权与信息自由权——一种全球治理的视角［J］．知识产权，2006（05）．

［54］马长山．智慧社会背景下的"第四代人权"及其保障［J］．中国法学，2019（05）．

［55］余成峰．信息隐私权的宪法时刻规范基础与体系重构［J］．中外法学，2021（01）．

［56］娄宇．平台经济从业者社会保险法律制度的构建［J］．法学研究，2020（02）．

［57］阎天．劳动关系概念：危机、坚守与重生［J］．中国法律评论，2018（06）．

［58］朱兵强．卢曼的法理学检视——一个系统论的视角［J］．山东科技大学学报（社会科学版），2015（05）．

［59］张钧．法律多元理论及其在中国的新发展［J］．法学评论，2010，28

(04).

[60] 季卫东. 法律议论的社会科学研究新范式[J]. 中国法学, 2015 (06).

[61] 徐爱国. 法理念的文化冲突与中国法律的多元属性[J]. 社会科学研究, 2014 (06).

[62] 童列春. 论身份正义的诉求与实现[J]. 甘肃政法学院学报, 2011 (02).

[63] 强世功. "法治中国"的道路选择——从法律帝国到多元主义法治共和国[J]. 文化纵横, 2014 (04).

[64] 申欣旺. 淘宝互联网纠纷解决机制——结构化维权及其司法价值[J]. 法庭内外, 2016 (03).

[65] 褚宸舸, 史凯强. "网上枫桥经验"浙江实践及其创新[J]. 浙江工业大学学报(社会科学版), 2019 (02).

[66] 任剑涛. 人工智能信息与社会控制[J]. 人文杂志, 2020 (01).

[67] 文铭, 刘博. 人脸识别技术应用中的法律规制研究[J]. 科技与法律, 2020 (04).

[68] 严存生. 我国先秦"法"观念的"一体多元"结构[J]. 学术研究, 2020 (01).

[69] 杨建军. 通过司法的社会治理[J]. 法学论坛, 2014 (02).

[70] 朱锋. 国际秩序与中美战略竞争[J]. 亚太安全与海洋研究, 2020 (02).

[71] 于浩. 推陈出新:"枫桥经验"之于中国基层司法治理的意义[J]. 法学评论, 2019 (04).

[72] 卜清平. "枫桥经验"何以长青?[J]. 开放时代, 2020 (01).

[73] 刘磊. 通过典型推动基层治理模式变迁——"枫桥经验"研究的视角转换[J]. 法学家, 2019 (05).

[74] 张宸宸. 机器人,法律行业的终结者还是开路者?[J]. 读书, 2016 (10).

[75] 阎孟伟. 马克思的实践哲学及其理论形态[J]. 哲学研究, 2012 (03).

[76] 彭中礼. 智慧法治:国家治理能力现代化的时代宣言[J]. 法学论坛, 2020 (03).

[77] 强世功. 党章与宪法:多元一体法治共和国的建构[J]. 文化纵横,

2015（04）.

[78] 陈亚平.情·理·法：礼治秩序［J］.读书，2002（01）.

[79] 高可.司法智能信息化的功能、风险与完善［J］.西安交通大学学报（社会科学版），2020（06）.

[80] 左卫民.信息化与我国司法——基于四川省各级人民法院审判管理创新的解读［J］.清华法学，2011，5（04）.

[81] 申卫星，刘云.法学研究新范式：计算法学的内涵、范畴与方法［J］.法学研究，2020（05）.

[82] 余成峰.法律的"死亡"：人工智能时代的法律功能危机［J］.华东政法大学学报，2018（02）.

[83] 黄爱教.大学理念视角下的我国法理学教学问题研究［J］.广东政法管理学院学报，2007（02）.

[84] 张卫英，张晓昀.法学教育对学生法律思维能力的培养［J］.济宁师范专科学校学报，2006（01）.

[85] 王政勋，于鹏.重塑中国法学教育教学模式的尝试——以开设辩论教学课程为切入点做起［J］.法学教育研究，2011（01）.

[86] 杨宗科.论"新法学"的建设理路［J］.法学，2020（07）.

[87] 康学芹，廉雅娟.中美高新技术产业竞争力比较与中国的战略选择［J］.河北经贸大学学报，2020（01）.

[88] 陈京春.人工智能信息时代法学实践教学的变革［J］.山东社会科学，2020（11）.

[89] 王宇.慕课微专业分析及其对我国慕课建设的启示［J］.中国远程教育，2018（12）.

[90] 李泽林，陈虹琴.人工智能对教学的解放与奴役——兼论教学发展的现代性危机［J］.电化教育研究，2020（01）.

[91] 陈姿含.公共领域算法决策的几个问题探讨［J］.理论探索，2020（03）.

[92] 洪丹娜.算法歧视的宪法价值调适：基于人的尊严［J］.政治与法律，2020（08）.

[93] 丁晓东.论算法的法律规制［J］.中国社会科学，2020（12）.

[94] 苏宇.算法规制的谱系［J］.中国法学，2020（03）.

[95] 单勇.犯罪之技术治理的价值权衡：以数据正义为视角［J］.法制与社会发展，2020（05）.

[96] 李晓辉. 算法商业秘密与算法正义 [J]. 比较法研究, 2021 (03).

[97] 张吉豫. 智能时代算法专利适格性的理论证成 [J]. 当代法学, 2021 (03).

[98] 陈鹏. 算法的权力：应用与规制 [J]. 浙江社会科学, 2019 (04).

[99] 周辉. 算法权力及其规制 [J]. 法制与社会发展, 2019 (06).

[100] 吴玉章. 法律权力的含义和属性 [J]. 中国法学, 2020 (06).

[101] 郭哲. 反思算法权力 [J]. 法学评论, 2020 (06).

[102] 金梦. 立法伦理与算法正义——算法主体行为的法律规制 [J]. 政法论坛, 2021 (01).

[103] 李牧翰. 数字时代下算法滥用法律治理之完善 [J]. 云南社会科学, 2021 (03).

[104] 郑玉双. 破解技术中立难题——法律与科技之关系的法理学再思 [J]. 华东政法大学学报, 2018 (01).

[105] 孙海波. 反思智能化裁判的可能及限度 [J]. 国家检察官学院学报, 2020 (05).

[106] 章安邦. 人工智能时代的司法权嬗变 [J]. 浙江工商大学学报, 2020 (04).

[107] 翟小波. 功利原则简释 [J]. 河南大学学报（社会科学版）, 2021 (02).

[108] 张凌寒. 搜索引擎自动补足算法的损害及规制 [J]. 华东政法大学学报, 2019 (06).

[109] 汪庆华. 算法透明的多重维度和算法问责 [J]. 比较法研究, 2020 (06).

[31] 沈伟伟. 算法透明原则的迷思——算法规制理论的批判 [J]. 环球法律评论, 2019 (06).

[110] 李成. 人工智能歧视的法律治理 [J]. 中国法学, 2021 (02).

[111] 郑智航. 人工智能算法的伦理危机与法律规制 [J]. 法律科学, 2021 (01).

[112] 袁康. 可信算法的法律规制 [J]. 东方法学, 2021 (03).

[113] 赵双阁, 史晓多. 新闻算法推荐机制的技术价值与权力边界 [J]. 西南政法大学学报, 2019 (01).

[114] 吴纪树. 算法推荐新闻的法律挑战及其规制 [J]. 电视研究, 2020 (07).

[115] 刘佳. 人工智能算法共谋的反垄断法规制 [J]. 河南大学学报（社会科学版），2020 (04).

[116] 陈景辉. 算法的法律性质：言论、商业秘密还是正当程序 [J]. 比较法研究，2020 (02).

[116] 张凌寒. 算法权力的兴起、异化及法律规制 [J]. 法商研究，2019 (04).

[117] 张欣. 从算法危机到算法信任：算法治理的多元方案和本土化路径 [J]. 华东政法大学学报，2019 (06).

[118] 李扬. 数据库特殊权利保护制度的缺陷及立法完善 [J]. 法商研究，2003 (04).

[118] 季卫东. 人工智能开发的理念、法律以及政策 [J]. 东方法学，2019 (05).

[119] 季卫东. 数据、隐私以及人工智能时代的宪法创新 [J]. 南大法学，2020 (01).

[120] 李忠夏. 数字时代隐私权的宪法建构 [J]. 华东政法大学学报，2021 (03).

[121] 庄劲，廖万里. 犯罪预防体系的第三支柱：西方国家犯罪情境预防的策略 [J]. 犯罪研究，2005 (02).

[122] 蒋舸. 作为算法的法律 [J]. 清华法学，2019 (01).

[123] 郑戈. 算法的法律与法律的算法 [J]. 中国法学评论，2018 (02).

[124] 段厚省. 远程审判的程序正当性考察——以交往行为理论为视角 [J]. 政法论丛，2020 (02).

[125] 张保生. 审判中心与控辩平等 [J]. 法制与社会发展，2016 (03).

[126] 裴炜. 个人信息大数据与刑事正当程序的冲突及其调和 [J]. 法学研究，2018 (02).

[127] 龙飞. 人工智能在纠纷解决领域的应用与发展 [J]. 法律科学，2019 (01).

[128] 季卫东. 人工智能时代的司法权之变 [J]. 东方法学，2018 (01).

[129] 卞建林，王帅. 审判权的理论展开与科学配置 [J]. 新疆社会科学，2018 (01).

[130] 周尚君，伍茜．人工智能司法决策的可能与限度［J］．华东政法大学学报，2019（01）．

[131] 王禄生．论法律大数据"领域理论"的构建［J］．中国法学，2020（02）．

[132] 周少华．同案同判：一个虚构的法治神话［J］．法学，2015（11）．

[133] 张志铭．中国法院案例指导制度价值功能之认知［J］．学习与探索，2012（03）．

[134] 马长山．司法人工智能的重塑效应及其限度［J］．法学研究，2020（04）．

[135] 汉斯·凯尔森，张书友．法律科学中的价值判断［J］．法律方法与法律思维，2007（00）．

[136] 张文显．法理：法理学的中心主题和法学的共同关注［J］．清华法学，2017（04）．

[137] 陈林林．证据推理中的价值判断［J］．浙江社会科学，2019（08）．

[138] 李本．美国司法实践中的人工智能：问题与挑战［J］．中国法律评论，2018（02）．

[139] 孙笑侠．论司法信息化的人文"止境"［J］．法学评论，2021（01）．

[140] 王禄生．司法大数据与人工智能开发的技术障碍［J］．中国法律评论，2018（02）．

[141] 李占国．网络社会司法治理的实践探索与前景展望［J］．中国法学，2020（06）．

[142] 刘奕群，吴玥悦．信息化与智能化：司法语境下的辨析［J］．中国应用法学，2021（02）．

[143] 林洹民．自动决策算法的法律规制：以数据活动顾问为核心的二元监管路径［J］．法律科学，2019（03）．

[144] 邢会强．人脸识别的法律规制［J］．比较法研究，2020（05）．

[145] 刘永谋．技术治理与当代中国治理现代化［J］．哲学动态，2021（01）．

[146] 刘艳红．人工智能法学研究中的反智化批判［J］．东方法学，2019（05）．

［147］周辉．算法权力及其规制［J］．法制与社会发展，2019（06）．

［148］张丽卿．AI伦理准则及其对台湾法制的影响［J］．月旦法学杂志，2020（06）．

［149］陈志宏．"数字国家"爱沙尼亚的司法信息化之路［J］．中国审判，2021（02）．

［150］王禄生．司法大数据应用的法理冲突与价值平衡——从法国司法大数据禁令展开［J］．比较法研究，2020（02）．

［151］李本．美国司法实践中的人工智能：问题与挑战［J］．中国法律评论，2018（02）．

［152］左卫民．关于法律人工智能在中国运用前景的若干思考［J］．清华法学，2018（02）．

［153］周佑勇．"智能技术驱动下的诉讼服务问题及其应对之策"［J］．东方法学，2019（05）．

［154］王禄生．司法大数据与人工智能开发的技术障碍［J］．中国法律评论，2018（02）．

［155］刘艳红．人工智能法学的"时代三问"［J］．东方法学，2021（05）．

［156］何帆．我们离"阿尔法法官"还有多远？［J］．方圆，2017．

［157］吴习彧．司法裁判人工智能化的可能性及问题［J］．浙江社会科学，2017（04）．

［158］余成峰．法律的"死亡"：人工智能时代的法律功能危机［J］．华东政法大学学报，2018（02）．

［159］汤维建．论诉中监督的菱形结构［J］．政治与法律，2009（06）．

［160］王鸿翼．关于对民事诉讼三角形结构的质疑与思考［J］．河南社会科学，2011（01）．

［161］王鸿翼．试论构建科学的诉讼构造模型［J］．河南社会科学，2013（08）．

［162］付子堂．论建构法治型社会管理模式［J］．法学论坛，2011（02）．

［163］万彩红，董青梅．传统法哲学基本范畴——法气关系论研究［J］．民间法，2019，23（01）．

［164］杨锦帆．试论超越法律霸权主义的德政智慧——一种其普遍合作的法律哲学［J］．学术界，2016（09）．

[165] 杨强. 反贫困法治的中国道路 [J]. 法律科学：西北政法大学学报, 2021, 39 (03).

[166] 杨建军. 纪检监察机关大数据监督的规范化与制度构建 [J]. 法学研究, 2022, 44 (02).

[167] 翟小波. 信息作为惩罚——为被遗忘权辩护 [J]. 环球法律评论, 2022, 44 (02).

[168] 聂振华. 视频分享网站著作权侵权案件的实证研究 [J]. 中国应用法学, 2021 (05).

[169] 乐黛云. 文化霸权理论与文化自觉 [J]. 解放军艺术学院学报, 2004 (02).

（四）报纸

[1] 於兴中. 智慧地使用人工智能信息 [N]. 法治周末报, 2020-12-12 (01).

[2] 张新宝. 把握法律人工智能的机遇, 迎接法律人工智能的挑战 [N]. 法制日报, 2017-06-28 (01).

[3] 薛永毅. "诉源治理"的三维解读 [N]. 人民法院报, 2019-08-13 (02).

[4] 朱婕. "马锡五"就在我们身边——省法院调判结合全力推进民事审判工作纪实 [N]. 甘肃日报, 2015-01-19 (01).

[5] 习近平. 在纪念孔子2565周年诞辰国际学术研讨会暨国际儒学联合会第五届会员大会开幕会上的讲话 [N]. 人民日报, 2014-09-25 (02).

[6] 习近平. 牢记历史经验历史教训历史警示 为国家治理能力现代化提供有益借鉴 [N]. 人民日报, 2014-10-14 (01).

[7] 刘燕华, 王文涛. 当前科技创新和竞争出现新特征 [N]. 北京日报, 2017-07-17 (13).

[8] 习近平. 关于《中共中央关于坚持和完善中国特色社会主义制度推进国家治理体系和治理能力现代化若干重大问题的决定》的说明 [N]. 人民日报, 2019-11-06 (04).

[9] 邓永泉, 杜国栋. 类案同判核心在于建立类案标准 [N]. 人民法院报, 2018-10-15 (02).

（五）英文类

[1] COLEMAN J, SHAPIRO S. The Oxford Handbook of Jurisprudence Philosophic of Law [M]. Oxford: Oxford University Press, 2002.

[2] MACCORMICK N. Legal Reasoning and Legal Theory [M]. Oxford: Oxford University Press, 1978.

[3] BLACKBURN S. The Oxford Dictionary of Philosophy [M]. Oxford: Oxford University Press, 2016.

[4] KELSEN H. General Theory of Law and State [M]. Cambridge: Harvard University Press, 1945.

[5] HABERMAS J, WILLIAM R. Between Facts and Norms: Contributions to a Discourse Theory of Law and Democracy [M]. Cambridge: The MIT Press, 1998.

[6] MOORE S F. Law as Process: An Anthropological Approach [M]. London: Rout ledge &K. Paul, 1978.

[7] FORSYTH M. A Bird that Flies with Two Wings: Kastom and State Justice Systems in Vanuatu [M]. Melbourne: ANU E press, 2009.

[8] FINNIS J. Natural Law and Natural Rights [M]. Oxford: Oxford University Press 2011.

[9] LESSIG L. Code and Other Laws of Cyberspace [M]. New York: Basic Books, 1999.

[10] ANDERSON M, ANDERSON S L. Machine Ethics [M]. Cambridge: Cambridge University Press, 2011.

[11] BOURDIEU P. The Force of Law: Toward a Sociology of the Juridical Field [J]. The Hastings Law Journal, 1987, 38.

[12] ROSSER S V. Through the Lenses of Feminist Theory: Focus on Women and Information Technology [J]. Frontiers: A Journal of Women Studies, 2005, 26.

[13] KIM B, JURASZ O. ONLINE MISOGYNY: A CHALLENGE FOR DIGITAL FEMINISM? [J]. Journal of International Affairs, 2019, 72.

[14] BALKIN J. The Path of Robotics Law [J]. Berkeley: California Law Review Circuit, 2015, 6.

[15] BURRELL J. How the Machine Thinks: Understanding Opacity in Machine Learning Algorithms [J]. Big Data & Society, 2016, 3.

[16] YANG C S, DOBBIE W. Equal Protection Under Algorithms: A New Statistical and Legal Framework [J]. Ann Arbor: Michigan Law Review, 2020, 119.

［17］SUNSTEIN C R. Algorithms, Correcting Biases, Social Research: An International［J］. Quarterly, 2019, 86.

［18］BURK D L. Algorithmic Legal Metrics［J］. South Bend: Notre Dame Law Review, 2021, 96（03）.

［19］REGAN P M. Privacy as a Common Good in the Digital World［J］. London: Information, Communication & Society, 2002, 5（03）.

［20］HACKER P. Teaching Fairness to Artificial Intelligence: Existing and Novel Strategies Against Algorithmic Discrimination Under EU Law［J］. Leiden: Common Market Law Review, 2018, 55（04）.

［21］KLEINBERG J, et al. Discrimination In The Age Of Algorithms［J］. Oxford: Journal of Legal Analysis, 2018, 10.

［22］ASHLEY K D, BRUNINGHAUS S. Automatically Classifying Case Texts and Predicting Outcomes［J］. Pittsburgh: Artificial Intelligence and Law, 2009, 17（02）.

［23］SURDEN H. Artificial Intelligence and Law: An Overview［J］. Georgia: Georgia State University Law Review, 2019, 35（04）.

［24］BRANTING L K. Data-centric and Logic-based Models for Automated Legal Problem Solving［J］. Pittsburgh: Artificial Intelligence and Law, 2017, 25.

［25］SIMMONS R. Big Data and Procedural Justice: Legitimizing Algorithms in the Criminal Justice System［J］. Columbus: Ohio State Journal of Criminal Law, 2018, 15（02）.

［26］JOSHUA A, et al. Accountable Algorithms［J］. Philadelphia: University of Pennsylvania Law Review, 2017, 165.

［27］CATH C. Governing Artificial Intelligence: Ethical, Legal and Technical Opportunities and Challenges［J］. New York: Philosophical Transactions of the Royal Society A: Mathematical Physical and Engineering Sciences, 2018.

后 记

这本书的几篇文章曾发表于期刊上,有些也曾参加过各种研讨会,在此笔者要感谢给予笔者支持、帮助的期刊编辑们和匿名审稿人以及他们曾经提出的具有重要价值的修改建议,相关研讨会的组织单位、论坛、报纸、杂志和老师们、评议人以及与谈人、与会人,他们都曾经花费时间针对笔者的研究给予过意见,不同观点相遇、碰撞,在不断思考与修改的过程中,体会到思想的成长过程,谢谢这一路上所有曾经对笔者的文稿提出批评、指教和宝贵意见的学界前辈和良师益友。此外,笔者很感谢总编辑支持这本书的出版,以及笔者最信任的编辑张金良、王佳琪的帮助和支持,他们是认真仔细的编辑,也是愿意支持学界无名小卒的编辑,在合作过程中,他们总是耐心而精细地与笔者讨论,对笔者每次的更新、修改都不厌其烦,对于与他们宝贵的合作机会致以谢意。一些章节出自我从 2003 年到 2021 年所发表的期刊、报纸文章,有的文章虽然发表时间较早,却在十多年后成为研究的热点;有的文章虽然没有发表在核心刊物,时间却表明其价值在于"预热""铺路""开拓"的创新思考意义。因此,不同程度的修订、整合甚至重新写作,依然是在法学理论的学术脉络下,步入智能信息时代的法治理论探索。每章节成独立的主题与论述,但同时彼此之间呈现内在的有机联结,并构成较大的论述整体。

笔者步入法学教育职业的第一篇文章,是发表于校内《政法教育研究》刊物,题为《法学教师的信息素质》的文章;今天,从信息社会正走向未来的智能信息社会,《美国反垄断呼声强烈,法官这次为何"站脸书"?》发表于由美国康奈尔大学法学院中国法讲席教授於兴中先生主持的《法治周末报》的智道栏目,目光与思考投向智能信息时代的法律问题,尽管各国目前还处于强弱不同步的人工智能信息时代。从教多年,关注法律文化、法律价值、法学方法、女性法学、法学教育等主题,无论是学术文章还是几篇散见的随笔,一直都伴随着信息社会走向智能信息社会的观察和思考,整理看似散漫各异的写作时,不同篇章都在智能信息社会领地漫步,不曾走远,也是作者学研心路、教学历程的记录。

自从笔者步入法理学教研之门,很长时间一直沉浸在追求流派众多的中西法哲学、法理学著作阅读与教学中,在为本科生与研究生讲授《中国特色社会主义法治理念》《法学原著选读》《西方法律思想史》《比较法》《法学原理》《法理学》《法学导论》《当代世界主要法系》《法律职业伦理》等多门课程的过程中,有时需要穿越千年去寻觅人类法哲学文化的源头与奥秘,有时需要将不同时空、地域、政治文化环境诞生、成长的法学家及其著作放在同一堂课里让他们隔空相见,比较分析作者及其成书的时代背景、观点异同、利弊得失和历史影响,培养学生的学术和政治鉴别力。常常徜徉、凝望博大精深浩如烟海的法哲学知识海洋,手边有的书读起来"海水无风时,波涛安悠悠",文字与思想呈现一片清澈的蔚蓝,通透深邃;有的书发散出远大抱负与雄心壮志之气,颇具"东临碣石,以观沧海。水何澹澹,山岛竦峙"的磅礴气势;而后现代的法学流派给人以"乱石穿空,惊涛拍岸,卷起千堆雪"的感觉。智能信息时代,科技为政治、经济、文化、教育、法律等带来了巨大的结构性改变与重构,法律教育者、实践者,既近观远望着这场"智能信息与法律"的变革,也置身其中参与见证着,在携手同行中既受益,同时也遭遇新技术的挑战与冲击。置身于学术圈,高学历、高智商者云集,充满智慧的书如海洋浩瀚,静水流深。因此,在学界,不敢浅薄浮躁、哗众取宠。囿于自己有限的阅读、轻浅的实践、褊狭的阅历和仍然在微观层面的见识而未能承担宏大主题的研究,偶尔只是采撷几朵文字浪花。漫步式的学术,往往是一种缓慢的心沉气静,使得笔者一直没有博大精深的法学主题的追寻,更多的是对学术道业静默的注视、欣赏,有时遇到雾里看花,便又继续扩大阅读、追问积累,试图辨识理论的迷彩。法哲学,乃是试图从不同视角理解法律现象、问题和选择的理由,在法条背后交织的政治、经济、文化理论厚度和力量中,观察现代社会、法律的演进逻辑,培养一种坚守规则又超越法律规则的综合思维和判断力。

从孔子遵从于"矩"而不逾,到康德仰望星空的道德准则去行为,思想如星空般璀璨;马克思对资本主义法律的批判,苏格拉底的自省与自救,反思如救赎一般珍贵。理论有时天高云淡,有时黑云压顶,如同大自然一样、五彩斑斓,甚至充满神秘的故事与美丽的传说。复杂多样的现实呼唤新时代的法学智慧,既需要优秀的民族文化和值得世界尊敬的精神品格,也需要包容世界优秀法学文化的智慧补养。把平素零星拾取的一些如同家常手工作品一般的所思所想串起来,把严肃的法学学术当成自己喜欢的可以怡情养性的花花草草以及手工制作,把学术随笔当成一种乐趣。

法理学的著作主题宏观、抽象、理论性极强，教学上也是旨在培养学生的法哲学检视性、批判性思维，守望人类美好的价值。笔者所处的时代，是一个数字时代，司法机关采用信息技术进行大数据破案、智能信息辅助立案、微信审判、网络远程虚拟办案等新形式，这个时代呈现流动、虚拟、飞跃、自由的富有灵动魅力的方式。这个时代，继往开来，一方面受益于深邃的法理学哲思阅读中，另一方面被信息技术裹挟进巨大的科技力量对司法、教学的推动、控制中，观察着这个时代司法实践、法学教育的变化与应对，当厚重的法哲学气质与空灵移动的智能信息时代相遇，这种介于古典深邃与现代空灵之间的一种知识融合与跃动气质，让人既不敢沉迷于深邃之中，不问科技的灵动中，也不敢飘忽于科技的灵动，而与有厚度的思想和思考失之交臂。法学还必须关注和面向社会的实践，为人们社会生活中的困惑、矛盾和冲突寻找到切实的法律解决方案，或为法律的决定做出合理而有说服力的论证，实践面向成为法学理论的生命镜像之源，深厚的法学理论与信息时代的司法现实对话。

2019年暑假西北政法大学启用了"智慧迎新"系统进行网上迎新，通过网上迎新，新生可以查看入学教育、新生导航、自己的学号、辅导员、QQ群、宿舍、绿色通道、在线微信支付宝缴费等信息，学校在学生入学前提前收集新生的相关信息，方便入学后的教学管理。2020年的春天因为新冠肺炎疫情，中国的全国各级各类学校都在云端上网课，所有的课程、作业、考试、预答辩、答辩也全部在网上完成，师生共同步入网络课堂进行教学。智能信息时代，无论是已经毕业的，或笔者教过的在校本科生、研究生都可以通过微信群，随时随地与老师交流读书、学习问题，笔者能够答疑解惑的，就及时回复；不能解答的，一般会给学生推送书单，推荐相应的阅读章节，给学生一个读书的方向、一种观点流派或多种观点流派的利弊之辨，整合学习资源启发思考。

回想起三十年前，高考结束后笔者作为新生来到西北政法学院报到，排起长队报到、与学校老师联系方法少、与师生缺少交流，相比之下，今天的莘莘学子，学校提供了先进的新生报到、管理和交流平台。走进课堂，新生还会见识到西北政法的智慧教室，是西北政法智慧教学示范中心的重要组成部分，位于长安校区"诚意楼"四楼。所有的智慧教室均具备自动录课、智能信息考勤、互动教学、随堂测验、分组讨论、线上作业、翻转课堂等功能，支持教师上传资源，学生在线预习和视频点播。教务处、图书馆、食堂以及其他后勤，都已经建立了相应的微信公众号、网站、微信群，"西北"已不再是落后的代名词，缓慢、懈怠、拖沓的形象正在自我改变、提升中。而2020年，更是全国信息化教学能力的实验契机和提升机遇。

2020年，图书馆采用了座位智能信息预约，看不见曾经清晨七点排起长龙只为一个座位的景象；绿茵的运动场，来自祖国各地的学子，沸腾雀跃着；黑色的石犀牛，依旧释放着用不完的力气、毅力与韧劲的精神。每年三月校园大路两旁的桃花雨飘然飞舞，银杏树幽藏在行政楼后，金黄深蕴。漫步在校园，或许你就能遇到那些德高望重、谦虚朴实的学者前辈，在他们面前，一切的浅薄浮躁、哗众取宠之气安静褪去。几只草坪上漫步的小鸟，与踱步阅读的学子相映成趣；几只猫经常闲散地在校园草坪上徜徉散步，这些猫似乎有看不见的幽邃学魂，也是能享受大学学术氛围的猫，不知它们是否学会了英语、领悟了知识的真谛。玉兰、樱花、迎春、银杏、绣球花等几十种植物因应不同的季节次第绽放，这些不同性灵的植物与自然物语，饱蕴千年古城自然与文化的钟秀气韵。贾平凹先生笔下的"一城文化，半城神仙"的西安，脚下厚凉的土壤滋养着节奏可以慢一些，而气韵馥郁浓厚的学术、学者、教授和路人。大学之地，知识与笔墨韵味，静悄悄而又紧张轰烈，宁静致远而又肃穆庄重。

身处智能信息时代，我们可以享受手指轻轻划过网络坐拥云世界的感觉和便利，云端既是科技带给我们的高空俯瞰，也是对人际距离、组织结构、工作实地重构的一张新网，既带来机遇的礼物也伴有风险的魔咒。当互联网与法学、司法、中西法文化、法学教育相遇与交汇，便具有了这个智能信息时代法学特有的气质。即使具有深厚学养的教授，以及经过漫长修炼并具有专业素养和业务实践的法律职业者，面对信息法学、人工智能信息法学时代的到来，是携手共进抑或是被技术替代？是用技术装备自己抑或是成为技术的傀儡？信息法学时代，因为技术的迭代与飞速而充满不确定性，除了充满好奇、期待，一些令人欣喜同时也带有悲伤的预测，都涌向我们；无法搭乘信息高速航班的，目光含有惆怅甚至不满。

2015年，笔者受杨建军教授引荐参与了汪世荣教授主持的陕西省"三秦学者"创新团队支持计划"西北政法大学基层社会治理研究创新团队"、西北政法大学中华法系与文明研究院团队。研究院团队成员具有不同的学科背景，除了经常举办学术讲座、召开论文研讨会外，团队奔赴祖国多地实务部门进行实地调研。团队成员的交流和知识共享、迁移、学术推进、理论界与实务界的沟通交流，给笔者提供了多区域、多领域了解司法实务的平台，将抽象的理论与现实问题结合思考。汪世荣等教授带队参加调研的团队，深入基层走访察看、座谈询问所形成的学术成果，鼓舞着每一位师生。作为由一个多学科、老中青组成的团队，每位老师都有自己的所长所专，每位研究生同学都有自己独特的地域知识和专业擅长。团队的调研、学术讨论、交流会议，团队成员之间形成的学术友谊、学术智识激荡也对笔者影响较大,内心感念常在。枫桥经验与社会治理研究院执行院长褚宸舸教授,与笔者就书名做了讨论,给出笔者简约化的建议。王蓓会长带领的陕西省法学会法律文化研究会,组织的研究会学术交流、走访、参观、调研实践教学基地等活动,点点滴滴都受益,铭记在心。

喜欢跟随兴趣与直觉、信马由缰地阅读写作,随性广泛读过的各种书籍,虽然从表面看来毫无联系而没有精专深研,但实际上每个人独特的学术个性和阅历,生成的是个人自己特定的知识结构和思路,某种内在关联存在于文史哲理工农中,只不过不同时期侧重点、显隐点不同,在更长的视野中,实际上大多数都会和后来的研究贯通。广泛的兴趣阅读,让笔者能够将不同领域的知识在吸纳与更新中保持沟通,保持新鲜知识的呼吸与活力。这就好像春天无意中多撒了几把蔬菜种子,日后绿蔬也清新、多样。

本书能够整理出版赋予生命,源于2019年3月2日西北政法大学法学理论学科在雁塔校区召开的学科建设工作会议。时任法学一级学科带头人、校长杨宗科教授、西北政法大学发展规划与学科建设处处长王政勋教授、刑事法学院院长冯卫国教授、法学理论学科带头人朱继萍教授、法学理论学科首席专家杨建军教授,以及法学理论学科同仁济济一堂研讨学科未来发展。学科组织提出高标准、严要求和期待,注入工作和学术的动力和能量。本书整理出版赋予生命,如果新生命能够带有一丝绿意,具有某一个角度一小点的价值和意义,对读者可能有一些微弱的启发,笔者想把它归于多年来指导笔者、鼓励笔者、帮助笔者的老师、同事和父母、家人,以及给笔者力量与灵感的此次会议。

感谢母校西北政法大学的培养,西北政法大学成长于1939年11月复建的陕北公学。1941年造就了延安大学。"延安时期"为中国革命做出过"产生了伟大的领导核心、形成了伟大的指导思想、培育了伟大的干部队伍、锻造了伟大的延安精神"等贡献,陕北为中国革命付出过巨大代价。伴随中华人民共和国成立,1949年在西安成立了西北人民革命大学,成为当时最高人民法院、司法部直属的中国大陆地区重点法律院校。此书的出版,正是西北政法大学85周年校庆之际,文化是无需武力的"武器",也是我校服务国家、服务陕西的见证,西北政法教育这一重地值得保护,而不是放任僵化的教育评价指标可能导致对政法教育的危害。笔者的科研工作得到领导和同事的鼓励、帮助和扶持。在此,首先,笔者诚挚地向严存生教授、孙国华书记、范九利校长、汪世荣教授、於兴中教授、杨宗科教授、孙江教授、徐爱国教授、杨建军教授、褚宸舸教授、朱继萍教授、王政勋教授、冯卫国教授、韩松教授、何柏生编审、杨锦帆副教授表达崇高的敬意和谢意!其次,对于所有无私而慷慨地帮助、鼓励、